后妃作为寄生于封建统治的权力顶峰——皇帝周围的一个群体，她们对封建政治的影响确是不容低估的。

在家国一统的传统社会，后妃作为天子的配偶，“正位宫闱，同体天王”，在君主政治中有一席之地。她们的职责是母仪天下，以后宫之内治，配合天子的外治。皇后是皇帝的正妻，拥有主位的妃嫔则是皇帝的有名分的妾，是宫中地位较高的少部分人。她们或多或少地影响着皇帝的政治观点和权力运用。虽然屡有后宫不干政的警训，但例外的情况频频出现，特别是那些受到宠信的后妃们。

比如妲己，她是中国殷商王朝最后一位君主商纣王的宠妃，人称一代妖姬。她有勾魂摄魄的外表，却有一颗阴毒残忍的心！她为夺取后位不择手段，临死前还不忘施展媚术。妲己乱商，陷害忠良，极尽残忍之能事，“炮烙”之刑自商出。纣王一世枭雄，被其玩弄于股掌之间，令五百年成汤江山灰飞烟灭。

赵飞燕也是人们熟知的一个美女，她是西汉成帝的皇后。赵飞燕是一位在中国历史上传奇的人物和神话般的美女。她舞技绝伦，翩翩如风，有“可作掌中舞”之说。她工于心计，争强斗狠。风流成性，淫乱后宫，为争宠于汉成帝，手段残忍，花样百出。

杨贵妃也是可圈可点的一个重要人物，她有倾城倾国之美，她天生丽质，又精通音律，擅歌舞，并善弹琵琶。她姿质丰艳，与西施、昭君、貂蝉并称中国古代四大美女。红颜薄命正是杨贵妃的写照。她闭月羞花，其兄却祸国殃民。她虽不参与政治，却被白绫勒死，怨谁？谁能说得清楚？

中华历史五千年，中国后妃，是一支庞大的粉黛队伍，其确切的人数，恐怕谁也说不清楚。本书精心挑选了在历史上最有争议的13个重要后妃加以阐述，这些人当中，有人贤德，有人奸佞，有人刚强，有人软弱，有人善弄权术，有人长于美色。有的助帝王成就一番丰功伟绩，也有自己亲临朝政——汉高祖皇后吕雉、唐高宗皇后武则天、清朝的慈禧太后是这方面的代表人物。她们属于后妃中的强者，对当时的社会政治和经济文化的发展，产生了重大的作用和影响。

本书拟以正史为主、参以最新的史料和史学观点，对于后世有较大争议的后妃们逐一加以叙说，展现给读者一幅亦真亦幻的历史画卷。

历史上最有争议的后妃

没有争议不成历史

史明月◎主编

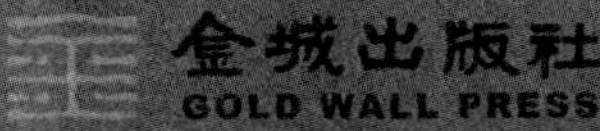

图书在版编目（CIP）数据

历史上最有争议的后妃 / 史明月主编 .—北京：金城出版社，2011.11（2024.7 重印）
ISBN 978-7-5155-0264-9

Ⅰ . ①历… Ⅱ . ①史… Ⅲ . ①后妃－人物研究－中国－古代
Ⅳ . ①K828.5

中国版本图书馆 CIP 数据核字 (2011) 第 213985 号

历史上最有争议的后妃

出 版 人	史明月
责任编辑	雷燕青
开　　本	787mm × 1092mm　1/16
印　　张	17
版　　次	2012 年 1 月第 1 版
印　　次	2024 年 7 月第 2 次印刷
印　　刷	天津光之彩印刷有限公司
书　　号	ISBN 978-7-5155-0264-9
定　　价	32.80 元

出版发行	**金城出版社有限公司**　北京市朝阳区利泽东二路 3 号 邮编：100102
发 行 部	(010)64220043
编 辑 部	(010)84250838
总 编 室	(010)64228516
网　　址	http://www.jccb.com.cn
电子邮箱	jinchengchuban@163.com
法律顾问	北京植德律师事务所（电话）18911105819

目录

第一章　被演义到最荒诞的妲己

她有勾魂摄魄的外表，却有一颗阴毒残忍的心！她为夺取后位不择手段，临死前还不忘施展媚术。妲己乱商，陷害忠良，极尽残忍之能事，“炮烙”之刑自商出。纣王一世枭雄，被其玩弄于股掌之间，令五百年殷商江山灰飞烟灭。普天之下，红颜乱政，苏妲己为始作俑者。

第二章　最凶悍的皇后——吕雉

她是汉高祖刘邦的皇后，她心狠手毒，诡计多端，只要干扰自己前程之路的人一律死罪，从而成为巾帼枭雄。她虽然满手血腥，但是她也有一些为人称道的政绩，先是辅助高祖划谋定策，争夺天下，后来又减轻百姓负担，导正社会风气，废除许多繁苛的法令，尤以废除“三族罪”和“妖言令”为百姓所称道。

第三章　最有幸福感的窦漪房

她历四朝，全心辅佐汉初有为的三个皇帝，是历史上著名“文景之治”的强有力的参与者和推动者，陪伴并见证大汉王朝走向强盛。她的一生是极其幸运的，从秀女到宠姬再到皇后，她基本上没有经历什么风浪，这与她谦让律己、宽容豁达是分不开的。

第四章　爱情最失败的陈阿娇

她是汉武帝刘彻的第一任皇后，其名字在《汉武故事》记载为娇，故后人称其为陈阿娇或陈娇。与汉武帝刘彻青梅竹马，后嫁与刘彻成为大汉朝身份最尊贵的皇后之一。“千金买赋”及“金屋藏娇”等典故都与她有关。

第五章 草根皇后卫子夫

她由歌女、夫人而成皇后，除了她的容颜美色之外，还因为她有太子刘据和战功赫赫的娘家作为她的支柱。但在她为皇后的38年中，是比较安分守己的。所以武帝死后，她的名誉还是得到了恢复。从客观上讲，子夫对汉朝是有功劳的。固然，汉武帝对卫氏一门的宠幸有过分之处，但总的来说，卫氏一门对汉朝的巩固是做出过贡献的，因此，卫子夫的影响也是不能抹杀的。

第六章　最有艺术范儿的赵飞燕

她出身官奴世家。她艳若桃李，冷若冰霜，瘦削玲珑，身如轻燕。古人云：“环肥燕瘦”之“燕瘦”即赵飞燕。她舞技绝伦，翩翩如风，有“可作掌中舞”之说。她工于心计，争强斗狠，风流成性，淫乱后宫。为争宠于汉成帝，手段残忍，花样百出。

第七章　铁腕柔肠的文明太后冯氏

她在中国历史上常常被习惯地称为“文明太后”，临朝执政期间她大胆改革，为北魏历史发展和文明进步打下了坚实的基础，做出了巨大贡献。她不仅因此成为北魏历史上的成功政治家，而且赢得了后继者孝文帝的敬重。她的一生，既品尝过成功的快乐，也体验到探索的艰辛；既享受过人际天伦的温馨，也经历了血雨腥风的考验。

第八章　才人变皇帝的传奇——武则天

她是中国历史上唯一的女皇帝，封建时代杰出的女政治家。她上承贞观下启开元，把一代王朝治理为世界强国。但在1000多年的历史评论中，有的称她为淫荡凶狠的女人，有的赞她为明察善断的君主。如此相悖的评价，一则侧重于女人的"妇德"，一则侧重于帝后的政绩，各执其理，莫衷一是。

第九章　爱恨绵绵的杨贵妃

她有倾城倾国之美，她天生丽质，又精通音律，善歌舞，并善弹琵琶。她姿质丰艳，与西施、昭君、貂蝉并称中国古代四大美女。虽为美女，但仍有缺陷：其体有狐臭，因此特别喜欢沐浴。天宝十五年安禄山起兵造反，沉迷于酒色歌舞之中的唐玄宗仓皇逃离长安，西幸成都。途经马嵬驿，禁军哗变，杨贵妃被缢死，自此香消玉殒。

第十章　最红颜薄命的大小周后

“无言独上西楼，月如钩。寂寞梧桐深院锁清秋。剪不断，理还乱，是离愁，别是一番滋味在心头。”这是南唐后主李煜的词，充满缠绵、伤感，凄恻动人。而他的爱情，在一对貌美如仙的姐妹花身上，这对姐妹花便是大小周后。但这对红颜薄命的两朵姐妹花，没过上几年好日子，都早早去了。她们以美貌才情让李煜成为一个优秀的词人，却没能助他成为一个优秀的皇帝。红颜薄命也或者是红颜祸水，大好江山随着美人东流去。

第十一章　爱情与事业双赢的萧太后

她是辽景宗耶律贤的皇后，圣宗耶律隆绪母。她虚心诚恳，用人不疑，这一直为后世政治家所效法。她有男子一般的气魄，执法严明，毫不软弱，甚至“亲御戎车，指麾三军，赏罚信明，将士用命”。把北宋部队杀得尸横遍野，生擒名将杨业，几年后又与宋真宗确立“澶渊之盟”，开创了宋辽和平发展时期，在中国历史上意义重大。

第十二章　清朝皇族的捍卫者——孝庄

她聪明睿智、颇有谋略，一生经历了清初三朝动荡政局的变化，关键时期，扶大厦于将倾、挽狂澜于既倒，精心扶立两个幼年皇帝主政，对大清王朝的建立及其统一全国的伟业起了重大作用。

第十三章　被权力欲望掏空灵魂的慈禧

她是晚清同治、光绪两朝的最高决策者，她以垂帘听政、训政的名义统治中国 47 年。长期以来，有关慈禧的史学论著和文艺作品，大都只讲慈禧祸国殃民的一面，甚至把一些与慈禧毫不相干的恶行也加在慈禧的身上。在人们的心目中，慈禧已成为一个昏庸、腐朽、专横、残暴的妖后。那么，历史上的慈禧究竟是怎样一个人呢？

第一章

被演义到最荒诞的妲己

她有勾魂摄魄的外表，却有一颗阴毒残忍的心！她为夺取后位不择手段，临死前还不忘施展媚术。妲己乱商，陷害忠良，极尽残忍之能事，“炮烙”之刑自商出。纣王一世枭雄，被其玩弄于股掌之间，令五百年殷商江山灰飞烟灭。普天之下，红颜乱政，苏妲己为始作俑者。

 封神榜只是戏说妲己的超强版

妲己是随着《封神榜》的流传渐渐被人们所熟知，在电视剧《封神演义》播过之后，妲己更是成为家喻户晓、深植人心的狐狸精。在《封神榜》中妲己被写成了是受了女娲娘娘派遣，下凡迷惑商纣王，使商纣王断送江山的狐狸精，可惜最后寸功未表，反被割掉了一颗如花似玉的头颅。

《封神榜》上说妲己艳若桃花，俏丽多姿，妖媚动人，是千年狐狸精幻化成人形，蛊惑纣王纵情女色，荒淫误国，不务朝政；她干涉政事，施法让纣王对她言听计从，祸害忠良，使商朝灭亡。当周人灭掉商朝后，将妲己五花大绑，押往刑场斩首示众。在杀死妲己时，连刽子手都被其美色迷住，不忍下手，愿替其死。最后在周武王的正气威迫下，终于现出原形，被姜子牙擒住斩首了。

《封神榜》毕竟属于神话小说，有夸张的说辞，还有许多稗官野史。历史上传说，妲己是蛇蝎美人，是千古淫恶的罪魁祸首，比如：纣王为了讨好妲己，派人搜集天下奇珍异宝，珍禽奇兽，放在鹿台和鹿园之中，饮酒作乐，通宵达旦，荒废国事。

严冬时节，妲己看见有人赤脚走在冰上，认为其生理构造特殊，和常人的不同，叫纣王命人将他双脚砍下来，研究那两只脚不怕寒冻的原因。

某一日，妲己看见一个大腹便便的孕妇，为了好奇，不惜叫纣王命人剖开孕妇肚皮，看看腹内究竟，白白送了母子的性命。

还有，妲己与纣王打赌，说自己能看清孕妇腹中胎儿的性别，于是纣王命人找来十多个快临盆的孕妇让妲己一一辨别，而后剖开每个孕妇的肚子验证，导致这十多个孕妇与胎儿死亡。

流传最广的是妲己怂恿纣王杀死一个叫比干的忠臣，还残忍地剖腹挖心，以印证传说中的“圣人之心有七窍”的说法。

总之，各种传说中妲己是蛇蝎美人，是害人误国的狐狸精。

狐狸精？真的有狐狸精吗？你信吗！

且看正史中这狐狸精的传说是怎么一步一步演变跟升级的。

据商朝几百年之后的《晋语》记载：“殷辛伐有苏，有苏氏以妲己女焉。”也就是说妲己是商纣王征战得胜的“战利品”。又据说有苏氏，是以九尾狐为图腾的部落，所以才会有《封神演义》这般投机附会。

关于纣王最著名的“酒池肉林”“炮烙”的传说，周时的文献没有记载，春秋时也没有，可是到了几百年后的战国末期，韩非子突然很生动地描绘起来：“昔者纣为象箸而箕子怖，以为象箸必不加于土，必将犀玉之杯；象箸、玉杯必不羹菽藿，则必旄、象、豹胎；旄、象、豹胎必不衣短褐而食于茅屋之下，则锦衣九重，广室高台。居五年，纣为肉圃，设炮烙，登糟丘，临酒池，纣遂以亡。”

据说那个韩非子是个口吃，可文章非常雄辩，这样充满想象力的文字便是明证。但那时“诸子百家”个个口才了得，为了推销个人的主张，论证自己的观点，不免只顾激扬文字，风流文采，便顺势也“强”词夺理了。很多论据，也多是“想当然耳”。

即便是“不虚美，不隐恶”的司马迁，有时也会润润笔。譬如他在韩非子“酒池肉林”的基础上，又加上“男女裸奔其间”的合理想象。当然，在他之前，已经有人在酒池面积上大做文章，由几百尺夸口说到几百丈，说可以“回船糟丘而牛饮者三千余人为辈”。这样的想象力只能用疯狂来形容，其是真是假，谁知道？

同时，妲己娘娘的妖孽和毒辣形象也逐步升级。从《尚书》里讨伐纣王的一句“听信妇言”开始，到《国语·晋语》中：“妲己有宠，于是乎与胶鬲比而亡殷。”再到《吕氏春秋·先识》：“商王大乱，耽于酒德，妲己为政，赏罚无方。”都还是不甚离谱的合理推断；再到后来，年代愈久，想象力就愈浓厚，写出来的史料也就愈生动；直到后世的《封神演义》，因为没有史家的顾虑，加上历代文人提供的诸多素材，演绎起来更是神乎其神。千古恶女的罪名，也终非她莫属。

看看，这正印证了那句话，尽信书不如无书。也就是那些古人书中一步一步把妲己冤枉到如此邪恶的地步。

考古学的新发现，还原一个真实的妲己时代

关于妲己狐媚祸国的说法，一直到 19 世纪末 20 世纪初，考古学家在河南省安阳县小屯村，挖掘出土许多殷商时期的遗物，才得以纠正。遗物其中的玉器，铜器，尤其是龟甲与兽骨上所刻的大量文字与“卜辞”，使得我们对周代以前历史状况的认识，比孔子、司马迁当时所能接触的资料为多时，对妲己和纣王的真实面貌，有了接近事实的评估。

首先，“纣王”并不是正式的帝号，是后人硬加在他头上的恶谥，意思是“残又损善”。他正确的名称应该是商代的第 32 位帝王子辛，也叫“帝辛”，这个名称有范儿吧。

其次，帝辛暮年热衷于声色之娱与酒食之乐是事实，虐杀比干也有确切的记载，然而砍掉赤脚在冰上行走的人的脚，以及剖廾孕妇的肚皮就有些难以令人置信了，特别是“唯妇人之言是听”这一条罪状，根本不切实际。因为商人颇重迷信，任何重大举措，都要求神问卜来决定吉凶休咎，在出土的甲骨文中是有确切记载的，妲己能够有的影响，实在微乎其微。

再说帝辛性情刚猛，好自用，不喜听人摆布。妲己是在帝辛六旬后入宫的，只能算是他晚年生活的伴侣，谈不上言听计从，干涉到商朝的政治策略；倘若妲己在被帝辛宠幸的那些年月之中，具有政治权力，何以有苏氏的一族人，始终就没有能够得势呢？妲己的恶名是周人宣

传的结果，后面会细说。

帝辛继位后，重视农桑，社会生产力发展，国力强盛。当时商朝开国已经三百年了，国力雄厚，物阜民丰，帝辛血气方刚，孔武有力，能手格猛兽，神勇冠绝一时，《荀子·非相篇》说帝辛“长巨姣美，天下之杰也；筋力超劲，百人之敌也”。《史记·殷本记》也说“帝纣资辨捷疾，闻见甚敏，材力过人，手格猛兽”。帝辛又能言善辩，还兼通音律，性好美色，更刚愎自用，他继续发起对东夷用兵，打退了东夷向中原扩张的势力，把商朝疆域扩展到江淮一带。特别是讨伐徐夷的胜利，把商朝的国土扩大到山东、安徽、江苏。帝辛对东南夷的用兵，保卫了商朝的安全，国威远播。

伟大领袖毛泽东在评价帝辛时说：“其实纣王是个很有本事、能文能武的人。他统一东南，把东夷和平原的统一巩固起来，在历史上是有功的。”话说帝辛统一东南以后，把中原先进的生产技术和文化向东南传播，推动了社会进步和经济发展，促进了民族融合。

他在位的第 40 年，也就是公元前 1047 年，他又对有苏部落发动进攻。当时他已是 60 岁开外的人了。征伐有苏部落，载回的战利品之一就是妲己，当时帝辛已经垂垂老矣，而妲己正值青春少艾，骨肉匀称，眉宇清秀，浑身充满了几近爆炸性的火热气韵，加上游牧民族那种粗犷而开放的气质，迅速地在帝辛的内心深处重新点燃起生命的火焰。

当时的商朝，已经从游牧社会进入农牧社会，特别迷信鬼神巫卜，为了酬神祭鬼，时常载歌载舞，饮酒欢唱，甚至作长夜之饮，几至醉死，宫廷如此，民间也是这样。

妲己进入帝辛的生活时，正是商朝国力如日中天的时候，那时新的都城正在风光明媚、气候宜人的朝歌建造起来，四方的才智之士与工匠也纷纷向朝歌集中，形成了空前的热闹与繁荣。离宫别馆次第兴筑，狗马奇物充盈宫室，以酒为池，悬肉为林，丝竹管弦漫天乐音，奇花异草遍植园中，从此戎马一生的商纣王帝辛，终于在妲己这个小女人的引导下，寄情于声色之中，不过，不是妲己的引导，是帝辛戎马半生想淫乐了，只是妲己正好在此时应景出现而已，妲己充其量只是个外因。一个外族小女子被一个强国的老国王抓为俘虏，她又能做些什么呢？

那么之前关于对帝辛肆无忌惮的抹黑，其实很早就引起一些有识之士的质疑与反驳。在现存的典籍记载中，首先旗帜鲜明地指出这一点的，是孔子著名的大弟子子贡。针对一拥而上抹黑帝辛，子贡一针见血地指出："纣之不善，不如是之甚也。是以君子恶居下流，天下之恶皆归焉。"此语出自《论语·子罕十九》。

子贡作为孔门弟子中政治成就最高的人，"常相鲁卫"，以其丰富的政治经验和敏锐的政治感觉，一语道破了"千年积毁"现象的本质："天下之恶皆归焉"，所有的曾经见过的罪恶和所有的人们能想象到的罪恶，都"归"于帝辛的头上。所以"君子恶居下流"，千万别当失败者，其结果是极其可悲的。在中国历史上，亡国之君的下场都极可怜，但像帝辛这样被肆意抹黑的却绝无仅有。

抹黑帝辛的除了历代文人的添油加醋，还有就是当时的叛徒、内奸，按现代的话，应该叫作"商奸"。"商奸"的队伍是庞大的，但总体可分为两类人。

一类是神棍们。这便是帝辛罪状中的"昏弃厥肆祀""弗敬上天"，"弗事上帝神祇，遗厥先宗庙弗祀"，"郊社不修、宗庙不享"等等罪状的由来。自帝武乙戏弄神祇，"革囊盛血"以"射天"，至帝辛，四世之中，王权与神权之争愈演愈烈。虽然经四代商帝数十年的奋力搏击，王权占据上风，成为统治主导力量，但神权数百年的无上地位，致使队伍庞大的神棍们不甘心失败，一而再地与王权相抗衡，力图再现伊尹、巫咸等时代超越王权的辉煌。至帝辛时，由于帝辛分外的强势，神棍们撼之不动，便勾结外敌以达到自己的目的，成为倒商的急先锋。曾经是商王朝中坚力量的祖宗——一元神帝，此时却成为动摇商王朝统治基础的主力。

一类是王党内部的叛逆者。这一类人又可分为两个群体。一个群体是以微子、箕子、比干为首的王族反对党。这是一群帝祖甲礼制改革的牺牲品。本来，按照商王朝“兄终弟及”的传承方式，这群人是离王位最近的。尤其是微子，是帝乙的长子。本来是最有希望称帝的，而且，在帝武乙在位，也确实有部分大臣拥立微子。但以太史为首的帝党拥立了帝辛，因为帝辛是嫡子。按帝祖甲确立的礼制，是以嫡长继承制为核心的。先是嫡长子、嫡次子、嫡三子等等，嫡子以后才是以年龄次序排列，庶长子、庶次子，等等。其实，微子、帝辛是同母父兄弟，但因生微子时，其母是妃不是后，因而是庶子；而生帝辛时，其母已是后，故辛为嫡子。故太史争之曰“有妻之子，不可立妾之子”。微子自不甘失败，但又争不过强势的帝辛，因此不惜卖国以求荣，“微子启，胶鬲与周盟”。所以，帝辛对微子一系的打击、排挤，绝非是昏庸而远贤亲佞，而是政治斗争的必然结果。而微子、箕子、比干、胶鬲等也决非孔子口中的贤人，而是一群因个人利益出卖国家和民族利益的“商奸”。

除以上两类，还有一个群体不容忽视，则是商王朝的贵族。帝祖甲的礼制改革，不仅是确立了嫡长继承制，而且废除了王位继承和国家大事中的贵族公议制，使商王朝彻底灭了酋邦制的最后残余，完成了从酋邦制向国家、帝国的转进，在国家形态上迈进了一大步。当帝武乙一力打压神权，巩固王权，商王朝才真正进入了帝国形态。这群人在商帝国的实力是如此之大，虽屡经打压而依然坚挺，不得已，商王朝的几代帝王都在想方设法利用各种手段建立自己的王权架构。帝武丁作为商王朝武功赫赫的大帝，在欲用千古名相傅说时，仍不得采用“先帝托梦”的手法以掩饰其真正目的。

而到帝辛时，帝国内部已四分五裂，神权、王权之间，执政集团与反对集团之间，帝权与贵族之间，诸多斗争已积重难返，帝辛无人可用，只好重用外来的人才——费仲、飞廉、恶来等，而这又引起了反对党，尤其是贵族一系的强烈反弹。这两群人虽利益不同，但目标是一致的——帝辛。而费仲、飞廉、恶来是抛弃了自己的氏族来帮助帝辛的，这在当时是不允许的，是引起公愤的。因而，帝辛的罪状中的“为天下逋逃主，萃渊薮”“乃惟四方之多罪逋逃，是崇是长，是信是使，是以为大夫卿士”“昵比罪人”“以奸宄商邑”便是由此而来。而神棍们、王族反对党、贵族们的怨言亦成为帝辛的罪状：“昏弃厥遗王父母弟，不迪”“力行无度，播弃犁老”“崇信奸回，放黜师保；屏弃典刑，囚奴延士”“醢九侯”“脯鄂侯”“剖比干”“囚箕子”，等等，不一而足。既然比干是“商奸”，是阻碍社会形态向前发展的人，而不是封神榜中的忠臣，那剖比干又怎样。

帝辛敢于革除先王旧弊，不再屠杀奴隶和俘虏。而是让他们参加生产劳动，补充兵源，参军作战。他蔑视陈规陋俗，不祭祀鬼神；他选贤任能，唯才是用，不论地位高低；择后选妃，不分出身贵贱，立奴隶之女妲己为后，宠幸倍之。

面对如此一个变革的动荡时期，可想而知，对于最后亡国之君的妃子妲己，当时反对帝辛的人和后来战败帝辛的人都会对她进行怎样的抹黑！

妲己的游牧民气质，点燃纣王的生命火焰

妲己的服饰，简约而性感，妲己的歌舞粗犷又柔媚，就是这样一个妲己在被俘虏的奴隶群舞中鹤立鸡群，被帝辛相中，让年过六旬的帝辛恍若看到自己美好的少年时光，他贪恋地凝视舞池中的佼佼者，从此封她为妃。

妲己性格开放，与这位政绩赫赫的君王款款交流，他带着她遨游属于他的王国，她在他面前是初升的太阳，不怵王威，更得帝辛欢心。她貌美妩媚，喜欢唱歌舞蹈，纣王便令乐师师延创作唯美的音乐，在宫中与爱妃欢歌健舞，冷落了其他贵族献来的美人。惹怒了以姜后为首的贵族后妃集团。

一日，妲己正在为帝辛表演师延所做的新歌舞，妲己腰肢如细柳，

歌韵轻柔，好似轻云岭上摇风，蜻蜓池塘点水。

姜后听得音乐之声，问左右知是帝辛与妲己饮宴，不觉嫉妒生恨，言：我们去看看，这狐媚妲己到底是如何迷惑代王的。随后姜皇后乘辇，两边排列宫人，红灯闪烁，簇拥而来，前至寿仙宫。迎驾官启奏：姜皇后已到宫门候旨。帝辛醉眼一斜："贵妃！你当去接姜后。"妲己领旨，出宫迎接。姜后进来行礼坐在帝辛右首，帝辛曰："姜后今到寿仙宫，乃朕喜幸，妲己美人再舞一曲。"妲己自是歌舞一回，姜皇后正眼也不看，但以眼看鼻，鼻叩于心。忽然帝辛看见姜后如此，带笑问曰："御妻光阴瞬息，岁月流逝，景致无多，正宜及时取乐。如妲己之歌舞，天上奇观，人间少有。御妻何无喜悦之色，正颜不观何也？"

姜皇后就此出席，跪而奏曰："妾闻人君有道，离贱货而贵德，去谗而远色，此人君自有之宝也。若所谓天有宝，日月星辰；地有宝，五谷百果；国有宝，忠臣良将；家有宝，孝子贤孙。此四者，乃天地国家所有之宝也。如陛下荒淫酒色，征歌选伎，穷奢极欲，乃祸国殃民之征兆。"

帝辛听后挺身大怒："寡人戎马一生，得商国现在的盛况，如今只是观舞听歌用得着你来提醒寡人，难道像你父辈那样整日祭天卜卦就是王道？"

姜后见帝辛怒，不敢再言。

帝辛言："姜后既不懂欣赏妲己的歌舞就退下吧，你在此只是扫寡人的兴。"姜后愤懑而去。

另日，妲己在自己宫中翩翩起舞与宫女们嬉戏，姜后大步闯进来，藐视妲己说："一个奴隶的女儿也配在这等华丽的宫中居住，真是天大的狗屎运。"

妲己性情也不怯懦，回应："是啊，如此华丽的地方，怎么配得上那些狗嘴里吐不出象牙的人居住呢，所以现在是我住在这里。"

"你！"姜后手指向妲己，再看看这奢华的宫殿，的确是帝辛专为她而建。“你不过是一时得幸，飞上枝头，这又怎么样，那也改变不了你只是麻雀的命，我迟早要把这本该属于我的一切夺回来。别忘了，我才是这后宫之主，等到大王年老病逝，我一定先把你处置了。”姜后一阵冷笑，没想到转身后，看到帝辛就在其身后，此时已被惹怒。话说这位姜后的父亲正是顽固守旧的神棍们之一东伯侯姜桓楚，帝辛恨这些愚昧的卜卦者，盛怒之下下令“把她打入冷宫，封妲己为后”。至此，帝辛更是坚定了彻底泯灭酋邦制的最后残余和废除贵族公议制的决心。

而妲己因此也成为这些贵族神棍们诅咒的对象，纷纷把她妖化成狐狸精，把帝辛演说成听信狐媚谗言的昏君。

当壮年伯邑考遇见妖艳妲己

当帝辛在宠爱妲己时，陕西渭水流域的周部落逐渐发展壮大，周部族原是夏朝后稷的后裔，早在古公亶父时代，便有了东下图商的企图。《诗经》中的《鲁颂》中有这么一段：“后稷之孙，实维大王，居岐之阳，实始翦商。”

事实上对付强大的商朝，不是一朝一夕的事，周部族一直传到姬昌，力行仁政，国力日盛，附近的部族都非常信服，才开始沿黄河东下，把触角伸向商都朝歌。姬昌也就是后世所称的周武王，他的长子伯邑考前往朝歌朝觐时，在行宫中游走，听到一曲清幽的琴声便去追寻。

不料风度翩翩的青衣男子，看见她，身段纤柔，面似娇花，腰若细流，云鬓峨峨，铅华弗御，仿佛青云遮月，飘飘兮若流风之回雪，绝世的容颜相衬着如凝脂的雪白肌肤更是显出尘绝代。他看着妲己之后，目光再也无法移开：“姑娘，在下伯邑考，听闻这里有琴声，便来瞧瞧，如有冒犯之处，请姑娘见谅。”伯邑考说完，深深地作了一个揖，而妲己冲伯邑考扑哧一笑：“好一个呆子呢。”妲己的侍女向前一步正要说明妲己的身份，她举手一摆示意退后，侍女会意便无言。妲己自从身居宫中便再无认识新朋友，此时伯邑考的出现让她春心一动，想要会会这个眼前的呆子，问："你也懂歌赋？"

伯邑考回："只要姑娘愿意，我愿为姑娘弹奏一曲。"

妲己拍手称："好啊，好啊，你弹弹我听来，看你琴功如何。"

伯邑考便坐下抚琴弹起，自是那"天涯若比邻，海内存知己"，"相逢又何必曾相识"之琴意。妲己听其妙处，也坐下来抚弄一曲"深宫清冷，幽怨忧伤"之曲。伯邑考闻之，竟泪下："姑娘的琴声悠扬又透着淡淡的忧伤，有何心事不妨向伯邑考道来，我们已经以琴会友也算半个知己喽。"

妲己微启樱桃般红润的嘴唇，想着自己已在这宫中以歌舞侍奉大王有几年了，也未被当知己称谓，如今眼前这个翩翩青年却称自己为知己，这般纯情之情实在让人感动。妲己神思之时，伯邑考也在凝视妲己的优雅神伤，不觉倾心，愿为之赴汤蹈火。于是上前言："姑娘有何难言之隐尽管说来，我愿为姑娘解忧。"

妲己脸泛红晕，眼眶微微含泪，退后两步转身说："多谢知己温存之言，再会。便走进琴房深处，伯邑考想要追随而去，不料被宫女挡住:宫中禁地，请绕行。"

伯邑考回自己的寝宫后，辗转反思，觉得今天见到的美人在这宫中必定不快活，何不设法将她带出宫闱，以求照顾她一生，让她得到快乐。第二天一大早，伯邑考又来到昨天见到妲己的琴房，想看看她是否还在，只见琴房空无一人，不免有些失望。一转身却见妲己正朝这边走来。伯邑考上前言："姑娘，你我真是有缘，恕我直言，如果姑娘觉得在这宫中不自在可随我出宫，我愿追随姑娘一生浪迹天涯，如何？"话完他盯着拥有美艳绝伦容颜的妲己，等她答复。

妲己言："多谢公子美意，只是我身不由己。"妲己对昨日见到的这位面似白玉盘、眉如春黛色、唇红齿如银、两耳轮廓清、丰姿英伟的男子也是芳心已动，听他说要带她出宫，她更是暗喜，只是她已经是帝辛王妃怎能逃走呢？

伯邑考言：“姑娘，不相信我？”

妲己：“不是。是我不配。”

伯邑考：“如若姑娘不配，我活着便无滋味。”

妲己：“言重了，是我已经是这宫中之人，怎能毫发无伤地走出这宫闱呢？谢公子厚爱，妲己不能害了公子。”

伯邑考：“妲己？你就是帝辛的王妃？”

妲己：“正是，所以请公子回吧。”

伯邑考抓住妲己衣袖：“难道你要陪帝辛老死？”

妲己：“大王对我宠爱有加，我怎能负他而去？”

伯邑考：“那你自己呢，你愿意让自己年轻的生命困顿在这里？”

妲己：“别说了。”

伯邑考：“就这么定了，今晚望月台我等你，然后带你离开。”

不料此情此景被一侍卫听见禀报了帝辛。当夜晚降临，帝辛亲自带兵在望月台等着伯邑考的来到。等待伯邑考的是死亡。而妲己也深深明白自己是帝辛的王妃，在自己宫中默默垂泪。王妃的位置令多少人眼红，然而对她而言这只是把她锁在深宫的枷锁。在伯邑考被抓之时，她只能在琴房弹奏一曲：

风入松林兮，千针摆摇，有位美人呀，
在林荫道上，郁郁寡欢，不知心在何方。
风入松林兮，千针摆摇，那位美人呀，
心在前方，一位勇敢的将军，驰骋沙场。

弹罢，妲己自言：“伯邑考，是我们生不逢时。”

妲己也有自己的青春，自己的感情，这些都深埋在心中。然而后人在评判她时，只说她是纣王的妖后……

伯邑考之父姬昌对妲己的报复

听到自己的儿子伯邑考被帝辛处死后，姬昌深痛之余，誓要将帝辛的商国推翻。姬昌用的政治手段之一就是妖化妲己再丑化帝辛，以期得到其他各部落的响应。妖化妲己只是姬昌的一个手段，但却让妲己开始成为千古唾骂的妖后。如果只是从丑化帝辛入手，恐怕别的部落不会轻易相信，毕竟帝辛英勇善战，还把商国治理成泱泱富国，但是他人到晚年，出现一个致命的缺点那就是宠爱妲己，这是众所周知的，他确实是对妲己宠爱至极，封她为后，又兴师动众建朝歌的金銮殿，劳民伤财，这是他晚年的作为。那姬昌就捉住了帝辛的小辫子了，使劲鼓吹他的纵淫歌舞的生活，让帝辛失去王者的威严。在这鼓吹中总要有个配角，很不幸，年轻的妲己成为王者之争的牺牲品。更何况伯邑考还因为痴迷妲己而丧命，姬昌当然要把这笔账算到妲己头上，总不能到处宣扬自己的儿子因贪恋美色而致死吧。

然后就有了各种关于妲己的传说，说她妖艳迷人，伴着靡靡之音起舞，缠着帝辛。于是帝辛荒理朝政，日夜歌舞升平。说帝辛还设“酒池”，悬肉于树为“肉林”，宴饮者多至三千人，令男女裸体追逐其间，不堪入目。更谣传，九侯有一位女儿长得十分美丽，应召入宫，因看不惯妲己的淫荡被杀，九侯也遭“醢刑”，剁成肉酱分给诸侯。让众诸侯愤怒。

造谣还说，妲己喜观“炮烙之刑”，将铜柱涂油，燃以火炭，令犯人行其上，跌落火红的炭中，脚板被烧伤，不时发出惨叫声。说妲己听到犯人的惨叫，就像听到刺激感官的音乐一样发笑。纣王为了博得妲己一笑，滥用重刑。此谣言，激发了奴隶们的愤恨。

姬昌如此宣传妲己，就是为了激起人们的反抗，好乘机发动诸侯伐纣。

在《封神演义》中，姬昌广泛招贤纳士，笼络各路神人最后击倒帝辛，这只是演义的传说，不可取。在历代贤书中，姬昌也是很有作为的创业主，勤于政事，重视发展农业生产，礼贤下士，广罗人才，拜姜尚为军师，问以军国大计，使“天下三分，其二归周”。他在位时，以商朝的一个“方伯”的面目出现，表面上臣服于商朝，暗地里却积极进行灭商的准备。他分化瓦解商朝的附庸，争取小国，成功地调解了虞、芮两国争田纠纷，使河东小国纷纷前来归附，诸侯都把文王看成是以取代商纣的“受命之君”。

最后姬昌的部落能成功，显然他也是有两把刷子的。只是不似传说的那样是个正面英雄罢了。

根据中国古人普遍有崇古心理，效法上古圣贤之君、效法“三代”之法，是古人津津乐道的话题，就像帝辛成为万恶之君，自然周文王就是人们心目中的完美形象。孔子称周文王为“三代之英”，还感慨道：“郁郁乎文哉，吾从周！”孟子称文王这样的圣人，五百年才出一个。历代以复周礼为己任的人就更数不胜数了。其实，由于年代久远，文献残缺，人们对周文王的了解未必很多，周礼也未必很完美，但是作为人们对清明之君、清明之制的一种向往，它的意义还是积极向上的，所以说抽象意义的周文王影响了中国历史两千多年，是一点也不过分的。

据说文王善演周易，今天的周易就有姬昌的整理之功，也许从那里，我们可以看出文王的一些政治理念。

无论《封神演义》还是历代贤书中的描绘，终印证一个道理：胜者为王，败者寇。姬昌部落胜利了，所以他掌握书写历史的优先权，妲己帝辛们自然就成妖后、恶王了。

妲己之生，妲己之死

无论妲己是妖艳还是粗犷，她终归不过是个人，是人就有出生地。关于妲己的出生地有多种说法，一种说法是，她是冀州侯苏护的女儿，而苏家正是出自河南省焦作市温县苏庄。二是在今济源，济源是西周时苏国的封地。《辞海》中说：苏，古国名，又称有苏氏，在河南省济源西北。西周初年苏忿生迁都于温，公元前650年为狄所灭。这就清楚解释了两处苏国的因由。《济源县志》标明：前712年，周桓王八年，王与郑人苏忿生之田十二邑，在济者四。不过这时的苏国国都已在温县，济源虽有四邑，仍是苏国的封地。《太平寰宇记》载："原城，周畿内地，为苏忿生之邑，今故城尚存。"以上说明，苏国原封地在济源后又迁到温，因而有资料载：苏姓后代人以温为姓，而济源的苏国封地内，苏姓后裔发展至今。

后人传说和资料记载一般称"苏妲己"，以苏为姓说明她的前半生是在济源苏国，以国为姓，不然不会姓苏。如果当时迁到温，妲己则以温为姓。再说灭商是在公元前1046年，在商灭之前妲己入宫为妃。妲己入宫有两种说法，一种是在征召美女中，差役护卫苏妲己环山入朝歌。这环山是指太行山，因山下平原水多沼泽多，只有沿山坡边高于水的地方有路通过，当时济源瑞村至天江一带是沼泽湖，在修济洛高速路时，挖出水中沉积物约700米宽。如果在温县则是平原，不能环山入朝歌，就是在新乡通过环山也勉强。另一说法是商纣王进攻苏国时妲己被俘去。从这两项说明中，可以看出妲己入宫前是在济源的苏国而还没迁到温县。

据《晋语》记载："殷辛伐有苏，有苏氏以妲己女焉。"这又是说妲己只是帝辛征战得胜的"战利品"。

还有种说法是，广西武鸣县马头镇全征村庙口屯原有一座“大明山神祠”，已被毁坏不堪，但仍可见到唐代的柱础，可见该庙历史的悠久。据村里好几个老人说，庙中原来供奉有商纣王和妲己。

在中国，还从来没有见过或听说过供奉商纣王和妲己的庙呢！从命名方式来看，“妲己”的结构与壮族女性的名字结构完全一致。直到现在，壮族民间的年轻女人之名，前面都冠以“妲”字，称为“妲某”。所以，“妲”是壮族年轻女性名字通用的冠词，只不过不同的地方有不同的写法而已。有的地方把“妲”字写成左女右大，有的则写成“达”字，但读音都念 dá。这种命名方式，绝非后起，极可能是从远古流传下来的。所以，妲己也很有可能是远古时代壮族先民骆越的年轻女子。可能因为她长得美貌，就被骆越王进贡给商王了。这个商王可能就是商纣王，就是帝辛。至于那里的人也传说，帝辛“好酒淫乐”，所以很宠幸妲己，唯妲己之言是从，“酒池”“肉林”就是因她而起的。这样的传说，是为证明妲己是这里的人，也为了证明妲己让这里的人过上了好日子。否则怎么会有同乡人给同乡人抹黑之说呢？比如，马头的商周古墓中虽然发现了许多石范，但就当时骆越社会的生产力来说，其青铜文化似乎还达不到能铸造精美的铜卣那么高的水平。所以，马头一带发现的铜卣、铜盘等，应来自中原，而不是当地铸造的，有可能就是商纣王的赏赐。

关于妲己之死，据司马迁的说法是：纣王自焚而死，妲己为周武王所杀。另外《世说新语》中引孔融的话说，周师进入朝歌以后，妲己为周公所得，后来成为周公的侍姬。这可以从周师进入朝歌以后，再也没有贬抑妲己的话语，得到一些侧面的证实。另外，《后汉书》卷七十《郑孔荀列传第六十》中记载：曹操攻屠邺城，袁氏父子多见侵略，而操子丕私纳袁熙妻甄氏。融乃与操书，称“武王伐纣，以妲己赐周公”。操不悟，后问出何经典。对曰：“以今度之，想当然耳。”后人多拿妲己跟了周公做比喻，其是真是假已经不那么重要，能传情达意就是了。

妲己之死，还有种传说是，兵临朝歌城下，帝辛眼看大势已去，举火自焚而死，妲己也在火中烧死。

第二章

最凶悍的皇后——吕雉

她是汉高祖刘邦的皇后，她心狠手毒，诡计多端，只要干扰自己前程之路的人一律死罪，从而成为巾帼枭雄。她虽然满手血腥，但是她也有一些为人称道的政绩，先是辅助高祖划谋定策，争夺天下，后来又减轻百姓负担，导正社会风气，废除许多繁苛的法令，尤以废除“三族罪”和“妖言令”为百姓所称道。

战争风云中，历练出吕雉的刚毅

秦朝末时，吕雉的父亲为避仇从单县迁居沛县，沛县县令与其父是好友，受其庇护。吕家刚迁过去，县令儿子就向吕公提亲，吕公却借故没有应允。吕夫人觉得很可惜，吕公呵呵一笑说，自己的这个女儿是个富贵命，一个县令的儿子怎么能配得上她？他看自己的孩子，个个都是很有出息的人，尤其是吕雉，端庄稳重，气质雍容，长有一个鹅蛋脸，皮肤白皙，鼻准高直，俏唇贝齿，举止状貌若喜若嗔，不怒自威。

到春末时节，一日，吕父过生日，吕家庭院里非常热闹。沛县县令的好朋友过生日，沛县大大小小的官吏们，怎么会错过这样一个好机会，都来给吕公祝贺。顿时，整个吕家宅子里到处宾客来往，车马喧哗。

吕夫人的身边围着自己的两个女儿。那个大一点的，就是吕雉，美貌柔媚，正值佳年。另一个女儿吕嬃年龄还小。等宾客都来到，吕雉和妹妹躲在屏风后面，偷看着众来客。

刘邦当时只是沛县的一个泗水亭亭长，相当于今天的派出所所长，爱好拍马屁，当然要去祝寿。刘邦没有什么钱，但他脸皮厚，胆子大，居然虚报“贺礼万钱！”就堂而皇之入席。吕父知道后，本是带些怒气出来要把他赶走，一见却大吃一惊，因为他对《周易》很有研究，精习八卦，擅长给人看相，刘邦体貌雄伟，长相虽然乍看起来有些痞气，可是浑然之中也竟有一些异相，有天日之表。吕父细细打量来客，请他上座。这个汉子还一点也没推辞，大摇大摆地走进了上堂，大嚼大饮。“此人日后必成大器，乃贵人也。”吕父称赞他是贵人。

尔后，吕父不顾妻子的反对，把爱女嫁给了芝麻绿豆般的小官刘邦。吕雉在屏风后面看得真真切切，自己的婚姻就在父亲的谈笑之间被决

定了。那人高大的模样记在她的心里。

吕雉出嫁之时还有一个令她非常难办的问题，刘邦已经和一个曹氏女子鬼混，私生了个儿子，便是刘肥。不到20岁的吕雉嫁给了中年亭长刘邦，而且，这位亭长虽然没有正式结婚，却有了一位未婚生育的儿子。在刘邦发迹之前，吕雉对刘肥没有任何苛刻之举。这对一位丈夫大自己20多岁的少妇来说，实属不易。

吕雉早年称得上是贤惠的女人，婚后就开始下田劳作、持家，从千金小姐变作农妇，生下一儿一女，照顾公公。初嫁给刘邦时，生活并不富裕，刘邦时常为了公务以及与朋友们周旋，三天两头不见人影。刘邦不但一人在外喝酒寻欢，还每月拿家中资产养着曹氏母子。也许那颗长满妒忌的小种子就是那时埋下的吧。

家用指不上刘邦，吕雉便亲自带子女从事农桑针织，过着自食其力的生活，具有中国劳动女性的本色。这时的刘邦可以说有些无赖，常戴一顶自制的竹帽到处闲逛，骗吃骗喝。

刘邦在一次押送骊山役徒时，一路上不断有人逃亡。无奈之下，他干脆在丰县西边的大泽中将剩余还没有逃的人全放了，并且说："公等皆去，吾亦从此逝矣。"刘邦这一放，反倒感动了十几个不愿逃的人，愿意跟随刘邦。刘邦就带着这伙人跑到芒砀山，今河南永城，落草为寇了。

刘邦身为亭长，押送骊山劳工，竟然放走劳工，自己逃亡，这当然为秦法难容。常言道：跑了和尚跑不了庙。刘邦可以一走了之，吕雉却为此下了狱。

监狱里的生活历来不好过，吕雉进了秦代沛县的监狱也好不到哪儿。尚为年轻妇人的她，又因姿色出众，往往被狱吏们调笑，屡受凌辱，羞愤难当，性格更加坚毅果敢。沛县监狱中有一个叫任敖的狱卒，平日和泗水亭长刘邦的关系挺铁。任敖看见狱卒虐待吕雉，一怒之下打伤了那个虐待吕雉的狱卒。这一下子，沛县监狱的狱卒再也没有人敢于欺侮吕雉了。任敖打伤虐待吕雉的狱卒一事，史书上确有记载，说明吕雉在沛县监狱之中受过虐待。到后来吕雉掌权之时，任敖被任命为御史大夫，作为回报。

后来由于萧何多方周旋，吕雉才得以出狱。出狱后跟随刘邦转战南北，颠沛流离，经历战场风云，增长了文韬武略。

刘邦率众人进沛县被拥立为沛公，吕雉当时也水涨船高，被尊称为吕夫人，等到刘邦攻入咸阳，被西楚霸王项羽立为汉王，吕后又晋级成了王妃。但吕雉并没有因此过上多久舒适的日子。

等到前205年，楚汉相争的时候，刘邦败北，她和公公被项羽抓去，当了两年多的人质。刘邦的儿子、女儿幸运地遇到逃亡中的刘邦。刘邦绝情绝义，三番五次踹他的儿子、女儿下车，总算有大臣屡次相助吕后的儿女才留下性命。

在项羽军营中的每一天，都是对吕雉的一次刺痛。项羽，一个拥有双瞳的美男子，性情却像个孩子一般，单纯而鲁莽。虞姬是个江南的女子，会柔柔地笑，软声细语地说话，轻盈曼妙地跳舞。每天，吕雉都面对着这一对璧人。同是争夺天下，刘邦却从没有考虑过她的死活。那时候的吕雉就学会了掌握两样武器：冷酷、狠毒。

其间项羽把刘父押到两军阵前，以烹杀刘父威胁刘邦时，刘邦不吃这一套，竟然嬉皮笑脸地对项羽说："我和项羽都受怀王的命令伐秦，又结拜过兄弟；所以，我爹就是你爹，你要烹你爹，我也跟着一块儿喝汤。"项羽大怒，要烹刘父，幸亏项伯从中斡旋，项羽才未杀太公。当时的吕后一定是心寒如冰，透骨冰凉，使其心理和精神受到了严重打击，也造成了以后多疑与缺乏安全感的后遗症，变得心地狭隘、阴狠毒辣，以及凡事先下手为强的办事手腕。

战争中，刘邦仍旧贪图女色，身边不断有美色出现，根本不管吕雉的死活。对比项羽对虞姬独一无二的宠爱，也是在那时候起，吕雉心里的小种子，慢慢萌芽，长成了一棵狠毒、阴险的小苗。

这时候的吕雉，已经像个老练的刺猬，长满了刺保护自己。虽然项羽一直声称他是西楚霸王，堂堂男子汉，不会伤害老弱妇人。确实，在软禁楚军的军营以来，她确实也没有受过什么残酷的虐待。最大的伤害是来自于自己的丈夫。当她和公公被捆绑在高高的火刑柱上时，丈夫刘邦连自己老爹都不要了，又怎么会顾及她的生死?

刘邦虽然在做汉王之时早已经宠幸上了戚夫人，但是，刘邦不解决吕雉的问题可以，但他不能不想办法解决其父做人质的问题。因此，刘邦与项羽在荥阳对峙了两年多之后，由于项羽军粮短缺，不得不同意刘邦提出的罢兵言和，以鸿沟为界平分天下。刘邦利用鸿沟议和的骗局，诱骗项羽放回了做了两年零四个月人质的刘公和吕雉，然后撤兵。回到刘邦的军营，对吕雉来讲，真是恍如隔世。

刘邦在得到被扣两年多的老爸和老婆后，立即撕毁协议，重挑衅端，追杀项羽。但是，不管刘邦如何欺骗项羽，鸿沟议和终于使吕雉回到了汉营。

吕雉对楚汉战争的贡献是他为刘邦做了两年零四个月的人质。这是吕雉为刘邦做出的重大牺牲，也是吕后在刘邦死后执掌朝政的政治资本。历经磨难，回到老公身边的吕雉却发现刘邦身边不乏红粉佳人，在这些红粉佳人中，共有薄姬、戚姬、曹姬等多人。这也是他与项羽的一点不同之处，项羽是只钟情于虞姬。

由于在此之前她已经和刘邦长期分居，吕后作为人质被放回后仍然与刘邦分居，也就是说，她已经很难经常见到刘邦了。两人的关系也因此更加疏远。吕雉必须学会直面情敌。此时的吕雉有多大？她不足 20 岁时嫁给刘邦，一年之后生汉惠帝刘盈，第四年刘邦起兵反秦离家出走，经过三年反秦，四年楚汉相争，到鸿沟议和之时，才与刘邦相对安定下来，离初婚已经十年。因此，此时的吕后应当是不足 30 岁。这 10 年夫妻，吕雉和刘邦共同生活了不到三年，刘邦就在芒砀山落草，接着是反秦三年，灭项四年。等到吕雉再回到刘邦身边，刘邦不但有了新宠，而且又有了另一个宠爱的儿子刘如意，刘邦和戚夫人之子。不到 30 岁的她此时只能默默地当一个“留守太太”。

历史上权势显赫的一代女主，在个人感情生活上并不如意。当人们抬头仰望着权倾天下的一代“女皇”时，谁能知道这位“女皇”有多少幸福感？刘邦宠幸戚夫人，恩恩爱爱。吕雉再回到丈夫身边，已然是“常留守，希见上，益疏”。

后来刘邦最终在垓下之战中打败项羽，统一宇内，刘邦当上皇帝，吕雉就顺理成章地当上了皇后。

在安定后的岁月里，刘邦整日流连他处，宠幸其他妃子，几乎没有踏进过她的寝宫。在那漫长的孤寂里，她明白，她要抓住自己能抓住的一切东西，哪怕是个聊慰寂寞的审食其也好。她要紧紧抓住一切东西，那么她就要这种能抓住一切的权力。

立太子之事，让吕雉煞费心机

如果是平常日子一切都好说，但一旦发生实质的利害冲突，甚至影响到未来的安全问题时，吕后便感到如坐针毡，日夜不安，因为这是在血雨腥风的皇家大院。

对吕后来说最大的问题出在戚姬身上，戚姬身材修长，气质高贵，在定陶与刘邦相遇，自此两人情投意合，成了一对誓同生死的烽火鸳鸯。戚姬的儿子叫如意，言谈举止都有刘邦的风范，刘邦对他十分钟爱，加上戚姬的枕边进言，吕后儿子刘盈又怯懦不讨刘邦喜欢，刘邦大有废掉刘盈太子头衔，另立刘如意来继承自己衣钵的可能。这件事的态势在不断发展，吕后整天胆战心惊，眼看戚姬先是夺走丈夫的爱，如今又要攫取太子的位置，一个是情仇，一个是政敌，她必须反击，但也必须小心翼翼。

为了立儿子为太子，吕后不惜跪谢周昌。周昌是刘邦任泗水亭长时的老部下，跟随刘邦一块儿起兵。他的哥哥周苛还是一位烈士，为守卫荥阳被项羽所杀。周昌坚决反对刘邦废长立幼。周昌口吃，说话结结巴巴。但是，他一听刘邦要废长立幼，非常恼火，他说：“我的嘴不会说，但是，我觉得这件事绝对不可能做，陛下即使想废太子，我也绝对不接受这个诏书。”由于周昌口吃加上盛怒，所以，才有“期期知其不可”“期期不奉诏”二语。这里的“期期”正是周昌结结巴巴说话的真实状态。刘邦听后欣然而笑。由此，才有吕雉跪谢周昌。

吕后听说刘邦已经在议欲废太子，另立戚夫人之子赵王如意为太子，大臣多谏争，但是还是不能坚定皇上的意愿。吕后心里非常恐惧，不知所为。

汉十二年，刘邦平定黥布叛乱结束，但是，刘邦也在这次平叛中第二次受到致命箭伤。而且，由箭伤引发的疾病更加严重。此时的刘邦已经预感到人的生命是有尽头的；因此，刘邦废立太子的愿望也更加强烈了。张良劝阻无效，托病不再上朝。作为太子太傅的叔孙通以死相谏，说了一番非常最具代表性的话：“太子天下本，本一摇天下振动，奈何以天下为戏！”叔孙通为代表的朝臣们看重的正是制度治国。他们认为：一旦立嫡长子制度遭到破坏，后果不堪设想。

刘邦假装听从，实际上废立太子的想法毫无改变。

此时有人便为吕后设谋，让他找张良。吕后就让他的哥哥吕泽劫持张良，逼着张良献计。张良对吕泽说：“皇上在战争困难的时候确实能够听我的意见，但是，现在是因为宠爱而要废长立幼，这已经不是靠说能了结的事。但是，皇上非常看重的‘商山四皓’却始终请不来，因为他们认为皇上对臣下态度一贯傲慢。如果你们想个办法把‘商山四皓’请出来辅佐太子，让他们天天陪着太子，特别上朝之时陪伴太子，皇上一定会看见。皇上知道‘商山四皓’辅佐太子，也许会有一用。”吕后立即付诸实施，派吕泽让人带了太子的亲笔信，还带了一份厚礼，请“商山四皓”出山，再经过张良的穿针引线，刘邦都没有请动的“商山四皓”被太子刘盈和吕后的诚心感动，答应出山做太子的宾客。于是吕后令吕泽使人奉太子书，卑辞厚礼，迎此四人。经过这四位长者的教导及潜移默化，刘盈的修养和见识大有长进。吕后如此做，无非就是为显示“汉世江山，后继有人”，同时继续指使大臣在朝堂坚持不能改立。

所谓“商山四皓”就是商山之中的四位隐士，这四位饱学之士先后为避秦乱而结茅山林。商山在今陕西商县东南，林壑幽美，云蒸霞蔚，地势险峻，是一个隐居的好地方。

一次朝宴，高祖刘邦发现太子身边有四位八十多岁的老人，胡须、眉毛都白了，服装、帽子非常讲究。高祖很奇怪，就问他们是谁？四位老人上前回答，并各自报了姓名。刘邦听说后大为吃惊：“我请你们多年，你们逃避我。现在为什么要随从我的儿子呢？”四位老人回答：“陛下轻视读书，又爱骂人。我们坚决不愿受辱，所以才因为恐惧而逃亡。如今听说太子仁孝恭敬，爱护天下读书人，天下人都愿意为太子效死力，所以我们就来了。”刘邦说：“烦请诸位好好替我照顾好太子。”四位老人敬完酒，离去。

刘邦暗自感慨，汉代定鼎以来，千方百计想要罗致德高望重的“商山四皓”，来为治理国家出谋划策，却不应，现在已成为太子的宾客，看来太子羽翼已成，便知道太子不可废。当刘邦回到后宫把这一消息告诉戚姬时，戚姬立即泪流满面，她为排遣心中的悲痛和不安，悲歌一曲，希望能在今后的生活中得到保证，刘邦无言以对，也只能用一曲悲歌诉说无奈：“你跳个楚国舞，我唱个楚国歌吧。”便歌：“鸿鹄高飞，一举千里，羽翼已就，横绝四海。横绝四海，当可奈何！虽有矰缴，尚安所施？”此情此景，怎一个凄凉了得。

从此之后，刘邦再也不提废立太子之事，而吕后的野心还尚未安定。

吕后弄权巩固江山，她比刘邦更凶猛

保住了刘盈太子的位子，母以子贵。贵起来的吕后接着就是要树立自己的威望，吕后在树立威望中做得最出名的一件事就是杀韩信，把自己的威望建立在韩信的人头之上，使群臣慑服。

汉初三杰，运筹帷幄之中，决胜千里之外的张良，在汉朝建立后就过上半隐居生活，已不构成威胁，何况他曾助吕雉稳固刘盈的太子地位。抚百姓，致稼稻，使国富民强的萧何不是那种争天下的人，而且在政权建立后是急需的发展生产的人才，所以他也不是吕后要谋杀的对象。只有领兵多多益善，攻城夺隘，出奇制胜的韩信，始终是刘邦放心不下的，更何况韩信当年在楚汉之争中，在刘邦最危急的时刻，要挟过刘邦封王。

汉高祖刘邦登上皇帝宝座之后，与他一同打天下的功臣仍然举止粗豪，不顾礼法，甚至醉后拔剑起舞，砍去殿柱，闹得不成体统，直到经过叔孙通订定朝仪，朝廷之上才算有了规矩。据说汉高祖刘邦当时由衷地说道："今天才知道当皇帝的滋味。"但一般自认功高盖世的将帅仍有不臣之心，汉高祖厉行打击，首当其冲的便是令刘邦深心不安的韩信。他首先把韩信由齐王改封为楚王，又由楚王贬为淮阴侯，又用陈平的计谋捉住韩信，废为平民，但汉高祖刘邦一直没有杀韩信，因为高祖曾与韩信有约：见天不杀，见地不杀，见铁器不杀。吕后就偏偏与萧何用计把韩信骗到未央宫，用布兜起来，用竹签刺死，杀他时不见天，不见地，不见铁器。当汉高祖听到韩信被吕后杀后的心情是："且喜且哀之。"这话道出了多少背后的故事：自己不忍杀戮功臣，而自己的妻子却刚毅果敢地解了自己心中的疙瘩，自然不免思潮起伏，感慨万千。对刘邦而言下不了手的事，却是吕雉的强项，此女的凶悍暴露无遗。

吕后这般残酷之招，确实收到了杀鸡儆猴的作用，朝中大臣看到她连韩信这样的人都敢杀，不免都对她畏惧几分。

同年三月，梁王彭越谋反，刘邦将其废为庶人，削职流放蜀地。途中遇吕后，彭诉说无罪，吕后答应为他说情，将其带回咸阳。她抱怨刘邦："你把彭越放走，等于放虎归山。"刘邦遂将其处死，并夷其三族。这两桩大事，就像是"阳光雨露"，此时的吕雉已经长成了"一棵参天大树”，连刘邦也不再是她的对手了。

当淮南王黥布反叛的消息传到长安时，汉高祖正在病中，原本是要派遣太子刘盈率兵讨伐，却硬是被吕后一把鼻涕一把眼泪地逼上了战场，说什么“黥布是天下猛将，很不容易对付，太子去岂不是羊入虎口！而诸将又多是太子的叔伯辈，只怕难以心甘情愿地俯首听命。”说来说去还是心疼亲生儿子，不顾丈夫的死活。

刘邦扶病出征，虽然很快就平定了叛乱，但也不幸身中流矢，伤口溃烂，拖了三个月而驾崩，只活了63岁。据载刘邦重病时，吕后曾试探过政权的继承问题，问病中的刘邦，萧何之后谁为宰相，刘邦告诉她用曹参，她又问曹参之后又谁为宰相，刘邦告诉她，用周勃、陈平，吕后还要问时，刘邦不耐烦地说，那已不关你什么事了。刘邦死前特地杀白马为盟，遍告天下，非刘氏不能封王。看来刘邦对吕后也有所防备，不知是不是巧合，就在陈平、周勃为相时，合力结束了吕后的统治，看来雄才大略的人你伤不起。

刘邦称帝八年间，吕后协助刘邦，镇压叛逆、打击割据势力，对巩固汉朝统一政权起了重要作用，并为她日后掌权做了充分准备。《史记》中也记载：“吕后为人刚毅，佐高祖定天下。所诛大臣多吕后力。”韩信、彭越、黥布三人都是著名战将，为刘邦夺下了大半江山，刘邦登基做皇帝后，均被封为王爵。三人国土广大、民口众多，是当时一等一的封国大王，然而也在吕后集团的运筹帷幄中致死。

后代历史学家评说，吕后谋诛众将的想法显然是略带神经质的直觉思维的结果，但也并非空穴来风。刘邦登基做皇帝后之初，因为历史的原因封了七个异姓王，以及一大批侯爵，各个王侯都有自己的国土和人口，其税赋用来供养王侯，可以继承。侯爵势力小，最多不过一两个县城、两三万户人家而已。王爵至少封有几个县城及其人口，并且拥有自己的政府和军队，刘邦的中央政府至多派几位官员担任各个王爵政府之中的首脑。王爵势力巨大，难以约束，给大汉皇朝的稳定带来巨大潜在威胁。可能正是出于这种考虑，刘邦才与众将杀白马为盟，约定“非刘不封王，无功不封侯”，这就是历史上著名的白马之盟。

白马之盟透露出一个消息是：让大臣们提防吕雉。另一个更重要的信息是：刘邦虽贵为皇帝，但与其部下的关系并非绝对服从式的上下级关系，刘邦只是身兼国王和联盟老大两职的盟约长而已，其政治角色介乎于春秋战国时的霸主和秦始皇帝两者之间。刘邦为政时期，中国的社会组织形式基本上恢复到春秋战国时的分封制，刘邦的改朝换代并没有冲击到自黄帝以来的分封制。

恐怕吕后自己也不明白她的所作所为，不但满足了自己的私欲，更是误打误撞地使许多封国都没有能够充分发展壮大起来，实质冲击了分封制赖以存在的时空条件，严重削弱了分封制度，为汉景帝削藩和汉武帝推恩令并剥夺王侯军政大权等行动奠定了基础。从汉武帝时期开始，分封制度发生本质变化，被封王侯只享受其封地上的税赋，没有对其封地的行政管理权。可以想象，如果没有吕后的这一番残忍作为，纵然是雄才大略的汉武帝，怕也难以完成中央集权制大帝国的构建工程。所以，吕后对中华社会发展史的影响作用，可以概括为一句话：她是中国分封制的掘墓人！从这点上说，刘邦虽然惧她三分，但也敬她四分，才会容忍她的凶悍行动而不制止。

言归正传，刘邦去世时，吕后封锁消息，四天密不发丧，与其幸臣审食其和哥哥吕释之密谋诛杀众将领。这一密谋后来被吕释之子吕禄走漏风声，被人劝阻，这才避免了一场朝廷上的血雨腥风。但已经足以威慑群臣，使得那些如狼似虎的将领们乖乖地随着吕后的指挥棒转，顺利度过一段危险期。

此后她参与朝政，献策施计，辅佐惠帝，机智权变，能谋善断。后临朝称制，又做了一番事业，其间也做了一件世间骇人听闻的事。

人彘事件制造者，这样的女人你伤不起

刘邦去世后，吕雉被封为太后。太子刘盈即位，只有 17 岁，天性仁慈柔弱，一切权柄都操在吕太后手中。刘邦生前戚姬最得宠，吕太后恨透了她和她的儿子，于是吕雉的恶毒之心，要付诸现实了。一幕惊心动魄的大血案迅速在宫中展开。那日，仍在丧期的吕后领着几个贴身的奴仆，直奔戚姬住所。戚姬正一身缟素，无心梳妆，披头散发地独自垂泪。看着来势汹汹的吕后，就像受惊的兔子，乱了方寸。吕太后反倒呵呵地笑起来，看得戚姬只打战，看得随从们也不知道该表什么态了，本来以为吕太后是来狠狠责罚戚姬的，现在倒摸不着头脑了，只好呆呆地赔笑。

吕太后笑吟吟地走上前，把跪在地上的戚姬，缓缓扶起，又细细打量着围着转了一圈，嘴唇轻轻吐出一口气："在民间的时候就听人常说，'女要俏，三分孝。'妹妹穿这一身孝衣，可真是名不虚传的定陶大美人呢！"言毕，马上变脸，冲呆立在旁的随从们一声厉喝："一群呆子！都站着干吗呢，去拿件赭衣来啊！"

戚姬换上了罪犯才穿的难看的红褐色衣服，可怜只知道承欢高祖刘邦的美女，面对吕太后这般对待却全没办法，只能任其宰割。曾经戚姬美丽的杏眼冷冷地放着寒意，像是二月的春风柔柔地吹着，却是彻骨的寒！吕雉让人剃光戚姬的头发，用铁链锁住她的双脚，关在一间潮湿阴暗破烂的屋子里，让她一天到晚舂米，舂不到一定数量的米，就不给饭吃。吕雉会剃光她的头发，是因为她的头发没剩几根了。

把戚姬幽禁之后，吕太后才心满意足地回宫幽会情人去了。吕后的情人，审食其。审食其是汉高祖刘邦的老乡，也是沛县人，长得眉清目秀，而且又口齿伶俐，擅长逢迎阿谀。刘邦起事以后，家里只有年迈的父母、妻子吕雉和一儿一女，就请了他帮着照看家里，料理家务。

刘邦一年到头，在外面东征西讨，难得在家，家事全凭得吕雉一人照料，多了这么一个帮手，自然讨得吕雉喜欢。当年跟着起事的也都封侯的封侯，拜将的拜将。只有一个人，没有战功却封了辟阳侯的就是审食其。刘邦自然也不愿意无故封侯，让跟着自己的将领们不服气，奈何吕雉搬出当年刘邦不管他们翁媳死活，还一次一次把孩子们推下车的事来哭闹，刘邦无奈，只好封了审食其一个美差。

宫里关于他俩的风言风语早传到刘盈耳朵里，单纯善良的刘盈自是替母亲羞愧，也因此渐渐疏远自己的母亲。要风得风、要雨得雨的吕雉也终有一失，那就是她跟刘盈的母子情分渐渐疏远。

却说戚夫人在永巷身戴枷锁，日日舂米，一边舂米，一边想自己身世可怜，一边又挂念自己的儿子，一边又盼望儿子来救自己，就总是舂一回，哭一回，唱一回，竟编成一支歌，边舂米边哭边唱。宫女太监们本来就很同情戚姬的惨状，加上这首曲子又凄婉动人，慢慢在宫人们之间传唱。自有那好事之徒，把此事说与吕太后听。

吕雉听说后含恨而来，没进宫门就听见戚姬在唱："子为王，母为虏！终日舂，薄暮常与死相伍！相离三千里，谁当使告汝！"吕雉踢门而进，大骂道："你这个贱人唱给谁听，还想着你儿子来救你？！那我就成全你，让你们母子好好团聚。"说罢砸掉了戚夫人的米拂袖而去。

吕太后暴露狠毒面目，这下子更是定了杀戚氏母子之心。当下就派人骗戚姬的儿子，说要当面封地给赵王刘如意，谁知道派去了三拨人，都被赵王的相国周昌给顶回来了。这个周昌之前在废立太子一事上，曾经有过功可免一死，吕太后就使了个调虎离山之计，把周昌召到京城痛斥一番，改派别处了。其实这个周昌也是刘邦临死前为了保住儿子如意使的一计，谁知也只是暂救了赵王一时性命。等到周昌一离开赵王，吕太后就立刻派人去召他入朝。赵王才是一个 12 岁的小孩，稚气未脱，胆子又小，怎么敢违抗吕后的命令？

知母莫若子。刘盈想到母亲要对刘如意下毒手，便同他一起面见吕后，想替如意求情，放过他们母子，谁知却碰到吕雉正和辟阳侯审食其在幽会，审食其从别门躲开了。此时的刘盈一心只想保护弟弟如意，与母亲之间已经拉开一条鸿沟，不想提到她的私生活，只说："母后，我带赵王来见您。"吕雉轻轻拢了拢散开的头发，目光仍然清冷、有力，"赵王如意？"她那阴险的脸面向刘如意，把 12 岁的如意吓得在宫里乱窜。"希望母后放过他。"这句话说得柔中有刚，绵里藏针。吕雉惊讶于刘盈跟自己说话竟变成如此态度，这笔账她会算在赵王身上。

"盈儿，你已经很久没来向母后请安了。"吕后说道。

"希望母后放过他们。"刘盈重复着这句话，然后告退离开让他觉得肮脏的长乐宫，吕雉看着儿子的背影突然觉得陌生了，心里好像被刺了一下，她苦心经营的权势却换不来他们母子的和睦相处，她一甩自己的长袍转过身去，紧紧攥紧拳头。心里暗想："刘如意，你的日子到头了。"

之后刘盈便把刘如意时刻带在身边，寸步不离。纵然刘盈极力袒护这个异母弟弟，然而，明枪易躲，暗箭难防。一日，刘盈早上去打猎，如意赖床不起，求哥哥："我想多睡会儿。"哥哥看着弟弟胖嘟嘟的样子，心软答应了，没想到等哥哥打猎归来时，等待他的竟是弟弟七窍流血，身体已冰凉地躺在自己的寝宫内。霎时，刘盈神情恍惚，冰彻入骨。

赵王刘如意死后，吕太后命人砍掉戚姬的手足，挖眼烧耳，灌上哑药，丢进厕所里，让她辗转哀号，称为"人彘"。对于此事，吕雉还甚为快乐，索性独乐乐不如众乐乐，还特地要她的儿子刘盈去看，刘盈得知"人彘"就是戚姬时，大惊失色，泪流满面，喃喃说道："太残忍啦！哪里是人做的事，太后如此，我还凭什么治理天下！"他受不住惊吓，从此大病经年，天天借酒浇愁，不理朝政。吕雉与戚夫人的宫闱斗争，可以说是历朝历代最惨烈的一场。这一出妻妾争锋，可以用"震烁古今"来形容。

戚姬母子死后，吕太后又把矛头瞄向了刘肥，招他进朝。刘肥恐惧，想到赵王如意的前车之鉴，他就胆战心惊。刘肥在自己的住处又惊又怕，不知如何是好，急忙召集谋士们商量对策。有一个人建议说，大王要想保全性命，只能自己割送封地给吕太后的亲生女儿鲁元公主。吕太后最疼自己的一子一女，鲁元公主一高兴，大王才能脱险。如此，刘肥去参见吕太后的时候，就赶紧上表吕雉，说愿意将自己封地的城阳郡献给鲁元公主。正好鲁元公主也在，刘肥当下跪下拜过吕太后，又跪在鲁元公主面前，说："刘肥愿意尊长公主为齐国的王太后，行母子礼。"

鲁元公主的丈夫被刘邦撤销王号，只封了个侯，现在有人送她封地，还尊为王太后，她当然求之不得了，看了一眼母后，吕雉点头默许，她也欣然答应了。这种乱辈分的事，也就是吕雉习以为常，留给后人的笑话。

后世人更可能会嘲笑齐王刘肥的懦弱，然而有时候这恰是一种明哲保身的好计。后来，刘肥能够不死于非命，这相对于刘氏诸王的结局已经很好了。

其他的刘氏诸王难逃吕后的"安排"，包括吕太后自己的亲生儿子，一国之君汉惠帝刘盈。

为了巩固吕家权势，吕太后将自己的外孙女张嫣嫁给儿子为后，让舅舅与外甥女结成了一对怪异的夫妻，刘盈终生与张嫣无夫妻之实。公元前 188 年，汉惠帝刘盈抑郁而终，张嫣也成为史上最憋屈的皇后。吕雉白发人送黑发人，其中凄凉，"女皇"自知其味儿，她半生努力得来的权势也难填自己儿子心里的不平。

之后，吕太后先后立了两个少帝，先是少帝刘恭，是吕太后让内侍从宫中抱来一个美人生的婴儿，并把那个美人给杀了，让他冒称是刘盈之子。4 年后，这个少帝无意中偷听到自己的身世，知道原来自己的亲生母亲并不是张皇后，而是被吕太后悄悄弄死的一个受过宠幸的宫女，几岁的小孩全然没有半点心计，竟私下对人说："太后杀了我母亲，等我长大了一定要报仇。"孩童之间的言语，也被报告给吕太后，她哪里能够容忍呢？没几天，吕太后对外声称，少帝病重，实际上是将其杀害。又改立刘弘为皇帝，仍然称为少帝，但刘弘不称元年，连个年号都没有。这两位少帝，只是她手上的一枚棋子不合用便舍弃。然后吕雉自己临朝称制，排斥老臣，任用亲信，分封吕姓诸王，违背了刘邦与众大臣公立的“非刘氏不王”的约定。

刘邦共有 8 个儿子，分别是刘肥、刘盈、刘如意、刘恒、刘恢、刘友、刘长、刘建，其中只有刘盈是吕后亲生。刘肥设计自保逃过一劫后，吕太后又设计饿杀刘友，迫使刘恢自杀，刘建病死只留下一个儿子，也被吕后派人杀掉。没有受到吕后威胁的只有刘恒和刘长二人。实际上，连亲生的儿子刘盈也是间接死于吕后之手。总起来说，刘邦的 8 个儿子中，直接或间接死于吕太后之手的有 4 人，另有一人病死后被吕太后绝了子孙根。没有受到损伤的只有刘肥、刘恒和刘长 3 人。

吕太后不遗余力地迫害刘邦的子孙，除了女性任性的行事风格使然之外，目的之一就是夺取他们的封地，用以分封她的娘家人，以壮大吕家势力。事实上，吕后也确实几乎夺得了刘家天下。但结果却是，在政变中，吕姓一族被大臣们尽数诛杀。

休养生息攒国力，对外处事展露女性风度

汉王朝初年，吕雉的狠毒，促使她谋杀众功臣，削弱了分封制，为集权统治奠定一定基础。

刘邦之后，她先后直接或间接杀死刘氏子孙，自己专制统治。

吕太后当政内，把创自刘邦的休养生息的黄老政治进一步发扬光大。刘邦临终前，吕后问刘邦身后的安排。她问萧何相国后谁可继任，刘邦嘱曹参可继任，曹参后有王陵、陈平，但不能独任，周勃忠诚老实，文化不高，如有危机，安刘氏天下的必是周勃，可任太尉。

吕太后虽实际掌握大权，但她是遵守刘邦临终前所做的重要人士

安排遗嘱的，相继重用萧何、曹参、王陵、陈平、周勃等开国功臣。而这些大臣们都以无为而治，从民之欲，从不劳民。对农业实行轻赋税，对工商实行自由政策，这样不论政治、法制、经济和思想文化各个领域，均为“文景之治”奠定了坚实的基础。

吕太后在皇家家事和集权方面残酷，但是对外颇有政治家的风度。匈奴冒顿单于乘刘邦之死，下书羞辱吕太后，说：“你死了丈夫，我死了妻子，两主不乐，无以自虞，愿以所有，易其所无。”吕太后采纳季布的主张，压住怒火，平心静气复书说：“我已年老色衰，发齿也堕落了，步行也不方便。”然后赠予车马，婉言谢绝，终于化干戈为玉帛，匈奴自愧失礼，遣使与汉和平来往。此事让后人对这位凶悍的太后刮目相看，一向任性妄为的她，在对外方面既展露了自己的风度，又保留了汉朝的尊严。

吕太后是个刚毅阴狠、不甘雌伏的角色，虽然满手血腥，但是她也有一些为人称道的政绩。吕太后当政 15 年，政治相对宽松，推行约法省禁、与民生息的政策，还做了几件大事：叫各郡县推举优秀农民，予以勉励，减轻赋税，改秦税什收其伍为什伍税一；允许以往逃避山林、湖泊和迁徙他乡的农民回到家乡，并归还田宅，官吏不得因其过去有不法行为打骂或歧视；释放奴婢，回乡从事农耕，官吏不得干涉；裁减大批军官士卒，转业还乡，优先给以土地，妥善安置；大赦天下；废除秦时因株连而夷的“三族罪”和“妖言令”等繁苛的法令，导正社会风气，为百姓所称道；对匈奴采取和亲政策，使边境安定。这些政策的实施，缓和了内外矛盾，刺激了生产发展，增强了汉王朝的国力。

《史记》和《汉书》都称赞她：“高后女主，制政不出闺阁，而天下晏然，刑法罕用，罪人是希，民务稼穑，衣食滋殖。”这些推动社会发展的现象表明，在国事方面吕雉还是一位谦虚的人，她不会治理，但她会用会治理的人，是为明智之君也，自古多少男皇帝也没她称职呢。

据说吕后称制时出现过五星连珠，即一种天象，就是金木水火土五颗星排成一条直线。古人认为出现这种天象是顺应天命，若当时的皇帝是位男子，一定会大行庙礼庆盛世。但是是吕雉当朝，那些老天文学者们便没有大肆宣扬五星一线的天文现象，可见男尊女卑之思想处处有渗透，所以史书没有记载五星一线是表示吕雉当朝是顺应天命。但那也不能泯灭吕雉是中国历史上刚毅、有抱负、有韬略、有作为的政治家的事实。

疯狂集权的毁灭之路

吕太后最大的缺点是嫉妒心太重，私心太重，这种心态在汉王朝初期保护了自己，但是在后来仍旧疯狂地争权夺势，由此渐渐酝酿了一场皇家风暴。吕家终以血泪报还。

吕太后从一开始就极力袒护娘家人，无可厚非，因为在她遇难时刘邦出征在外，都是吕家人最关切，注定她会有强烈的恋娘家情结。从吕太后追封他已故的两个哥哥，大哥吕泽为悼武王，吕释之为赵昭王，就可见一斑。

吕太后为了强化自己的统治，在采取“无为而治”、巩固西汉政权的同时，首先打击诸侯王和政治上的反对派，重用其宠臣审食其。然后布置党羽，大封诸吕及所爱后宫美人之子为王侯。开始时，她想封吕家的人为王，但她又怕大臣们反对，于是就征求丞相王陵的意见，王陵是个直心肠，他当时就表示反对，对吕后说：“不行！高祖在世的时候，曾经杀白马订盟约，规定不是刘家的人不得封王，没有功劳的人不得封侯，谁不遵守这个盟约，天下人共同讨伐他！如今您要封吕家的人为王，这是违背盟约的，我不能同意！”吕太后听了这话，脸上立即挂了一层霜，冷冷地看着王陵。陈平和周勃见她神色有变，两个偷偷地交换一下眼色，互相微微点头，齐声说道：“高祖皇帝平定天下，曾封子弟为王；今太后掌管朝政，分封吕氏子弟又有什么不可呢？”吕太后听了这番话后，立即转怒为喜，心里美滋滋的，脸上有了笑容。

之后，她就让王陵担任皇帝的太傅，夺了他的丞相职权。王陵虽然生气，但只得告病回家。吕太后立即让自己的亲信审食其为左丞相，居中用事。陈平、周勃虽然不服，但是吕后当权，也只好顺从。而那个审食其从不处理左丞相职权范围内的事情，专门监督管理宫中的事务，像个郎中令，吕太后常与他决断大事，公卿大臣处理事务都要通过审食其才能决定。吕太后这些做法遭到刘氏宗室和大臣的激烈反对。大祸正在升级中。

接着，吕太后又马不停蹄地向大臣们放出口风，极力地鼓吹自己的侄子吕台如何如何能干，意思是想叫大臣们出来保封吕台为王。由于王陵被她踢走了，朝中正直的大臣也常常托病在家，没有人再敢违背吕后的意思，因此，大臣们顺从了吕太后的意见，为吕台请封，吕后就把吕台封为吕王，把济南郡作为他的封国。不久，吕台死了，他的儿子吕嘉继为吕王。由于朝中无人直接公开反对，吕太后越发放开手脚，一口气又封了好几个王侯，封吕产为梁王，吕禄为赵王，吕台的儿子吕通为燕王，追吕文为吕宣王，封女儿鲁元公主的儿子张偃为鲁王，封刘章为朱虚侯，封吕释之的儿子吕种为沛侯，封外甥吕平扶柳侯，封其妹吕媭为临光侯，侄子吕他为俞侯，吕更始为赘其侯，吕忿为吕城侯。吕太后先后分封吕氏家族十几人为王为侯。想以吕氏来代替刘氏千辛万苦拼来的江山，刘氏家族能干吗？

如此，由于吕太后的专权，吕氏子侄一个个被破格提拔，有谋虑的吕太后恐怕刘吕两姓互相争斗，就想出了一条亲上加亲的政策。她把吕禄的女儿嫁给齐王刘肥的二儿子朱虚侯刘章，又让赵王刘友、梁王刘恢娶了吕氏妻子，以为这样可以使刘吕两姓相处无事。结果，刘友的妻子到长安告密，说刘友造反，吕后立即把刘友抓住，活活地折磨死了，梁王刘恢也很快就自杀了。

当吕氏集团权势达到最高峰的时候，一个坏消息终于来了——吕氏一党的幕后大老板吕太后，健康急速恶化，一病不起。

她临终前仍没有忘记巩固吕氏天下，更怕自己死后吕氏家族反遭不幸，因此在她病危之时，下令任命侄子赵王吕禄为上将军，统领北军，吕产统领南军。并且告诫他们："高帝平定天下以后，曾与大臣订立盟约——不是刘氏宗族称王的，天下共诛之。我晋封吕氏诸侯为王，大臣们的内心有着诸多的不平衡、不服气，我死之后，皇帝又年少，什么事情都是大臣在做主，我恐怕他们会反对你们，以致情势大变，因此你们两个人记住，一定要牢牢掌握兵权，必要的时候，葬礼就不要参加了，守卫宫殿，千万不要离开皇宫为我送葬，不要被人扼制。一直到情势稳定为止，千万不要因为忙碌而给他人以可乘之机。一旦兵权落入他人之手，吕氏一族将面临悲惨的命运。"

这些临终言语，让吕太后为吕氏家族谋福禄而忙忙碌碌的勤政行为可见一番。

前 180 年八月，吕太后病死，没有完成她的政治计划就去世了，便留下诏赐给各诸侯黄金千斤，将、相、列侯、郎、吏都按官阶赐给黄金，大赦天下，让吕产担任相国，让吕氏的女儿做皇后。由于吕太后在政时期培植起一个吕氏外戚集团，所以她之死，仿佛一声枪响，让刘氏党、功臣党、吕氏党之间立刻陷入嗜血的权力之争。

刘氏皇族集团与吕氏外戚集团的流血斗争一开始，统治阶级内部矛盾骤然激化，袒刘之军蜂起。齐王刘襄发难于外，陈平、周勃响应于内，刘氏诸王，遂群起而杀诸吕，最终以皇族集团的胜利而告终。薄姬的儿子代王刘恒被迎立为帝，即历史上有名的汉文帝，也迎来了"文景之治"的盛世。

吕雉，终年 62 岁，与汉高祖合葬长陵。吕太后陵位于陕西咸阳市渭城区窑店乡三义村，在高祖长陵东南 200 米处。陵高 32 米，底边东西 160 米，南北 131 米，呈覆斗形。由于陵地建筑在渭水北岸的高原边缘，远望如同山丘，显得异常雄伟。

就此，无与伦比的铁血凤凰——吕雉，完全陨落。

中国古代的史学家们，对历史的评价都逃不出儒家思想的条条框框，一直以来，儒家思想成为评价历史功过的一把铁尺。我们有幸生活在思想活跃的年代，使我们对历史能从一个新的角度去分析、探讨。所以我们评论历史人物的时候，不应再遵从以前的看法，应该从历史人物对当时和以后的影响来评论，所谓“民为天，社稷次之，君为轻”。只要他为百姓谋利益，把当时的国家治理得有所发展，无论他是女人还是外族人。人民的生活才是最重要的，统治者的私人生活是次要的。站在这样的观点上评价吕雉，那她也算一个成功的当权者，至于她为吕姓人收揽的权力，最终也得到以血偿还的报应，刘吕两家恩怨两清，国事依然要进行，后来出现的“文景之治”，不得不提也有吕雉的功劳。

第三章

最有幸福感的窦漪房

她历四朝，全心辅佐汉初有为的三个皇帝，是历史上著名“文景之治”的强有力的参与者和推动者，陪伴并见证大汉王朝走向强盛。她的一生是极其幸运的，从秀女到宠姬再到皇后，她基本上没有经历什么风浪，这与她谦让律己、宽容豁达是分不开的。

历经三代皇帝，出身贫寒却让人嫉妒

经历三朝皇帝的窦漪房有一个悲惨的童年。

窦氏出身贫寒，生逢刘邦与项羽争夺天下的乱世，再加上连年的天灾，窦家生活的困顿已经达到了极限——庄稼旱死了，飞禽走兽跑完了，野菜挖尽了，野果采光了，家人吃了上顿没下顿，有时候一连两天没有任何东西吃。她的父亲为了逃避秦乱，隐居于观津钓鱼，又不幸堕河而死。当窦家得到这个消息时，全家痛哭，窦漪房父亲的去世对这个破败不堪的家来说无疑是雪上加霜，疾病缠身的母亲支撑了几年，也终于熬不下去了，含恨离世。只剩下窦漪房和她的一个哥哥一个弟弟相依为命。

为了生活，为了能够让哥哥弟弟吃饱，窦漪房卖身为奴，在一个财主家打零工，什么活都得干，一天下来精疲力竭，但是为了生存只能这样。那时候，窦漪房自己还是一个 13 岁的姑娘，命运就在这时候又发生了改变。刘邦已经打下了江山，广招天下美女，充实后宫，以显示大汉江山的繁荣富庶，其实就是饱暖思淫欲。

说是选美，其实没有选，就是抢。神气活现的选美官像是鬼子进了村，走到哪，哪里哭成一片。选美官看见稍微长得有几分姿色的姑娘，不容分说，强行带走。不愿意去皇宫的，如果你有银子还好说，贿赂一下选美官，就把你放了。如果没有银子，除了哭泣毫无办法。在这时候，女人的眼泪是没有用的，那些选美官的心肠比铁石还硬。

在井边打水的窦漪房被选美官发现了，生活的困顿并没有磨去她天生的不凡相貌，她被抓走了。窦漪房当然拿不出银子来贿赂选美官，但她也没有大哭大闹，少年早熟的她知道，事已至此，哭闹是没有任何作用的，她只是恳请选美官让她见哥哥弟弟最后一面。选美官看在窦漪房确实是个美女的分上，动了恻隐之心，答应了她。兄妹三人聚

在一起，难免为分离难过，当时窦漪房以及她的哥哥弟弟，还有村子里的父老乡亲，谁也不会认为这突如其来的变故是一场幸运，只会认为是一场厄运。

哥哥劝她逃走，她说不，为了能让哥哥弟弟吃饱穿暖，她甘愿进宫，然后把每月的月钱寄回来。

对于年幼的小弟弟，窦漪房更是割舍不下，她最后一次为弟弟洗了一次头，最后一次为弟弟做了一顿饭，看着他吃完，才在选美官的催促下，三步一回头地离开了家乡，离开了哥哥弟弟。

一入宫门深似海，小人物的命运常常被大人物所摆布。当时窦漪房的命运就掌握在刘邦的老婆吕雉手里。我们常常说，要扼住命运的咽喉，但对于古时候的女人来说，更多的是被命运扼住自己的咽喉。窦漪房就是这样一个女人，只不过扼住她咽喉的不是厄运，而是幸运。

按照规定，新进来的宫女要验身，本来这等烦琐的事情是不用皇后出面的，但作为后宫之主的吕雉不想再看到第二个被刘邦宠幸的戚夫人，于是所有的宫女必须先过了她这一关。吕雉把姿色最好的宫女截住，直接留在了自己的宫中，充当各种各样的杂役，把一批次货假惺惺地送给了刘邦，当然这些次货刘邦是看不上的。

就这样，窦漪房连刘邦的面都没见上，就直接做了吕雉的侍女。这对大多数渴望被皇帝宠幸的宫女来说是一个沉重的打击，但对窦漪房来说却未尝不是一件好事，她入宫只不过想挣点银子，好供哥哥弟弟衣食。她想要的很简单，也很容易满足。

接下来的日子，窦漪房一心一意做自己的侍女，她也听闻了后宫之主吕雉的厉害之处，不敢有半点差池。她心灵手巧，善解人意，细致周到，和吕雉相处久了，吕雉慢慢地喜欢上了这个丫头。窦漪房也奇怪，宫女们都悄悄地说吕雉如何的恶毒，但她却并不觉得，觉得吕雉最多只是脾气暴躁了一点，没干什么十恶不赦的事情，有时候还发现吕雉行善，比如释放一些思乡心切的宫女回家，并给足够的盘缠。对窦漪房，吕雉也时不时赏赐她一些东西，这一切在窦漪房看来，吕雉这个娘娘并不像别人所说的那么坏。

这只能说明，人性是复杂的，吕雉对某些人来说也许是魔鬼，但对另外一些人来说就成了天使。

吕雉常常告诫窦漪房，女人要安分守己，要有自知之明，要做自己该做的事，不要越轨，不要异想天开，宫女就要做宫女的事。如此，窦漪房在吕雉身边波澜不惊地过了几年。

窦漪房平静的生活直到公元前195年，巨大的丧钟在宫中响起，高祖刘邦驾崩了，吕雉作为皇太后操纵国政，宫女们哭哭啼啼，不知道今后的命运会如何。吕雉开始飞扬跋扈，她所做的第一件事就是把刘邦的儿子们除了太子刘盈之外，其他七个都要离开，送到他们各自的封国，她好独掌大权。然后挑选一些宫女出宫赏赐给七个诸侯王，好暗中监视他们，及时掌控他们的行踪，每个王子五名宫女，窦漪房也在选中之列。

窦漪房因家在清河，离赵国近，希望能到赵国去。她向主持派遣宫女的宦官请求，一定要把她的名字放到去赵国的花名册里。但是太监并不理会窦漪房的哀求，理由是窦漪房偷偷塞给他的银子太少，不够他塞牙缝的。窦漪房不死心，由于思念哥哥弟弟心切，就大着胆子，找了一个机会，跪在吕雉的面前，哭诉自己思念亲人的心情，恳求吕雉网开一面，把她分给赵王，这样她就离家乡近一点，好跟哥哥弟弟团聚。

事实难料，吕雉听了她的哭诉后勃然大怒，只说了一句，跟着赵王没有好果子吃，然后就命人把窦漪房拖开了。多年以后，直到她做了代王姬，直到戚夫人“人彘”惨案的消息传来，她才明白吕雉对她说的那一句话是一个暗示：假使她跟了赵王，刘如意死了，她还能活吗？

最后窦漪房分给了代王，代王就是后来的汉文帝刘恒。正是好人撞着好运走，想过不好都难，让人羡慕嫉妒啊！

 真实版的麻雀变凤凰上演

窦漪房和其他四个宫女登上了马车，被送往代国，山西的晋阳，也就是现在的太原，离窦漪房的家乡相隔甚远，窦漪房悲伤地想，也许一辈子也不能跟哥哥弟弟再见面了。马车一路颠簸，窦漪房一路落泪。她完全沉浸在远离家乡的悲痛之中，她的哥哥弟弟过得怎样？是死是活？

事情就在代王第一次接见这五个宫女时发生了戏剧性的变化。当代王刘恒第一眼看到面容憔悴、素面朝天的窦漪房，便对她产生了怜爱。其他四个宫女傻了眼，这一路上她们所花费的心思全打了水漂，早知如此，她们也好挤点眼泪出来，把面容弄憔悴点，而不是打扮得花枝招展的。

一个人的气质是自然流露出来的，只能说明，窦漪房身上流露出来的与世无争、弱柳扶风的气质吸引了代王。刘恒是一个善良的人，善良的人看见可怜的人就动心，觉得有义务有责任要保护这个女人。再者说，柔弱的窦漪房让刘恒一下对她消除了戒备之心，想到也许她也是被吕雉蛮横操控的一个人，同病相怜啊。

代王刘恒退了其他四个宫女，留下了窦漪房。而此时的窦漪房紧张得连大气都不敢出，更不用说抬头看一眼刘恒了。刘恒在她周围走了一圈，然后在她面前站定，叫她抬起头来，声音那么温柔亲切。她不敢，虽然她非常想。刘恒又说了一遍。她才缓缓地抬起头来，她看到一张英俊的脸，微微笑着，清澈的目光里夹杂着淡淡的忧伤，这惊心动魄的一瞥激发了她一个女人对爱情的所有期冀。

真是托吕雉的福，刘恒与窦漪房，这两个看似八竿子打不着的人，在机缘的撮合下，走到了一起。这就是缘分，你不得不相信的缘分。

几个月后，其他四个宫女还是宫女，而窦漪房却成了代王的王妃，

这个身份的转变不是她耗费心计得来的，而是命运替她安排好，等着她来取的。但也不是说她什么也不做，守株待兔就能得到的，还是要靠她的聪慧、温柔与刘恒相待，让他明白她是他的人，她是向他靠拢的，虽然她是吕雉派来的宫女，但是她愿意将自己的以后托付给他。她要依靠着他生活。这样，刘恒才能明白她的心意，才敢重重地爱她，封她为妃，是真爱也好，是俩人商量好的也好，总之先向吕雉示意他是遵从于她的，才能得活路。这恐怕也是吕雉杀其他皇子，没杀刘恒的原因之一，她帮着他消除了吕后的戒备之心。

再说其他四个宫女再一次见到窦漪房的时候，不得不向她行跪拜之礼，这个世界变化得太快，窦漪房的好运气让她们亲眼看见了一个人身份悬殊的变化。

但窦漪房还是以前的窦漪房，没有因为身份地位的改变而连性格也改变了，要是换作其他的宫女，也许尾巴早就翘上天了，但她不，她对任何人都彬彬有礼，绝不骄横。

刘恒是有王后的，关于这个王后史书上连她的名字都没有记载，只说她是王后。这位王后生育能力比较强，在窦漪房来到代王府之前，就已经为刘恒生下了四个儿子。当时，刘恒不过二十出头，她也不会超过二十。如此频繁的生育必将导致身体的衰弱，他们生下来的儿子身体也不是很好，这为王后日后的悲剧埋下了伏笔。

有了窦漪房后，刘恒便开始专宠她。一个女人，尤其像窦漪房这样的宫女，能够得到如此的宠爱，死也瞑目了。窦漪房也很知足。她的知足、她的谦卑、她的谨慎、她的朴实、她的贤淑、她的守礼，为她在代王宫赢得了一片好名声。

几年后，刘恒的发妻患了麻风病去世了，窦漪房自然就晋升为王后，推都推不掉呢。窦漪房也为刘恒生下了二男一女：长子刘启，次子刘武，长女刘嫖。

真是生死由命，富贵在天。是你的夺也夺不走，不是你的抢也抢不来。窦漪房当王后那天想，也许这一辈子就这样安静地走下去，有代王的陪伴她觉得自己是这个世界上最幸福的女人。但老天似乎不愿意让这个女人过平静如水的生活，更大的荣华富贵还在等着她。

正当刘恒和窦漪房小两口在代王宫恩恩爱爱的时候，遥远的皇宫发生了宫廷政变。骄横一世的吕雉老太太死去，吕氏家族全族被屠灭，刘盈的儿子刘弘也被杀害。大汉皇帝位置空悬。丞相周平和太尉周勃等一干大臣，经过各种权衡，最后决定迎请代王刘恒入宫登基，继任大汉朝的皇帝。

理由听起来不可思议，不是因为刘恒有多么大的能耐，而是因为刘恒的性情温和，更因为刘恒的母亲薄太后、刘恒的妻子窦漪房都是贫寒出身，没有显赫的家世，本身的性格也老实巴交，刘恒做了皇帝之后，她们不会借着儿子是皇帝，丈夫是皇帝，而像吕雉一样兴风作浪，把大汉王朝蹂躏得一塌糊涂。前车之鉴，外戚干政他们不得不防。贫穷的出生也成为一个人上位的原因，这样千古难逢的机会，又让窦漪房撞到了。

就这样历史上赫赫有名的“文景之治”的其中一位，孝文帝归位。但是刘恒发妻的那四个儿子全部在去往皇宫的路上夭折了，丧子的噩耗传来，刘恒欲哭无泪，虽然与王后没有感情，但四位王子是自己的亲骨肉，何况刘恒连一只蚂蚁都不忍心踩死。总之，刘恒很伤心，说他不想做皇帝啦，还说都是做皇帝惹的祸，如果不做皇帝他的儿子就不会死，说他不是做皇帝的料，竟然说要把皇位让给他的兄弟们。这着实把大臣们吓出一身冷汗，当初，这些大臣们拥立刘恒做皇帝，就把刘恒的兄弟们得罪光了，现在刘恒却说要把皇位让给他的兄弟，如果刘恒的兄弟有朝一日当了皇帝，这些大臣们岂不遭殃？

不管刘恒说的是真是假，那个晚上，周勃等一干大臣一夜没睡好觉。第二天他们联合起来，求见薄太后，要薄太后出面劝说刘恒。薄太后对刘恒进行了一番苦口婆心的劝说，才打消了刘恒放弃帝位的念头。

为套牢刘恒，这才有了大臣们三番五次地上书要他早立太子。立谁好呢？刘恒的嫡长子已经去世，现在的儿子都是窦漪房所生，想也不用想，太子之位轻而易举地落在了窦漪房的大儿子刘启身上。于是刘恒即位后次年正月时，刘恒的长子刘启被立为太子。儿子已经是太子，母亲却还是妃子，这与礼法不合，然后，大臣们又建议刘恒立刘启的母亲窦漪房为皇后。

母以子贵，在其长子刘启成为太子的同年三月，孝文帝封立窦姓皇妃为皇后。真实版的麻雀变凤凰。于是，窦漪房在命运的推动下，一步一步地攀上了人生的巅峰，成为大汉王朝母仪天下的皇后。窦皇后的女儿刘嫖封为馆陶长公主，幼子刘武先封为代王，后封为淮阳王。

窦皇后是无比幸运的人，她不像历代后宫的许许多多争宠的女人，她没有经历宫廷那种明争暗斗的权力之争就得到人世间最高的荣华富贵。这支权杖轻易就落在了一个没有野心的女人身上。窦皇后身份的一步步转变确实取决于她的好运气，取决于她不像吕雉那么家底好，不像吕雉那样凶悍有野心，她只要温柔聪慧就稳当皇后。

这一切，旁人听起来都像是一个梦，更别说当时的主人公窦漪房自己觉得呢。

初为皇后不动权力，用爱心行动助自己寻亲人

窦漪房当皇后以来一直都有一个愿望，那就是找到已经失散多年的弟弟窦广国。窦广国字少君，在四五岁时，由于哥哥在外面劳作，家里没有人看管，窦广国被人掳掠贩卖到外地，渺无音讯。窦后兄长是窦长君，找到窦广国，他们兄妹三个就可以团聚了，其次就是对已故双亲尽一些孝道。虽然窦漪房已经贵为皇后，但她依然不敢提出这样的要求，因为这时候薄太后正忙于尊礼薄氏祖先。她不敢和老太太攀比。

但窦漪房一个好心的决定帮了她大忙，就在她被册封的那一天，她向刘恒提议，宴请天下所有鳏寡孤独之人，并赐给生活穷困之人布匹、

米面、肉食。对 80 岁以上的老人、9 岁以下的孤儿，分别赐给每人一石米、二十斤肉、五斗酒、两匹帛、三斤棉絮。

以善闻名的刘恒对皇后的建议大加赞赏，并很快实施。于是，天下老百姓都对窦漪房皇后的善心口口相传，窦漪房的家世也逐渐流传开来。

一个叫窦少君的年轻人听到了窦漪房的家世。他就是窦漪房的亲弟弟，当年分别的时候，窦少君才五六岁，现在已经成人。他先后被拐卖多次，最后在河南宜阳一户财主家当了奴仆，替人家进山挖石炭。白天辛勤劳作，晚上就和工人睡在悬崖下边的窝棚里。一天，主人派窦少君到山上烧炭。不料，这天夜里，风雨大作，山崖暴发泥石流，一百名工人大都丧生，由于窦少君睡在窝棚边可轻易逃跑，才逃过这一劫。

没几天，他跟随主人到了长安，在那里他听说新封的皇后姓窦，名漪房，清河郡人。窦漪房？当他听到这个名字的时候，怔了一下。自己的姐姐，当年被送进宫的那个姐姐不也叫窦漪房吗？窦少君离家的时候虽然年纪幼小，却记得自己的籍贯和姓氏，还隐约记得与姊姊一起去采桑叶，从树上摔下来的情景。窦少君把这些事详细地写下来后，托人转交给了窦后。窦后见到了这封托信后，决定召见他。

窦漪房的相貌虽然改变了不少，但是窦少君还是认得出来。可是窦漪房已经认不得弟弟了，因为当初离开的时候弟弟才五六岁，如今已经长大成人。窦漪房怕误认，那样将带来不堪设想的后果，毕竟她已经贵为皇后，不是平常人家。于是她问窦少君有什么证据证明他就是自己的弟弟。

少君回忆道：“姊姊离我西去的时候，我记得在驿站分别时，讨来米汤水给我洗头，临走时又给我吃了饭才走的。”当窦后听到此情时，握着弟弟的手已泣不成声。

这一幕被史官详细地记录了下来。书上说，当时不仅大汉的皇帝感动得落泪了，连旁边的宫女也跟着哭泣。窦皇后重赏两个兄弟，都把他们安置在京师居住在一起。刘恒照例又要赏赐窦漪房的兄弟，被窦漪房阻止。

如此谨慎，不给大臣们一点把柄的窦漪房仍然遇到了麻烦。照理说，这是窦漪房的家事，与别人无关，可是她是皇后，皇后没有家事，皇后的一切事都是国家大事。杯弓蛇影的大臣们见窦漪房突然冒出来两个年轻力壮的兄弟，有点吃不消了。他们担心窦漪房会成为第二个吕雉，他们要把隐患消除在萌芽之中。

一次早朝，绛侯、灌将军等一干串通好的大臣联合起来对文帝进谏，大意是说窦氏兄弟都是鲁莽之徒，没有任何文化素养，不应该依靠皇后的裙带关系而加官晋爵，让他们做富贵闲人，并且还要挑选德高望重、学识渊博的大臣与他们比邻而居，教导监督他们，以防止他们滋事扰民。

对于大臣们的意见，窦漪房全部采纳，毕竟她现在初为皇后，还不知道权力如何使用，这与后来她成为皇太后以后的作风很不一样，恐怕也是她后来讨厌儒士的根源。如此，大臣们进谏完，窦后就请来有德行的长者对兄弟进行教育。由于这样，窦长君、窦少君兄弟俩后来成为谦让有礼的君子，不敢以地位显贵而盛气凌人，反而平安富有度过一生。这样的一生，总好过吕雉给她兄弟们的一生。

她的情敌不是慎夫人，是个小男人邓通

当刘恒与窦漪房已经携手度过了30个春秋，当窦漪房已经半老徐娘，当刘恒也已经到了知天命的年龄，回首前尘往事，多少感慨涌上心头，刘恒与窦漪房之间的爱情也从曾经的山盟海誓、缠绵悱恻发展到了现在的相濡以沫、白头偕老。

但是不久，一件不幸的事情发生在窦漪房身上，这位母仪天下的皇后双目失明了。窦漪房当时不过四十多岁，在往后的几十个年头，这个贤良的女人只能与黑暗、孤独为伴。好在窦漪房经历了太多的事，

她看得很开。该得的她得到了，不该得的她也得到了。人有旦夕祸福，月有阴晴圆缺，人一辈子不可能总是一帆风顺的。

窦漪房看得开，但她的哥哥看不开了，皇帝喜欢上了慎夫人，妹妹又双目失明，窦氏兄弟跑到她的寝宫，问：皇上会不会废掉你这个皇后？窦漪房平静地告诉哥哥弟弟：不会。我对皇上有信心。我对我们之间的感情有信心。皇上喜欢慎夫人是好事，但相比我与皇上之间的感情，他们之间的感情只不过是一朵浪花而已。

好一个自信的女人，心胸也宽广！

由于窦漪房双目失明，行动不便，刘恒与她一起出席的活动少了很多，但是宫里的一些重要活动他必会领着窦漪房一起参加。

一次皇家聚会上，刘恒与窦漪房坐下来闲谈，慎夫人走过去，想与皇后平起平坐。不料，一个叫袁盎的大臣不准她就座，把她引到旁边，让她与侍者一起坐。慎夫人赌气，怎么也不肯就座。这时候刘恒生气了，起身就走。其实皇帝生气的原因有两方面：一是慎夫人没有规矩；二是大臣袁盎也太不给他面子，当着那么多人的面指责他宠爱的慎夫人。袁盎见情势不好，追上刘恒，为自己辩解："陛下，臣知道你喜欢慎夫人，但她毕竟不是皇后，国有国法，家有家规，慎夫人怎么可以与窦皇后平起平坐呢？要是窦皇后也效仿吕雉，制造人彘事件，那后宫岂不乱了章法？"

刘恒听了袁盎的话觉得言之有理，不但不再生气，反而很高兴，赏赐了他。可见，刘恒并不是十分宠爱慎夫人，否则的话，他怎么听得进去袁盎的劝说？刘恒所做的这一切，窦漪房并不是不懂，她铭记于心，对刘恒心怀感激。

慎夫人从此失宠，事实上她是否真的受宠还值得怀疑。除了慎夫人，史书上说刘恒还宠爱过一个叫尹姬的女子，刘恒怎样宠她，史书上没有记载，他们之间的故事更是寥若晨星。

刘恒似乎对女人越来越不感兴趣，可是窦漪房却高兴不起来，不久她发现，刘恒爱上了一个叫邓通的男子。

刘恒对邓通的宠爱才叫真正的宠爱，在爱情上窦漪房没有被女人打败，却被一个男人打败，这是她怎么也想不到的。谁能想到，大汉王朝的天子除了喜欢女人，还喜欢男人呢？秘密终于揭开，刘恒之所以不近女色，是因为他有断袖之癖，龙阳之好。

刘恒喜欢邓通这样一个人，因为他漂亮、善良、心细，更重要的是因为他对刘恒的口味，或者说，刘恒对他就是有感觉，这种感觉在后宫三千佳丽身上没有找到，却在邓通身上找到了。

刘恒对邓通的宠爱有目共睹。这样一个勤俭节约的皇帝，他以及整个后宫都衣着朴素，可是赏赐给邓通的绫罗绸缎数以万计，邓通不敢受，刘恒就以天子的命令来压他。刘恒为邓通专门修建豪华的别墅，授予他上大夫的官职，饮食起居，如影随形。他赏赐蜀郡的严道铜山给邓通，并授予他铸造钱币的权力，也就是说，邓通从此以后想造多少钱就造多少钱。刘恒的感情用事成就了中国历史上最富有的富翁，后来我们形容一个人的富有，常常会说他“富比邓通”。

如果这都不算爱，那怎样才算爱？刘恒对邓通的爱不掺杂任何一点物质利益，是一种纯粹的爱。自卑的邓通面对帝王强大的爱曾经很恐惧，他有一次问刘恒，他什么也不是，他什么也没有，为什么对他那么好？刘恒想也没想就直爽地答道，我喜欢你呀。这恐怕是世界上最简单而又意味深长的回答了。

一直顺风顺水的窦漪房遇到了她人生当中最大的挑战。面对这样的挑战，她束手无策。窦漪房的亲信把刘恒与邓通的故事源源不断地告诉她，可是却没有人告诉她，刘恒为什么喜欢男人，喜欢邓通？

那时候当然没有同性恋这一说法，窦漪房不知道怎样形容刘恒的行为，想劝阻却难以启齿。于是，她只能忍受，眼睁睁地看着一个男人把她心爱的男人从她身边夺走，她却毫无还手之力。

然而，刘恒授予邓通铸造钱币的权力，窦漪房觉得刘恒玩得有点过了，如果再不制止，刘恒勤俭节约的美好形象就会被邓通毁掉。于是，窦漪房找到刘恒，只不过是旁敲侧击了一下，还没有说到正题上，刘恒就不耐烦了，大手一挥，把窦漪房赶了出去。

至此，窦漪房再也无能为力。她不明白，邓通有啥能耐，为什么把刘恒迷得如此深？在窦漪房眼里，两个男人之间是不会有爱情的，她实在找不到刘恒如此对邓通的理由，只好把邓通看作是与妲己一样的妖媚人物，是狐狸精转世。可见，那时候对同性恋的认知是非常狭隘的，窦漪房不是先知，也只能对之有偏见的见解，幸运半生的人终于也遇到不解的难题，只能自己在内心慢慢融化。

外戚干权的延续，对汉武帝产生负面影响

公元前 157 年，汉文帝驾崩，景帝刘启即位，皇后窦氏成了皇太后，史称窦太后，开始了其左右朝政的生涯。窦太后过于溺爱幼子刘武，赏赐不可胜数，恨不得让他登上皇位。最初，景帝对这位深得母亲喜爱，且在平叛“七国之乱”中立下大功的皇弟感情颇深，不仅同辇进出，且在一次家宴中夸下海口要将江山相托。

在一次的家宴上，景帝曾对刘武说：“我千秋万岁后，把皇位传给你。”刘武口上辞谢，内心却很欢喜，窦太后更是喜不胜收，但其侄子窦婴进谏道：“父子相传，是汉代的祖制，怎可如此。”此言得罪了太后，没几天窦太后便下令把窦婴从皇戚的名册中除名。

后来景帝问窦太后谁可以做丞相，窦漪房说就是那个让我生气的窦婴呀。这个史书上有记载，历史上的窦漪房确实是举贤不避讳使自己生气的人。

窦太后一心想让景帝立刘武为皇位继承人。但景帝只是酒后失言，并非真心，不如此做又会违背母后的意愿，正左右为难之际，公卿大臣以古制、祖训为由，坚决反对此事。景帝当机立长子刘荣为皇太子，可惜不到一年，刘荣含冤被废，窦太后乘机再次进言，要立刘武为嗣。

大臣袁盎等上书言此事不妥，景帝乘机立刘彻为太子，窦太后愿

望再次落空，而梁王刘武听说袁盎等从中作梗，派刺客杀戮了袁盎等数十大臣，血溅京师。景帝龙颜大怒，严令缉捕真凶，事情败露，刘武无奈，刺客自杀。幸托得馆陶公主向太后说出实情，在窦太后的干预下，此事不了了之，不过从此景帝心已容不下梁王。

公元前 144 年，梁王刘武病死。窦太后闻讯整日涕泣，不吃不喝，经常大骂："皇上果然杀了武儿！"景帝孝顺，闻之有些手忙脚乱，不知如何是好，姐姐馆陶长公主给景帝出主意，让景帝把梁国一分为五，刘武的五个儿子都封王，五个女儿都赐给汤沐邑，太后方转悲为喜。

窦太后是中国古代最后一位拥护"黄老思想"的统治者，在她的影响下，西汉政权能继续由刘邦时期定下的"以民生息"、"无为而治"的精神，把汉王朝推上了强盛的高峰。她的时代，上承汉高祖伟业，下启汉武帝雄风。

由于窦太后经历了文景之治的全过程，亲眼看到了汉王朝实行无为而治的黄老思想，由弱到强，由穷变富的过程。因此，她十分笃信黄老学说。窦太后晚年，权倾朝野，她最关注的是朝廷的统治思想。在文帝时，就命令儿子景帝和窦氏家族都研读黄老之术。有人对老子稍有非议，就遭到她的惩罚。她喜欢老子的书，不喜欢儒家学说，有一次她召见一个叫辕固的儒生，问辕固如何看待老子的学说，辕固不以为然地说："这不过是部平常人家读的书，没什么道理。"窦太后听了大怒，说："难道一定要司空城旦书吗？"话中讥讽儒教苛刻，比诸司空狱官、城旦刑法。辕固生一听想转身就走，不料被太后喝住，强令他去猪圈里与猪搏斗，当时还是太子的刘彻见辕固生为一文弱书生，恐不敌猪，就投进一把匕首，才让辕固生把猪刺死。

因此景帝在位 16 年，始终未用儒生。

公元前 141 年，景帝驾崩，太子刘彻即位，史称汉武帝。汉武帝刘彻即位后，窦漪房为太皇太后，她依然左右朝政，不允许改变治国思想。武帝即位不久，就下诏"举贤良方正能言直谏之士"，丞相卫绾提出在所举的贤良文学方正之中罢除法家和纵横家这两个学派的学者，虽然卫绾没有提“罢黜百家”，但依然引起窦太后的不满，几个月后，卫绾被免去了丞相的职务。

太皇太后闻刘彻好儒，大为不然，常出面干预朝政。武帝也不便违忤祖母，所有朝廷政事都随时向她请示。当时御史大夫赵绾和郎中令王臧，迎鲁耆儒申公来朝，并建议仿古制，设明堂辟雍，改历易服，行巡狩封禅等礼仪，还建议今后政事“可不必事事请命东宫”。太皇太后听罢，怒不可遏，命武帝下令革去赵绾、王臧官职。至她去世前，武帝不再礼敬，也不重用儒生，可见她在政治上的影响。

此时的窦漪房是一个非常霸道的女人，自己崇尚黄老学说，还要皇帝也学习，主张无为而治然后又干涉朝政，没事就喜欢搞个辩论赛，讨论一下老子学说与孔子学说哪个更好，再打压主张儒学的官员。

晚年的窦太后独断朝纲，辅佐年幼的汉武帝，确实治国有功，她以黄老学说作为治国的指导思想，实行无为而治，约法省刑，与汉武帝的任用儒生、独尊儒术、建功立业的思想有矛盾。另一方面，窦太后常以太皇太后的身份临朝听政，干涉武帝处理国家大事，渐渐使年轻气盛的刘彻十分反感。直至建元六年（前 135 年），窦太后逝世，汉武帝才能够自由地施展自己的抱负。

外戚专权给少年刘彻留下的印象太深了，汉武帝晚年做身后之事安排时经常浮现刚做皇帝形同傀儡的情景。于是，武帝晚年立钩弋夫人之子 6 岁的刘弗陵为太子，为了防止自己死后重演吕后篡国和窦太后专权的旧事，他决定先除掉刘弗陵生母钩弋夫人，以防止出现“子少母壮，太后专权”的现象。结果 24 岁的钩弋夫人被无罪赐死。刘彻把幼子交给丞相霍光，叫霍光学周公辅成王的故事辅佐自己的幼子。这不能不说是窦太后专权造成的一个负面影响，使武帝片面地总结了前代国家致乱的原因，因而采取了所谓的防患未然，以便长治久安的非常残酷措施。

后代历史学家评说，“每个政治历史人物，都有其自己的功过是非！窦漪房也不例外”。

当年的窦太后，一直主张“无为而治”的黄老之术，这是由于汉初，经历了秦末农民战争后，国力和人口急剧衰减，当时的政治环境决定了必须采用休养生息，再也经不起动乱，需要积蓄国力，求稳求平！之后，在窦太后的极力维持下，经历两朝“文景之治”，汉朝的国力得以复苏。后来武帝的作为，都是得益于这个基础！

到了武帝时期，国力充实，在汉朝前两个皇帝回避下或者滞留下来的问题已经到了刻不容缓的地步，当时的形势需要有一个主张革新的有为的政治主帅改变和解决现实问题，当时各个矛盾都很突出，不能急于一时，“干涉朝政”和“守旧”恐怕不能说是窦太后一人之力，而是当时朝政的主流思想便是这样，窦太后对景帝、武帝多有阻止，恐怕更加是为防止矛盾激化。说及“干政”还谈不上，她的主张也并非她个人思想，而是文帝乃至祖训如是。

汉武帝听取了董仲舒“罢黜百家，独尊儒术”，是时代所需，也是形势所需。当时需要集中力量办大事，而这一思想既集中了皇权，又集中了全国文人的思想。使后来政策的执行中，阻碍相对减少。只能说明，窦漪房推崇的黄老思想已经不适用于后期了，两个思想的交替不能说为因某个人而受阻。任何的思想和政策都是由启蒙盛行—光大兴盛—停滞衰落—垂死挣扎—消亡取代。这是自然的过程，也是必经的路程。每一个参与者都要经历拥护一个新思想，然后至这个思想跟不上时代的发展，以至落伍，被代替，窦太后也不得不走这样一个过程。

最有幸福感的皇后

如果不是林心如表演《美人心计》中的窦漪房，能有几个知道汉武帝的祖母叫窦漪房的？不过就知道是窦太后而已。

怎么说窦太后都是无比幸运的人，从一个贫寒家的女儿，到被抢入宫做宫女，再到被分到代王刘恒手里做了宠妃，后又在历史的大背景下被推崇为皇后，这样的人生命运大周转，两千年里恐怕也是少有的。

每个人的价值观不同，有人敬佩武则天红颜问鼎中华，着实成就了“巾帼不让须眉”这句话；有人羡慕长孙皇后温婉贤淑在逝后还能叫帝王念念不忘；但是窦漪房呢，可以说哪一方面都不是最突出的，但是她的生活、感情、问政等方面又都是均衡出色的，根据木桶积水原理，她的幸福指数是最高的。

第四章 爱情最失败的陈阿娇

她是汉武帝刘彻的第一任皇后，其名字在《汉武故事》记载为娇，故后人称其为陈阿娇或陈娇。与汉武帝刘彻青梅竹马，后嫁与刘彻成为大汉朝身份最尊贵的皇后之一。“千金买赋”及“金屋藏娇”等典故都与她有关。

 论家世，谁能比她更富贵

陈氏名阿娇，世人多称之为“陈阿娇”，大汉孝武陈皇后，是中国汉朝孝武帝刘彻的原配妻子，血缘上也是武帝的嫡亲姑表姐。

陈阿娇出身王侯世家，是西汉帝室贵胄，汉文帝是她外公，晚年干涉政权的汉孝文皇后窦漪房是她外婆，汉景帝是她舅舅，后来的汉武帝是她表弟兼丈夫。

她的曾祖父堂邑侯陈婴原本是楚将，项羽死后投降刘邦，和刘邦一起打天下，后来平定丹阳地区的壮息作乱得以封侯六百户，后世繁衍增加为一千八百户。复相楚元王十二年。

她的曾祖父死后侯爵一直由他的子孙们继承。到了陈阿娇老爹这一代，来头更大了，阿娇的老爹陈午倒插门，娶了汉景帝的姐姐刘嫖做老婆。她的母亲刘嫖是汉景帝刘启唯一的同母姐姐馆陶长公主，是当时朝廷中举足轻重的人物。汉景帝的众多姐妹中，只有刘嫖一人与他是同父同母所生。陈阿娇自幼就深得其外祖母——汉景帝之母窦太后的宠爱。

陈阿娇有两个兄长，大哥陈季须继承堂邑侯，封户依旧为一千八百户。二哥陈蟜，汉景帝年间作为公主幼子，得封隆虑侯，《史记》封四千一百二十六户，《汉书》封一万五千户，不管封了多少户，都是权贵之家。陈阿娇出生在这样的家庭，又是他们的掌上明珠，这世上没有任何一个女子比她更尊贵了，自然是要风得风，要雨得雨。

金屋藏娇，在阴谋与利益之下催生的佳话

既然刘嫖把阿娇视为掌上明珠，自然是宠爱有加，希望自己的女儿找一个好男人也是理所当然的，但是刘嫖能看得上的就是太子，那样把阿娇嫁过去，日后自然就是汉朝皇后了。刘嫖想让自己的女儿做皇后，只能将目标锁定在太子刘荣身上。

馆陶长公主刘嫖找到刘荣的生母栗姬，亲自为自己的女儿做媒，欢喜着说要将阿娇许配给太子刘荣。哪知栗姬心高气傲，不识好歹，拒绝了刘嫖。栗姬心里的算盘是，我现在正得到皇帝的宠幸，儿子已经立为太子，母以子贵。你一个出嫁的公主，又能奈我何？我平日里就看不惯你的作为，现在想高攀我，休想！

乘兴而来的刘嫖，不但自讨没趣，还受了一番羞辱。她不停地在心里骂道："不识好歹的东西！你也不想想我是什么人！既然你无情，别怪我无义！"之后长公主刘嫖就起了废太子之心。

当时汉景帝有两个宠妃，一个是栗姬，另一个是王娡。是时，身为胶东王刘彻的生母王娡听说此事后，发现有机可乘，立刻屈意迎合，百般讨好馆陶长公主，想为自己的儿子谋夺太子之位。那时王娡只是景帝后宫里一个地位普通的"美人"，当王娡刚一提起为刘彻和陈娇订婚的话头，景帝刘启就一口回绝了："陈娇年长并不相配，更何况彻儿年纪还小，现在就考虑这件事有点太早了。以后再说吧。"皇帝的漫不经心让王娡明白在宫中混，没有一个大靠山是不行的，长公主成为王美人的目标。机敏的王娡拿了一盒糖果给刘彻吃，并说是表姐陈阿娇赠送他的，年幼的刘彻边吃着糖边说："我想找表姐玩。"王娡说好啊。

这日，王娡带着刘彻去馆陶长公主家串门，想先把关系搞搞。刘嫖看见机灵的刘彻，心想眼前这不就是一个未来的太子吗。刘嫖也用

糖果贿赂了当时还是顽童的刘彻，把刘彻小子抱在膝盖上，说：“彻儿，你想不想娶老婆啊？”

天真的刘彻一边吮着糖，一边不假思索地回答：“当然要！”接着刘嫖指着旁边的一个宫女，问：“这个好不好？”刘彻把小脑袋摇得像拨浪鼓似的：“不好。”于是刘嫖又指着周围一圈宫女说：“那你从这些侍从中挑一个。”刘彻又说：“这些我都不喜欢。”刘嫖微笑了指着阿娇说：“阿娇好不好啊？”

刘彻小子听了姑妈的话后，立即笑逐颜开，而且拍手雀跃不已，向馆陶公主许愿说：“要是阿娇给我做老婆，我就盖一座黄金屋子给她住！”其实当时刘彻只是想，跟着阿娇有糖吃。

这就是“金屋藏娇”的由来。工于心计的王美人，间接地策划出了一场流芳千古的好戏。这个典故在《汉武故事》中有记载：“帝以乙酉年七月七日生于猗兰殿。年四岁，立为胶东王。数岁，长公主嫖抱置膝上，问曰：‘儿欲得妇不？’胶东王曰：‘欲得妇。’长主指左右长御百余人，皆云不用。末指其女问曰：‘阿娇好不？’于是乃笑对曰：‘好！若得阿娇作妇，当作金屋贮之也。’”

长公主刘嫖听到刘彻这么说，心花怒放，笑得花枝乱颤。王美人也满意地哈哈大笑。但是王美人多了一个心眼，她说，这是一件好事，可她做不了主，得皇帝拿主意。长公主言，这个好办。

于是，长公主刘嫖立马就跑去找汉景帝刘启，把刘彻说的话复述给他听，并且向弟弟刘启提及陈娇与刘彻的婚事。

汉景帝一听：“乳臭未干的小小娃娃居然就会想要娶媳妇，甚至还认定了对象。”忍不住哈哈大笑起来，回过神儿来一想，觉得此事不但有趣，而且冥冥中也似乎有天意，否则儿子怎么就认准了表姐陈娇了呢？汉景帝认为儿子小小年纪就如此聪明，如此有魄力，于是，在景帝的开怀大笑、王娡和刘嫖的心领神会中，糊里糊涂地促成了一对姻缘。

此后“金屋藏娇”被世人传为佳话，这个婚约也成为当时汉朝政治的一个转折点。因为陈阿娇的婚姻已定，而刘彻目前是胶东王，阿娇将来只是个王妃。长公主想，只能让刘彻当上太子，最后当上皇帝，自己的女儿才能成为皇后。于是，长公主刘嫖继续全面支持刘彻，朝廷局势为之大变。

之后长公主与王娡常常在一起，商量着怎么把栗姬和刘荣搞下台。刘嫖惯用的伎俩是挑拨离间，在汉景帝面前铆足了劲说栗姬的坏话，说刘荣如何愚笨，称赞刘彻如何聪明机敏，具有雄才大略。但是人算不如天算，如果连天运也站在你这边那就万事如意了。且说栗姬偏偏就是一个心胸狭隘的女人，惩罚一个宫女的时候恰巧被汉景帝撞见，于是汉景帝对她的好感大打折扣，而王娡这边也极尽所能地向汉景帝谄媚，说自己在生刘彻的前一天做了一个奇怪的梦，刘邦在梦里出现送给王娡一个太阳，王娡把太阳吞了下去，第二天就生下了刘彻。

就这样，长公主和王娡联合起来，一个在挑拨离间，一个在谄媚，栗姬继续走清高路线，哪里是刘嫖和王娡的对手，很快汉景帝就废掉了原太子刘荣，另立刘彻为太子。长公主刘嫖和王娡在这场权力斗争中大获全胜。

等刘彻正式当上太子后，王娡被册封为皇后，刘嫖就迫不及待地把自己的女儿阿娇嫁给了刘彻。景帝驾崩之后，刘彻继位，是为汉武帝。汉武帝继位后，就册立陈阿娇为皇后。这里要指出：中国的继承传统一直是“立嫡立长”。就是说：正妻有儿子的，立正妻的儿子；正妻没有儿子的，在所有庶出的儿子中立最年长的那个。刘彻是嫔妃生的十皇子，既不是“嫡”、又不是“长”，他是凭借着陈阿娇娘家的势力才得以青云直上，从夺取太子之位直到登基称帝。

后来的历史评论家总是喋喋不休地说着“金屋藏娇”只是一个自编自导的戏，是长公主和王美人结盟的标志。不过，刘彻在数十位后宫美女的“诱惑”之下，没有临场变节，一门心思地认准表姐陈娇，甚至还许下“黄金屋”这样的宏天大愿，这样的聪明劲儿，也不枉他母亲费的一番心思。这也足见在幼年刘彻的心目中，表姐阿娇的魅力之大。后人也可以遥想芳华之年的陈阿娇，正像她的名字那样，娇媚欲滴——可惜的是，芳年陈娇的丈夫，却是幼稚的刘彻——他离风流武帝的年华还太远了。这桩姻缘不美满的结局就这样埋下了伏笔。可我们还是宁愿认为这是一对青梅竹马的誓言。

等到“咳唾落九天，随风生珠玉”，他和她都长大，他成为太子，她嫁他做太子妃，嫁他做皇后。那大红的地毯一路从堂邑侯府铺到了宫门，那时的阿娇多么美，多么光彩夺目啊！陈阿娇的故事就这样开始了。

自小飞扬跋扈，难容忍帝王三千佳丽

从太子妃到皇后，婚后的陈阿娇，与年轻的皇帝如胶似漆。可以想象，大媳妇、小丈夫，成亲之初的刘彻对大表姐妻子是如何敬畏有加的。以至于称帝之后很长一段时间内，陈阿娇都在后宫中为所欲为、骄纵无度，后宫中的姬妾连同她的皇帝小丈夫，都对她俯首帖耳。她在未央宫里可以横着走，而她的君王也只为她一人驻足。她的气焰之盛，炙手可热。就这样，陈阿娇专宠十余年，确实过了一段非常快活的日子。这大概是阿娇一生中最美丽的时光。

但是阿娇被宠幸十年都没有生个孩子，窦太后这边本来就对王美人和刘彻母子不满，她就认为是刘彻有病，连个子嗣都没有，不适合做皇帝。当刘彻的帝位因为无子受到威胁，自然，刘彻对阿娇也没那么的百依百顺了。渐渐地，陈阿娇的性格缺陷在生活中暴露出来。

阿娇从小深受溺爱，如今又是皇后，因而更是骄横。一点地方得不到满足，便去揭皇帝的老底：“皇上现在是威风了，可是你不要忘了，要不是我的母亲暗中帮你，你能有今天？”这样的话，一说出来就中伤了丈夫的尊严，说一遍两遍，皇帝可能还能忍受。可是，阿娇并不知道那句话的分量，成天挂在嘴边，终于激起汉武帝的反感。

对于如此骄横的皇后，汉武帝开始并没有想废黜她。毕竟，自己现在的位子，多半是因为她才得到的。对于她的专横，也不想过分追究，她的外婆，她的娘家势力还在，刘彻也惹不起她，惹不起躲得起，大不了给她个冷脸。

当刘彻不陪皇后玩了，她便拿小宫女撒气。那日，一个宫女打翻了阿娇的胭脂盒，马上跪地求饶："娘娘，娘娘，奴婢知错了，求皇后娘娘饶恕。"一直抓着陈娇手的那个宫女做着无用的挣扎，最后军士强行掰开她的手指拖走，她的呼号在空旷的甘泉宫不停回荡。控制着人们的生杀予夺，这是阿娇自降生就拥有的权力。这种强势的性格，使得她身上天生有一种凌驾在众人之上的贵族气质，在宫中一旦她发起火来，除了刘彻之外很难有人能够在气势上压倒她，因为她爱刘彻。

就在阿娇受了冷落在宫中撒泼的时候，犹如绵羊般温顺的卫子夫出场了，一天，汉武帝去灞水岸边祭神，在回宫的路上，顺道去了一趟姐姐平阳公主家。临走前，与姐姐家的歌伎卫子夫快活了一阵子。年轻气盛的帝王找到了一个视他为天的温婉女子，不像阿娇那样咄咄逼人，不像阿娇的家族权势滔天。于是他开始宠爱卫子夫。刘彻先是瞒着阿娇与卫子夫偷偷约会，慢慢地就明目张胆起来，阿娇知道了，气不打一处来，和刘彻大吵一架，然后哭着跑回了娘家。阿娇一把鼻涕一把泪地向老娘哭诉："我这么爱他，他却这么对我！要不是俺娘你，哪有他刘彻今天。他倒好，恩将仇报。"长公主找到王美人对刘彻施加压力，刘彻听了王美人的权衡分析，又接着忍受阿娇的飞扬跋扈。

但是"宠极爱还歇，妒深情却疏"。年轻的君王在尝着外戚之苦的同时，渐渐地对她，对陈家有了芥蒂。当年的娇蛮可爱成了蛮横无理，他不想再看她趾高气扬的嘴脸，他不想看到她时就想起她母亲数次以拥立之功相逼。他开始筹谋自己的权位，忙于国事。

但是阿娇却不甘寂寞，越是不甘寂寞的人，消失得就越快。骄傲，刁蛮，霸道，她爱刘彻，全心全意地爱，这爱不容沙子。她不认为有其他的女人有爱刘彻的资格，也不期待帝后夫妇的旁边站着第三个人。

卫子夫在宫中，她奈何不了卫子夫，积了一肚子怨气的阿娇想出一个狠招，她要干掉卫子夫的哥哥卫青，以此来要挟卫子夫，要她识相点赶快滚蛋。

卫青大家都很熟悉了，就是那个抵抗匈奴的大英雄。话说当时的卫青还只是个奴仆，正在建章宫干着活，突然被一群蒙面大汉劫了去，不用说，这肯定是阿娇干的好事。可人算不如天算，半路杀出一个程咬金，卫青的哥们公孙敖恰好撞见了此事，于是纠集自己的一批打手又把卫青抢了回来。然后，公孙敖急急忙忙地禀告汉武帝刘彻，说阿娇要对卫家赶尽杀绝，说得也甚是夸张。刘彻这边一听，龙颜大怒，逆反心理像火一样蹿了出来，你越看不惯出身卑贱的卫家，我就越要提拔卫家，有朝一日，我还要让卫家超过你们陈家。阿娇激发起汉武帝的雄心。

于是刘彻很快就提升卫青为皇帝的贴身侍卫，把卫子夫也秘密养起来。

话说那刘彻对卫子夫其实不过是一时的新鲜，也就更谈不上为她去开罪表姐与姑妈，但是阿娇的反应让刘彻开始注意这位歌姬，开始疼爱她，像个男人一样保护着她。

阿娇正是在一步一步自己的失策中，让皇后位子不稳。而且她还没有生个太子巩固自己的后位，连个公主也没生。一时无子，成为悬在阿娇头上的达摩克利斯之剑。但说没有孩子，想坐稳后位，只能示贤，不能以霸；只能谨慎，不能蛮横。但是，她做到哪一点呢？长公主看此形势，只能为女儿苦寻生子秘方。可是送子娘娘就是不肯对这位阿娇皇后加以青眼，陈娇一直都没能怀上身孕，更别提生下太子了。

关于陈娇不育，一直是让人百般揣测的事情。现在的人知道，怀孕往往会受到心理因素的影响，越是想要孩子的，孩子就偏偏不来投胎。对于陈娇这类盼子心切的女人，这可能是一个比较重要的原因。也许是亲上加亲，使得她们难以产育？可是古埃及以及日本皇族的血亲婚姻，照样有后代。

历史爱好者们顺手又翻了一下古代的医书，看到，居然直到清朝，都认为女人生理周期后是受孕的最佳时间——这明明是绝对不可能怀孕的安全期啊！——可以想象，阿娇拿“最佳时间”去纠缠汉武帝，未果。都是被这种“医学观点”害苦了。而卫子夫因温婉柔顺，一直能得到刘彻的宠爱，生子的概率就多多了。

话说汉武帝宠幸卫子夫没几次，就让卫子夫怀了身孕。身为男人的他听说卫子夫身怀龙种之后，很是兴奋，这可太给自己长脸了，卫子夫在他眼里也就顿时成了个活宝贝，身价倍增。他用事实证明了自己的能力，消除了人们的猜疑。对于一直背着“难于生育”黑锅的刘彻，自然要迫不及待地广而告之一下。——这番广而告之带来的结果，自然是他背着老婆偷腥之事的东窗事发。

陈阿娇得知此消息，无论如何不能接受这样晴天霹雳般的刺激，顿时大哭大闹，痛骂刘彻欺骗了自己，骂他居然甘被一个贱奴勾引，简直丢人现眼到了极点。

此时的他对阿娇不但没有一丝一毫的低声下气，反而大怒斥喝：“你这么多年连个孩子都生不出来，还有脸指责别人？丢人现眼的到底是谁？”话完，刘彻掉头就走。此番话一落，在众多的宫女宦官面前，陈阿娇觉得自己丢尽了脸面，羞恨难耐，她更不能接受丈夫竟然当真变了心，她简直怨到了极点。因此阿娇由爱生恨，然而她把这恨转移到卫子夫和她的孩子身上，开始策划毒死卫子夫和她的孩子。

阿娇是个感情单纯的女人，爱起一个人来，可以倾自己所有，恨起一个人来也可。对此汉武帝早有预防，所以当阿娇要对卫子夫施毒时被检查出来了。汉武帝盛怒，难道你想断我刘家子孙吗！之后他更有理由不再临幸她，不再多看皇后一眼，因为阿娇的举动触犯了他的皇威。

那时候，她还是皇后，卫子夫还是个连封号也没有的歌女。陈阿娇继续蛮横到即使卫子夫已经生下了刘彻唯一的公主，还是不允许刘彻给她任何封号，她任由永巷令将她们母女二人安排在乐府所属的乐人行列中，任由宫人们孤立她，嘲笑她。此时如果阿娇是个聪明的女人还可以挽回自己，但她不是，她的狭隘之心不容许别人分走刘彻的爱，她不懂得他是一个帝王，她还把他看成是当年那个小表弟，愚蠢到如此地步，竟然想要一个帝王对自己一个人痴情，不能守着自己皇后的威信，硬是要跟皇帝硬碰硬，碰到头破血流。刘彻下旨没有得到皇帝的命令任何人不允许踏入卫子夫的住处，否则格杀勿论。阿娇一下子没了辙，她还没有蠢到要搭上自己的性命与卫子夫斗争。

话说刘彻这边，封不了卫子夫没关系，但是他可以让卫青步步高升，刘彻让卫青做官一直做到大将军，后来被封为侯爵。最不可思议的是，他还娶了曾经是自己主子的平阳公主做老婆。卫青算是卫子夫的娘家人，当她的娘家人在官场上官居高位，卫子夫的面子也有了，当卫子夫又一连生了几个孩子后，终于刘彻下令封卫子夫为“夫人”，这是仅次于皇后的称号。

这个时候，那陈阿娇仿若大梦初醒。后人评说，阿娇不值，她如果不是因为太执着于对汉武帝的爱和嫉妒，也不至于开始走下坡路。

千古巫蛊迷雾，成就长门怨妇

为了生下汉武帝的子嗣以巩固自己的地位，陈阿娇花费九千万钱治疗不孕的问题，却仍然无法怀孕，这使她的处境更加艰困。于是她转而乞灵于巫术。在众多巫师中她选中了女巫楚服，希望能够借助神灵的力量挽回丈夫的心，以临幸她生下子嗣。这是阿娇犯的又一个错误，犯错误的直接后果是遭到毁灭性的打击。

但是阿娇没有子嗣，爱情也被卫子夫抢了去，在恼怒的同时也失去了理智。于是，女巫楚服和她的手下在皇宫里设坛请神，作法念咒，好不热闹，好不张扬，阿娇却需要这样。楚服还把自己打扮成男子模样与陈娇同吃共寝。陷于绝望的陈娇对她言听计从，将她看成了自己各方面的抚慰和依靠。刚开始她倒还知道掩人耳目，但日子长了，她越来越离不开楚服，而得意忘形的楚服和女徒弟们更忘了皇宫是什么地界，一天天肆无忌惮起来。有的后人根据此现象称阿娇是中国第一位女同性恋者，与楚服“女而男淫”，这样的评说很有八卦嫌疑，史学家认为不可取。

话说，阿娇的母亲刘嫖了解侄儿的脾性，知道刘彻天不怕地不怕，就怕妖魔鬼怪，告诫女儿不要胡来，即使要胡来也不要过于张扬。刘彻为什么会怕妖魔鬼怪？因为他自己本身就相信这个世界上有妖魔鬼怪，到了晚年，他请人炼制长生不老的灵丹妙药就是一个证明。

但是阿娇没有听取老娘的告诫，继续在皇宫里作法，把后宫搞得乌烟瘴气。陈娇的变化是那么明显，就连很少接近她的刘彻都明显感觉到了。

最后隔墙有耳，一位一直对阿娇的骄横跋扈怀恨在心的宫女终于胆大包天地向刘彻打了小报告，说皇后娘娘在皇宫里设坛作法，诅咒刘彻和卫子夫家人早死。宫女的小报告也许是子虚乌有，阿娇是诅咒，但再诅咒也不会诅咒到自己的丈夫刘彻身上，但问题的关键不是诅咒谁，而是巫蛊这件事情本身太具杀伤力。刘彻最敏感的禁忌就是巫术，不管你诅咒谁，只要你作了法，刘彻就无法忍受。武帝便让酷吏张汤审理调查，而且下令要穷究到底。张汤追查下去后，逮捕三百多人，并将楚服斩首示众，看着这一切，阿娇在旁竟哈哈大笑。

而她也因为使用巫蛊的关系，被废去皇后之位。当时汉武帝颁下废后诏书是：“皇后失序，惑于巫祝，不可以承天命。其上玺绶，罢退居长门宫。”如此，十几年的夫妻情分，戛然而止。这个时候阿娇的祖母窦太皇太后已经去世，汉武帝亲政，大权独揽，也就是说阿娇最大的靠山没有了，这下谁也救不了她了，更何况汉武帝已经对她厌恶到极点。阿娇的母亲长公主跑去向平阳公主抱怨：“想当年皇上之所以可以继大统，那都是因为有我的帮忙啊，今天竟然这样子抛弃我女儿！”汉武帝的姐姐平阳公主也只是冷冷地回道：“这是因为她不能生才被废的。”此时平阳公主已是卫青之妻，阿娇生过谋杀卫青的念头，平阳公主还记得，所以无好话。长公主亦无话回去了。

后人分析，巫蛊之案有很多疑点，首先，陈皇后自幼长于皇家，不可能不懂得巫蛊的后果。而平阳公主回答长公主的话里，也说是“无子”并没有正面提到巫蛊一案。到底是因为无子废后，还是巫蛊废后，史书没有明确记载。长公主刘嫖的态度也很奇怪，如果是巫蛊的话，那在古代可是死罪，沾染上了，管你是什么皇亲国戚都照杀不误。一般人碰到这种事，躲还来不及，而她却敢如此公开地去质问平阳公主，可见长公主心里清楚阿娇并未做什么巫蛊。

阿娇废后之后没过多久，她的父亲堂邑侯陈午生病过世，长公主刘嫖丧夫，后与美男子董偃有不正常的男女关系，为了先祖护自己新恋情，长公主不但为陈娇的行为向武帝道歉谢罪，甚至百般奉承，不再为女儿的事有所愤怒了。之后长公主和刘彻十分默契地各自寻欢作乐去了。那陈阿娇只好孤立无援，无人问津了。只是刘彻表明照办当年“金屋藏娇”的许愿，阿娇虽然不再是皇后，仍然享有和从前一样奢侈的物质待遇，但是她只能在“金屋”中走动，禁止外出。

之后，陈阿娇迁到长门宫居住。这正是：“桂殿长秋不知春，黄金四壁起秋尘。夜悬明镜青天上，独照长门宫里人。”

后世的历史学家一直认为，武帝废后的真正原因是“防患外戚”。纵观武帝前半生，一直在窦太后干政的情况下，治理国家，想实施自己的新政却遭到窦太后的强烈反对，所以外戚干政在武帝眼里已是容不得的沙子。陈阿娇有那么好的家世，自然是防患外戚的首除大患。再者巫蛊自古是宫廷大忌，又因为操作简便，说不清道不明，被怀疑者根本无法自辩，一直是栽赃陷害对手的绝好伎俩，阿娇只能是哑巴吃黄连了。综观中国数千年的历史，无数后妃、皇子冤死在这两个字上，那阿娇又非智者，怎能躲得过？

你千金买赋，他一笑而过

自从迁到长门宫，阿娇知道，以前的种种得意与荣耀都烟消云散了，剩下的，只是渴望与悔恨，挣扎与绝望吗？囚禁在长门宫的阿娇整日与泪水相伴，每天望眼欲穿地希望看到刘彻向她走来，每一次听到外面的脚步声，她就敏感地冲出来，但每一次都大失所望，来看她的除了她的老娘，刘彻一次也没有光顾冷清的长门宫。

阿娇喃喃自语对母亲说，她并不甘心就这样度过自己的后半生。她要让汉武帝回心转意，她要夺回心上人，她要挽回已经失去的一切！怎样才能达到目的呢？她想到了以情动人。然后她接着对母亲说："对于能够呼风唤雨的男人，女人只要能让他心酸，让他流泪，让他觉得心怀歉疚，然后动恻隐之心，他就能再次垂爱于你，对吗，母亲。"

刘嫖暗含眼泪微笑说："是，一定能。"

阿娇又接着说："太好了，可是怎么以情动人呢？"她起身幽幽地走在长门宫中，她知道，皇帝现在很讨厌她，不会到她居住的长门宫来，她也不可能到朝堂之上去找他。况且，年轻的皇帝不缺女人，皇帝正与卫子夫打得火热。还有无数的佳人正在用各种各样的方式向皇帝献媚。她一个失宠的皇后，在拥有众多佳丽的皇帝眼中，只是一个可有可无的人。

她沉思良久，继续把希望寄托在旁门左道上。于是，她又想出一个"妙计"。

阿娇狂喜地说："彻儿为了在自己心爱的女人卫贱人面前显示自己的品位和格调，附庸风雅，竟然爱上了吟诗作赋。那司马相如现在可是红遍大江南北的辞赋家，既然彻儿仰慕他的才华，就把他请到宫里来，我给他千金让他替我写一封情书给彻儿，母亲大人，你觉得如何？"

长公主刘嫖的头跟小鸡吃米似的，接连点着，只要女儿高兴，怎样都行。她还是一如既往溺爱着她。

于是长公主为女儿花千金请司马相如来写《长门赋》，这就是所谓“千金买赋”。重赏之下司马相如果然妙笔生花，用世界上最美妙最华丽的词语写下了中国历史上最为昂贵的《长门赋》，文意情深意切，十分感人。然后阿娇教宫女们传唱，一遍又一遍，把自己嗓子都唱哑了，她仿佛感到刘彻快来了，心情一度高涨，她希望她们的合唱刘彻能够听到，唤起刘彻的旧情，然后她就“复得亲幸”。

阿娇夜里做梦，都梦到这首赋被刘彻看了之后，感动无比，虽然不能复立陈娇为皇后，却又重新与她旧情复燃，共效于飞之乐。当然这只是她的又一个梦。

“日黄昏而望绝兮，怅独托于空堂……”自此歌声不断在长门宫中回荡，如泣如诉，撞击着枯枝，撞击着高墙，撞击着人们的心扉，夜夜幽怨。

也许阿娇就像《长门赋》中描写的那样，关心着丈夫的衣食起居，唯恐有一丝照顾不周，但是，她丈夫的宏图大志，她不明白。她知道，那是她两小无猜的表弟，青梅竹马的恋人，发誓要盖一座金屋子将她藏住的丈夫……但是，她没想到，那个人也是手握她生杀予夺的帝王吗？帝王，才是刘彻的本质，其他，不过是修饰。阿娇，就是这样一个修饰。是他通往帝王路上的垫脚石，踩过就不再回头。

“世间好物不坚牢，彩云易散琉璃脆。”真是成也萧何，败也萧何。一切的一切造就了“金屋藏娇”的佳话，但是一切的一切又注定了曾经的祥和幸福是一个美丽的气泡。当洋洋洒洒六百余字的《长门赋》终于传到了刘彻的耳朵里，不幸的是刘彻只是夸奖了这篇赋写得超级棒，而对阿娇却丝毫没有回心转意的念头。因为千金买赋对万丈雄心的汉武帝而言，只是一个笑谈，况且，那又是出自他人之手。若真是阿娇亲笔所写，不知是不是有所不同。

总之覆水难收，破镜难圆。男女间的感情一旦破裂，复合的可能性几乎为零，更何况刘彻正和自己的新欢卫子夫打得火热呢。刘彻对阿娇千金买赋的回击是立阿娇的情敌卫子夫为皇后。

封后的消息传到长门宫，脆弱的阿娇再也经不住这沉重的打击，晕倒在地上，从此一病不起。

阿娇的老爹陈午过世后十多年，阿娇的老娘也死掉，但是长公主的遗言竟然是希望与情夫董偃合葬。而继承堂邑侯的陈季须平日淫乱贪财，最后兄弟相争，陈季须自杀，刘彻下令撤销陈家世袭的侯爵。阿娇自此再无希望。公元前110年，阿娇死在了长门宫。

也许后人可以说阿娇是宫廷权力斗争的牺牲品，但归根结底她是死在自己的个性之下。正所谓“自作孽，不可活”。煊赫的身世造就了她骄横的性格，成就了她皇后之尊，也毁掉了她的人生。

金屋藏娇，最终不过是春梦一场

关于陈阿娇的逝世，据《汉书》记载为：“后数年，废后乃薨，葬霸陵郎官亭东。”又根据《礼记·曲礼》中记载：“天子死曰崩，诸侯曰薨，大夫曰卒，士曰不禄，庶人曰死。”由此可以推测陈阿娇的葬礼规格同王侯，乃是以礼下葬。她与其母馆陶长公主刘嫖一起葬于窦太后陵墓侧，即陪葬于汉文帝的霸陵。天可怜见，陈阿娇最后是和真正疼爱自己的母亲、外婆和外公埋葬在一起，而不是屈辱地和其他嫔妃一起埋在“妃园”，死后能得一份安静的祥土，也是值得庆幸的了。

至此，“金屋藏娇”的故事彻底落幕。留给人们的是长长的叹息，留给历史的是无尽的遗憾和幽怨的回响。随着“金屋藏娇”的故事流传，寄托后世无数俊杰对这位美丽高贵皇后的充分理解和无限同情。

她和他儿时“金屋藏娇”的誓言，昔年的琴瑟和谐，最终君情与妾意，以各自东西收场。

当年刘彻漠然转身的那一刻，任凭少年时的誓言随风而去。阿娇以后的日子心心念念只是那个誓言和薄情的夫君，金屋已不在，何处可藏娇。

不知道，那个无情的帝王在垂垂暮年有没有想起那个“金屋藏娇”的誓言，想起当初那个娇俏可爱的结发妻子。或许她才是他唯一的真情，只是权势蒙蔽了一切。

“金屋藏娇”让后人知道了陈阿娇，司马相如的《长门赋》也让后人知道了她的悲惨收场。

青梅竹马的情是情何以堪，“金屋藏娇”的藏又是为何人所藏。自被贬长门宫后汉武帝再也不曾召见过她，有一次偶尔想起她来，与她约好城南宫相会，本是君无戏言，却让她至死在那里守候。

可怜她与他青梅竹马爱恨一场，汉武帝并没有为她留下只字片语，不过是在她死后给她冠了一个皇后的浮名而下葬，人都已经死了，冠于再高贵的浮名又有何用呢？

她的一生不及卫子夫，从一个卑贱的歌女爬到皇后的尊位，成就了一个“未央神话”；也不及李夫人，倾城倾国，留下了汉武帝永远的思念和一曲《北方有佳人》；更不及握钩弋而生的赵婕妤，有一个继承皇位的儿子，但阿娇是那个最深爱汉武帝的女人。

她也是出身高贵，拥有所有女人的一切。可惜，她这辈子最想要的，得不到。

她的爱情一开始便染上阴谋的色彩，就算不是政治的牺牲品，也是政治的附属品，只是用那么高调的浪漫掩饰，她相信了，他看透了。

在这位少年天子心中，爱情即使有，也已经变质，最糟糕的是，她没有看出来。

“你欠我的，欠我们家的，所以你应该宠我爱我”——这是阿娇的情感逻辑。可是，对方是汉武帝。

一个命中注定的错误的开始。如果不是汉武帝，而是普通的大臣或者平民，或许，她会是一个幸福的女人。

但是她遇见的是拥有三千佳丽的他，却没有遇到一个可以让她成为女人的男人，直到死她依然是个孩子，靠曾经的回忆温暖自己。

第五章 草根皇后卫子夫

她由歌女、夫人而成皇后，除了她的容颜美色之外，还因为她有太子刘据和战功赫赫的娘家作为她的支柱。但在她为皇后的38年中，是比较安分守己的。所以武帝死后，她的名誉还是得到了恢复。从客观上讲，子夫对汉朝是有功劳的。固然，汉武帝对卫氏一门的宠幸有过分之处，但总的来说，卫氏一门对汉朝的巩固是做出过贡献的，因此，卫子夫的影响也是不能抹杀的。

 从“无心插柳柳成荫”开始

话说汉武帝刘彻与皇后陈阿娇结婚十年都没有子嗣，窦太后说话了，这彻儿是不是有毛病啊，皇上无子，江山社稷后继无人岂不荒唐，实在不行就换个皇帝。在与家人聚餐时窦太后如此闲话着，只当是为阿娇缓解生子的压力，但是刘彻的姐姐平阳公主却深记在心里。她认为弟弟刘彻没有子嗣，全是阿娇以及那些宫女们的错，是她们不中用，有毛病，她要亲自为老弟选拔宫女。

由于弟媳陈阿娇悍妒，平阳公主不便照搬姑妈的老办法到后宫中去物色美女，于是，她不辞辛苦在附近的大户人家中搜罗了一群美女，特别选拔了十余位娇艳如花，身姿婀娜的良家少女，教她们琴棋书画歌舞，以及宫廷应对进退之礼，准备让汉武帝选取为妃。此十余位少女为一等女，另还准备了二等女，二等女至于琴棋书画平阳公主就懒得教她们了，大概她以为有了第一级别的美女，第二级就无所谓了，充了个数而已。

那卫子夫身为女仆的女儿，是平阳公主家的歌伎，当然没有资格进入第一级别，只好屈居在第二级别。但是她人长得漂亮，唱得好歌，弹得好琴，更兼满头青丝如瀑，光可鉴人，实是天生尤物，更是性情聪慧灵敏，处世小心，语带痴憨，却又情柔似水，不由得人见人怜，平阳公主慧眼识才，便不让她做粗活，一直养在府中。只等合适的机会让刘彻来取走猎物。

公元前139年三月某一天，汉武帝刘彻拜祭过灞水的河神后，顺道来到了姐姐平阳公主家。天子驾临，平阳公主大喜，府中上上下下忙作一团，一时间美酒佳肴，纷然杂陈；丝竹管弦，交相呼应。乐声响起处，平阳公主就将已经装饰打扮起来的一等女，让刘彻挑选。她们似一簇簇野花，绽放在初春的田野，嫩绿之中，显着水灵，带着芳香；

又如一团团果子，摇摆在秋天的枝头，饱满圆润，流光溢彩。

刘彻那一年虽然只不过才 19 岁，但对脂粉阵仗见得多了，所以毫不动心，只是斜靠着，似看非看，似听非听，一副无动于衷的模样。平阳公主无奈，只好与弟弟饮酒聊天，然后又让次一级的歌女献歌助兴，卫子夫也在其列。歌舞到一半，一名粉面含春的歌伎轻盈而至，烛光摇曳之中，轻薄透明的衣裙，遮不住晶莹光润的肌肤，瀑布般乌黑光洁的秀发，随着舞曲的节奏，荡漾在胸前身后；应舞而唱的悠悠歌声，流露出无尽的缠绵。这便是卫子夫，汉武帝一见倾心，汉武帝耐着性子听完卫子夫宛若夜莺一般的歌声，还有那磁石一样的眼神，顿时，刘彻仿佛置身于一个梦幻的天地，猛地坐直了身子，眼睛充满了光芒。一曲终了，刘彻回过神来，看了看注视着自己的姐姐，笑道："好热啊，朕要更衣！"平阳公主向卫子夫使了个眼色。她轻移脚步，也走进了更衣室。

卫子夫的脚刚迈进室门，刘彻一把抱住了她。"好大的胆子，竟敢跟踪朕！"卫子夫冷不防吓得想挣脱他的怀抱。卫子夫说，"皇上！奴婢是来替皇上更衣的！"刘彻回："好啊，你就为朕更衣吧。"随后，汉武帝起坐更衣，卫子夫便来服侍，她的纤纤素手让血气方刚的刘彻有种莫名的冲动，刘彻捏着子夫嫩嫩的手：告诉朕，你叫什么？

奴婢名叫卫子夫……

这就是《汉书外戚传》上记载的：帝祓霸上，还因过平阳主。主见所偫美人，帝不说。既饮，讴者进，帝独说子夫。

再接着说过了许久，刘彻走出更衣室对姐姐的盛情款待深表谢意，一出手就送了平阳公主一千斤黄金。平阳公主自然知道这一千斤黄金是因为什么才凭空砸下的，她立刻提出，要将卫子夫送入宫中服侍皇帝。刘彻立即"笑纳"了这份礼物，并且将卫子夫带上了自己的车驾。

当卫子夫站在车边惶恐不安的时候，平阳公主抚着她的背鼓励道："快去吧！此去皇宫，无论发生什么事，都要好好吃饭养好身体。有朝一日富贵了，希望你不要忘了我才好。"

歌女卫子夫的传奇生活就从这里开始。

风雨之后，她遇见彩虹

卫子夫入宫一年多来，并没有见到刘彻。还由于陈皇后的妒忌，以及强硬手腕的打压被贬为宫婢，再也没有得到汉武帝的宠幸。四百多个日日夜夜里，她每天都倚窗凝望，白天都回味着同一曲戏，夜晚都重复着同一个梦。看着身边一个又一个美人带着兴奋而归，她的芳心渐渐冷却了。直到建元三年的一天，来了一群太监，说是要传达圣旨。卫子夫一下子又来了精神，以为皇帝要召幸她。只听太监高声念道："朕自即位以来，后宫充盈……今体谅天下父母思亲之心，特遣散多余宫女。众宫女接旨后，早作准备，申请批准后，择日出宫。"大概是卫子夫再也无法忍受清冷与寂寞的生活，与其像小鸟一样困在笼中，还不如出去继续做平阳公主家的歌女，唱唱歌跳跳舞，日子也快乐一点。于是卫子夫也递交了申请书。

申请释放的宫女为避免有遗珠之恨，要经过皇帝亲自批准，出宫之时，汉武帝要对所有被遣宫女作最后的品味、鉴别。很快宫女出宫的日子到了，卫子夫知道这是最后的机会，于是，又强打精神，精心把自己装扮了一番。当念到卫子夫的名字的时候，刘彻一震，再抬头一看，跪在自己面前的卫子夫早已泪流满面。卫子夫见到了久违的汉武帝。看到那位自己朝思暮想的男人，想起前番的恩爱，想起即将与心爱男人永远的别离和自己未卜的前程，卫子夫禁不住粉泪簌簌滴落。凄凄切切的模样，依依脉脉的深情，娇娇美美的姿态，越发惹人怜爱，越发引人注意。汉武帝看到了卫子夫，看着，看着，刹那间，前尘往事涌现心头，此刻深感辜负了卫子夫一番情意。汉武帝怜爱她，便不准她出宫并再度宠幸了她，不久卫子夫就有了身孕。

刘彻虽然心有卫子夫，但那时候他的翅膀还很嫩，还不敢为了一

个女奴与皇后决裂，于是把卫子夫安置在一个秘密住处。但是卫子夫怀孕的消息还是让皇后知道了，这让陈阿娇感到了莫大的羞辱和威胁，气得跳脚。阿娇更不能容她及她腹中的孩子，便千方百计想除掉她。刚好卫子夫的弟弟卫青在建章宫执事，陈皇后的母亲馆陶长公主就派人捉了卫青，囚禁起来，准备秘密处死，以威胁卫子夫，让她滚出宫去。幸得卫青的好友公孙敖和几名壮士营救，卫青才得以幸免一死。

卫子夫知道后惶恐至极，向汉武帝哭诉，请求汉武帝保护她家人的安全，使得正在热乎劲头上的刘彻怒发冲冠。于是，汉武帝立即召见了卫青，见他英武、魁伟，很是喜爱，便升他为建章宫总管，官拜侍中，并放下狠话，谁再打卫家人的注意就是公开和皇帝作对。卫子夫也因祸得福，更加受刘彻的宠爱。

陈阿娇这边偷鸡不成蚀把米。

且说那卫子夫出身卑贱，她的母亲卫媪是平阳侯曹寿家的婢女。虽然没有属于自己的真正男人，但却生养了三男三女，卫媪是奴隶，她生的子女也是奴隶，在平阳侯府做事。这些野果，个个出类拔萃，尤其三女卫子夫生得漂亮，而且身段窈窕，后来，卫子夫被平阳公主带到长安的公主府，教她歌舞，成了公主府的一名歌伎。这些孩子中只有卫青确定是卫媪与平阳侯封邑小吏郑季私通所生的，就是说卫子夫的爹是谁，她母亲也说不清。如此，卫子夫的身份在当时更是下等，陈阿娇得知自己情敌竟是个野果，更是记恨在心。另卫子夫的兄弟姐妹还有大哥卫长君，三弟卫步，大姐卫君孺，二姐卫少儿。母亲的这些子女，男孩英俊潇洒，女孩光彩照人。大姐君孺嫁给了公孙贺，少儿则先与霍仲孺私混，生下一个儿子名叫霍去病，后又与前丞相陈平的曾孙陈掌姘居。如此自由又混乱的一个家，对卫子夫的影响很不好，很难让人尊重，自然她也养成谦卑的个性，对人一向温婉，但是她没有因此自暴自弃，懂得自重与自爱，这便值得让别人去喜爱。

关于卫子夫，还相传她在遇见汉武帝之前已经结婚有夫君，史书上对此并无明确记录。如果真有过婚姻，后又跟了刘彻也不是什么稀奇事，因为刘彻的母亲就是后改嫁给刘彻他爹的，这也符合当时汉朝的风俗。这一点来说汉朝的婚姻制度也是相对开放的。

自从卫青受害获救后，卫子夫的每一位家人都成名人了，汉武帝升卫长君为侍中，卫步在几天时间内就得到了价值千金的赏赐。至于卫子夫的两个姐姐也一样得到了照应，卫君孺赐婚公孙贺，公孙贺官升太仆。汉武帝听说卫少儿的事之后，便下令陈掌迎娶卫少儿，并升陈掌为詹事。从此，卫家从一个奴仆之家摇身变成为一个尊贵之家，卫子夫本人也被封为夫人，仅次于皇后的称谓。

这一连串令人眼花缭乱的封赏，再明白不过地表示了汉武帝宠爱卫子夫的决心。一个柔弱歌姬激发了汉武帝对抗皇后集团的勇气，这是爱的力量，草根卫子夫在人生的转角处遇见了爱。

一人为后，全家富贵

当汉武帝决心为守护卫子夫公然与皇后集团作对时，卫子夫也很争气，为刘彻生了三女一男，一男就是刘据。在陈阿娇被废以后，刘彻正式封卫子夫为皇后，立 7 岁的刘据为皇太子，随着卫子夫地位的日益巩固，卫子夫的兄弟姐妹也渐渐飞黄腾达起来了。她的弟弟卫青任大将军，她的外甥霍去病也是将军。卫子夫的哥哥卫长君，成为宫廷侍中，相当于中央警卫官；卫子夫的姐夫公孙贺被封为侯爵，担任太仆，相当于交通部部长，后升为朝中宰相；卫子夫的妹夫担任太子宫总管，一时间，卫氏家族势倾全国。任何人都不会想到一个女奴竟手转乾坤，在西汉王朝中，建立起如此庞大而炙手可热的势力。正是“一人得道，鸡犬升天”，这话用在卫子夫身上太合适了。

如果说卫青霍去病当初能够得到出征为将的机会，多少是沾了卫子夫这个皇后的光的话，那么当卫青、霍去病以不容置疑的实力和天分纵横大漠、开疆拓土立下不世功勋之后，便轮到卫子夫沾弟弟和外甥的光了。

尤其是随着年龄的增长，卫子夫的美貌也随时间的推移而失去光彩，卫子夫更需要一个稳固的娘家来做后盾。当更多的美女充实了刘彻的后宫，在这些女子当中，刘彻不断宠幸着新人，卫子夫作为皇后，并没有妒忌吃醋，而发挥母仪天下的风范治理后宫。同时卫子夫对家人的约束、卫青的宽厚待人让汉武帝刮目相看。你看即使这些富贵与荣耀都已经属于卫子夫，她也没忘记做自己该做的事，做好自己该做的事，成功往往为这种人驻足。

虽然丈夫渐渐移情别恋，但对卫子夫来说还是喜讯频频传来。继儿子刘据成为太子之后，当时武帝的姐姐平阳公主新寡，她想要再嫁，召集家臣门客来商议朝中列侯谁堪为配的时候，众人都不约而同地推荐了长平侯卫青。平阳公主虽然早有此心，但是仍然觉得卫青曾是自己的家奴，怕如此下嫁会引来非议。众人劝道："如今卫青已是大将军，而且姐姐是皇后，外甥是皇太子，自己成万户侯不算，连三个儿子都封了侯，连他外甥霍去病在内，一门五侯。这样的人不嫁，还有谁值得嫁呢？"

这话说得平阳公主假装点头称是，其实心里暗喜，这不正是她自己想听的吗？于是她立即将这个想法告诉卫子夫，请她转告武帝赐婚。汉武帝也很是支持。对于卫子夫姐弟来说，从前的主人主动表示愿做卫家的媳妇，也是非常引以为荣的事情。于是一场浩大豪华的婚礼举行了。这样，武帝娶卫青的姐姐，卫青娶武帝的姐姐，亲上加亲。史家对此深为感慨，道："丈夫当时富贵，百恶灭除，光耀荣华，贫贱之时何足累之哉！"再往后，将自己嫁进卫家的平阳公主更进一步，让自己的儿子平阳侯曹襄迎娶了卫子夫和刘彻的女儿卫长公主。

卫氏家族的富贵荣华，到这时已经达到了最高潮，可以说是贵震天下。在此之前，历史上从来没有发生过这样的情形，一个奴隶家庭，竟能在短短十几年间演绎出这样的神话。一时间，民间歌谣响彻云霄："生男无喜，生女无怒。独不见卫子夫霸天下！"

出现这样的局势，即是卫子夫的时运，也是汉武帝的需要，当时正是汉朝鼎盛时期，刘彻利用窦氏、田氏、卫氏等外戚政治来加强皇权，玩弄外戚与列侯于股掌之中，让两方互相抵制，以达到巩固皇权的目的。

如果要在中国历史上找出一位灰姑娘，就非卫子夫莫属了。她从一个女奴一跃而成为汉武帝的第二任皇后，其崛起是传奇性的。与此同时，她的经历同时也深刻地诠释了“一入侯门深似海”……

卫子夫谨慎经营，38 年稳坐皇后

成为皇后的卫子夫依然是一个端庄贤淑、温柔敦厚的女人，在深宫里混，她活得更加小心翼翼，无论性格和品德，都无懈可击。如此才稳坐了 30 余年的皇后，以恭谨谦和赢得汉武帝的信任，赢得了大臣和后宫人等的尊敬。

谁都知道人无十年好，花无百日红，卫子夫年龄渐老，年老则色衰，色衰则爱弛，刘彻本来就不是一个痴情的人，喜新厌旧，所以到了后来，卫子夫虽贵为皇后，也很难见到皇帝一面，夫妻情分难免陌生。而刘彻这时正沉醉在更年轻更漂亮的王夫人、李夫人、尹婕妤、赵钩弋等美人的温柔乡里。

刘彻除了美色还有一个爱好就是爱旅行，他常常到处巡游，一方面饱览祖国的大好山河，体察民情，另一方面寻找长生不老之药。每次外出的时候，刘彻都很放心地把后宫交给卫子夫，把政事交给太子刘据决定，这也是对太子的一个锻炼。

皇太子刘据经常跟母亲在一起，自然是遗传了母亲敦厚的性格，而他爹刘彻的聪明机敏，他一点也没遗传。这些卫子夫都看在眼里，她深知太子是她最大的支柱，所以对他有很大的期望，期望越高，渐渐地，她嫌儿子不够精悍，一点也不像当年的刘彻，这使卫子夫产生了惶恐。刘彻也察觉到她的不安，特别告诉身为最高统帅的卫青：“汉家庶事草创，加四夷侵凌国土，朕不变更制度，后世无法；不出师征伐，天下不安；为此者不得不劳民。若后世又如朕所为，是袭亡秦之迹也。太子敦重好静，必能安天下，不使朕忧。欲求守文之主，安有贤于太子者乎！闻皇后与太子有不安之意，岂有之邪？可以意晓之。”卫后知道后，感激得热泪盈眶，马上脱去头上的簪饰去向武帝请罪，表现得非常谦恭。

话说，汉武帝是个残忍的家伙，喜欢酷吏，刘据却讨厌任何严刑拷打，他对于死刑案件非常谨慎，对关押在牢里的囚犯释放的释放，减刑的减刑，学着汉文帝那样取消肉刑，如果发现是场冤狱，就立即加以平反。这些举动深得民心，然而，刘据这种宽厚的性情却引起了一班位高权重的酷吏的不安。他们最初不过窃窃议论，后来开始在刘彻面前婉转攻击。卫子夫感觉事态严重，再英明的人都挡不住如火如荼的小报告，何况，她深知晚年的刘彻并不英明，她告诫儿子说：“遇到大事大狱，应该留待皇上决定，你可不要自作主张。”但是，刘彻却每一次都支持儿子，认为老妻太不坦诚。汉武帝的说辞更加深了酷吏们的躁动，开始担心万一以后刘据真上台后断了他们的铁饭碗，于是他们为了自身的利益勾结起来，处处设计陷害太子刘据。

偏偏在这时候卫子夫的弟弟卫青大将军一命呜呼，这对卫家是一个巨大的损失，也是一个巨大的打击。那些酷吏群更加嚣张。有一次，刘据拜见老娘，拉了些家常，多待了些时间，一个叫苏文的宦官与酷吏们之间有勾结，他见缝插针地向刘彻打小报告：“太子与宫女乱搞起来啦！”刘彻一听，并不恼怒，嘿，你小子啥都不像我，就爱美女这一点像我。于是，反而增加太子东宫二百多个美女。苏文自觉碰了一鼻子灰，但是他不会善罢甘休，又与宦官常融、王弼等经常伺机寻找太子的过失，一旦寻到就添油加醋向武帝报告，甚至把黑的说成白的，把白的说成黑的。卫后对此也是非常痛恨，让太子禀报武帝杀了这些人。太子心地善良，说：“我没有过失，不怕苏文他们！皇上明察秋毫，不会听信谗言恶语，不必担忧。”

武帝有次生病，派常融去召太子，常融就此大做文章，鬼话连篇地对刘彻说：“太子听说你病了，脸上一团高兴。”他言下之意就是说，你的儿子巴不得你早死呢，你死了他好做皇帝。这话传到了卫子夫耳朵里，她立刻拦住太子让他作哭妆面见武帝。等到刘据来到武帝面前，刘彻一看不是那么回事，刘据的脸上明明有哭过的痕迹，谁说他脸上一团高兴了？于是就派人把常融杀了。虽然刘据的眼泪是假的，但是他关心父亲却是真的，只是他觉得武帝只不过是小病而已，哭不出来呢。从这件事情可以看出，刘彻、刘据父子的感情淡如薄纸，亲生儿子在爹面前为求自保，不得不伪装哭过的样子。

好在卫子夫聪明，有自知之明，她明白当下的局势，必然以谦逊的德行从自身做起，以防别人找出什么错来。卫青死后，卫后对卫氏子弟管教格外严格，以防他们捅出什么乱子。如弟弟卫青的四个儿子都不成器，卫后流着眼泪向武帝报告，请求武帝削夺卫氏子弟的封赏。武帝就说：“吾自知之，不令皇后忧也。”终于有一天，卫青的少子因为罪恶极大，依照当时的法律被杀，武帝一并削夺其他儿子的封爵。之后，武帝出于对卫子夫的尊敬，对一位大臣说，夫人肯定非常伤心，你马上到她那里去，安慰她，并代表我向夫人道歉。那位大臣回来说，夫人非常痛苦，也很感激皇上。

其实刘彻、卫子夫这对老夫妻，如果是身在平常人家，就算幸福了，即使拿历代皇帝皇后作比较，他们也算和睦了。卫子夫的谨慎经营得到这样的回报，是劳有所得。

卫子夫成也巫蛊，败也巫蛊

俗话说不怕贼偷，就怕贼惦记，反正酷吏们是惦记上太子刘据了。公元前91年，武帝非常信任的一个名叫江充的酷吏，他与太子刘据有前嫌，看汉武帝身体一天不如一天，担心武帝死后刘据对自己不利，所以提前下手，想除掉太子。当武帝在甘泉宫患病，江充就向武帝说，武帝的疾病是因为“巫蛊”的原因。汉武帝年事已高，身体常有不适，外间人怀疑他是否还在人世。多疑也是此时汉武帝的一个特点，他一听说有人设“巫蛊”害他，信以为真，便马上命江充追查到底。

所谓“巫蛊”就是利用人们的迷信，将象征真人的木制偶人埋到地下，通过巫师祈求神鬼，帮助施行巫蛊者加害所要憎恶诅咒的人。汉朝人一直很相信巫术，汉武帝刘彻在位期间发生多次“巫蛊”事件，对当时的政治、社会都产生了巨大影响。汉朝皇宫内最忌讳“巫蛊”，武帝一朝因为巫蛊事件而多次构成大狱，许多人受牵连而死。

前面说的汉武帝第一个皇后陈阿娇就是因为“巫蛊”事件引火烧身，腾出后位，才使得卫子夫因祸得福，做了皇后。

然而，这次是江充把“巫蛊”灾祸指向了太子，指向了卫子夫。

当时，有一些胡人巫婆作俑，江充由此查起，慢慢把嫌疑人引向宫内，为祸害太子做铺垫。于是汉武帝在朝廷内外大加搜索，受牵连的人很多。专门主持处理此事的江充，便故意带着桐木人在卫皇后和太子刘据居住的地方掘地搜索，在太子宫中掘地三尺，太子、卫后的宫殿被挖得连放张床的地方都没有，之后江充假意将早已准备好的桐木人拿出构陷太子，即把“巫蛊”之事加在了太子头上。

刘据起初并无惧怕，认为没有做过不怕江充诬陷，打算去甘泉宫向武帝解释。但车马被江充拦下。刘据唯恐不得自明，就请教他的师傅石德，石德以扶苏的例子警示他，怀疑武帝是否像秦始皇一样已经死亡被小人操纵。于是刘据决定先杀掉江充绝不做第二个扶苏。派人假冒武帝的使者斩杀了江充。但是在混乱中却没能将江充的同党一网擒拿，宦官苏文逃之夭夭，快马加鞭地跑去向武帝诬告皇后和太子谋反。武帝一开始不相信，派人去召太子。但是派出的使者胆小如鼠，连宫门都不敢出，瞎转一圈之后便回来信口开河，说皇后和太子确实谋反，急着想当皇帝。于是震惊之下的武帝不再犹豫，发兵讨伐太子。

太子这边，图一时之快而杀江充，可是江充被杀，查证江充诬告一事落空，太子的冤案难以澄清，又落个杀人灭口的罪名，现在又被父王讨伐。万般无奈下，太子只好举兵造反，夺取了帝位。正在甘泉宫养病的武帝听说太子起兵，顿时龙颜大怒。武帝赐诏刘丞相，以牛车为橹，毋与叛贼短兵相接，用弓弩射杀。

刘据铤而走险跟武帝动起刀兵。他派人把计谋奏告母后卫氏，卫氏也觉得只能如此了，下令把皇后的车马拉出来，运载了箭兵，打开武库，取出武器，征发皇后的卫士。但是太子这边还是势单力薄，又赦免长安城中的囚徒，把他们武装起来，征发长水、宣曲两支少数民族骑兵，与丞相指挥的军队大战于长安城中。双方血战五日，最终太子寡不敌众，兵败，逃跑。20天后，走投无路的太子自杀。

获胜的武帝刘彻一面派人追捕儿子，一面派宗正刘长乐、执金吾刘敢前往未央宫，向卫子夫宣布诏令，收缴她的皇后玺绶，等待制裁。卫子夫已经无儿无女，更了解丈夫的无情，她拒绝再受任何羞辱，绝望自杀。卫皇后就这样含冤而死，曾几何时，对她百般宠爱的武帝，如弃敝屣一样撇开了她。自认为大功告成的苏文心花怒放，找来另一名宦官姚定汉做帮手，将卫子夫的尸首拖到小空房里，装进一具平民使用的小棺材，胡乱埋到长安城南桐柏地方。一生温柔敦厚的卫子夫走完了她三十八年的皇后之路，而盛怒之下的汉武帝大开杀戒，屠灭卫家三族和帮助卫家的宫人达万人之多。

有旁观者说，卫子夫谨慎为后，却是少有的在后宫策动谋反的女性，可见在权力之下你死我活的道理是谁都深刻明白的，更何况一直小心做人的卫子夫，到老终于看到自己的儿子像刘彻当年那样握起杀生大权保卫自己的家人，虽然惨败，在卫子夫心里看到儿子雄起已经是很欣慰的事，总比跟她一样唯唯诺诺过一世好。话又说回来，太子起兵之时曾用少数民族骑兵，就有反对卫氏家族的人造谣说，卫子夫勾结外人与汉朝为敌，进而还说，当年陈阿娇的巫蛊之灾是卫子夫栽赃的，卫子夫是成也巫蛊，败也巫蛊，此番言语真是落井下石。别说陈阿娇在宫中骄横，明里暗里不知得罪多少人，但说卫子夫卑微的出身，当时卫青还未成为大将军，又无靠山，借她两个胆儿，她也不敢啊！再说出于对她的保护，刘彻将她特别看护起来，试问她怎么往陈阿娇的宫中栽赃“巫蛊”用的小人呢？

东汉班固对太子蒙冤一事点评：江充造蛊诬陷太子，太子自杀。太子逃亡时期，茂陵三老上疏，明确指出太子无辜，前不能见君王申辩，后被奸人逼迫，才子弄父兵，但这也不过是打一段板子就能结束的事。汉武帝却意气用事，没有冷静考虑，而错杀亲子。事后武帝查出太子受人诬陷，怒极，于是族灭江充，苏文被绑在桥上活活烧死，去追捕太子的人也被武帝灭族，深表后悔的武帝建思子宫，于太子被害的地方造“归来望思”之台。天下闻而悲之，老来丧子，对皇位继承之事也产生影响。

然而他好像忘却了与自己做三十八年夫妻之久的卫子夫，没有对她进行任何改葬追悼。这一段帝王与女奴的爱情传奇，以最残酷的方式彻底终结，让人深思……

卫子夫恰逢其时，成就一代草根皇后

盛怒之下，汉武帝灭了卫氏全族，也许是上天眷顾，虽然刘据妻儿都被害死，但刘据之孙刘病已成为漏网之鱼，因巫蛊之乱时，刘病尚是襁褓中的婴儿于是幸免于难。在刘病已成长的时候，汉皇朝发生了如下一些事。

71岁的刘彻立刘弗陵为太子。定下太子两天后刘彻离开了人世，入葬茂陵。随后，7岁的刘弗陵即皇帝位，是为汉昭帝。汉昭帝在位14年，无子而薨。辅政大臣霍光和张敞首先想到的，是汉武帝生前最宠爱的那位倾城倾国李夫人之孙刘贺。然而这位刘贺人品低劣，做皇帝才27天便令两位辅臣难以容忍，从皇座上赶了下来重觅新人选。

这一次，他们选中的是卫子夫的曾孙刘病已，之后他改名为刘询，成为汉宣帝。

汉宣帝继位后，为奶奶卫子夫改葬于长安城覆盎门外南北大道之东，并定谥号为“思”，置园邑300家，长丞周卫奉守焉，称孝武卫思后。这时是公元前74年，卫子夫已经含冤离世18年了。卫子夫的怨气也该平了。自卫子夫之后，历代皇后在丈夫的谥号之后也开始有了形容自己的独立谥号。

话说汉宣帝改葬之前，卫皇后的尸体没有如某些人想象的那样抛尸荒野，汉书中说得很明白，葬于长安城南的桐柏亭附近，只是相对于一位皇后，墓地实在有点潦草敷衍罢了。

在卫子夫的那个时代，她成为贫苦美少女的超级偶像，她们不再为自己出身卑微而伤心绝望，她们相信总有一天会像卫子夫一样“麻雀变凤凰”，卫子夫的传奇经历固然有她自身努力奋斗的因素，但更多的是不可控制的因素。

现在的历史学家评价，卫子夫由歌女、夫人而成皇后，除了她的容颜美色之外，还因为她有太子刘据和战功赫赫的娘家作为她的支柱。但她在为皇后的三十八年中，谨慎处理后宫之事，是比较有心的一位。所以武帝死后，她的名誉还是得到了恢复。另外，应该指出的是，卫子夫的入宫，使她的弟弟卫青，外甥霍去病得到了施展才能的机会，从而为西汉在反击匈奴的战争中赢得了主动地位。从客观上讲，卫子夫对汉朝是有功劳的。因此，她虽然没有参与国事，但是她对朝政的影响也是不能抹杀的。作为一个女主人该有的安良贤惠，她都有了，成为后代皇后的典范。

司马迁在《史记自序》中称赞卫子夫有相当良好的品德，虽然出身卑微，但身居高位后却谦虚谨慎，也因此虽然年长之后失宠，但武帝仍旧相当尊重她，不似当年窦皇后虽然身为皇后，文帝却公然让宠妃慎夫人与皇后平起平坐。卫子夫作为皇帝的女人能做到如此地步，也算得上吉祥如意了。

第六章

最有艺术范儿的赵飞燕

她出身官奴世家。她艳若桃李，冷若冰霜，瘦削玲珑，身如轻燕。古人云："环肥燕瘦"之"燕瘦"即赵飞燕。她舞技绝伦，翩翩如风，有"可作掌中舞"之说。她工于心计，争强斗狠，风流成性，淫乱后宫。为争宠于汉成帝，手段残忍，花样百出。

 自小被弃竟不死，翩然欲飞是飞燕

赵飞燕是一位在中国历史上传奇的人物和神话般的美女，有不少诗词歌赋描绘她：

> 古今来不少美人，问他瘦燕肥环，几个红颜成薄幸？
> 天地间尽多韵事，对此名笺旨酒，半江明月放酣歌。

“瘦燕肥环”，瘦燕就指赵飞燕。在《汉书》中对她的描述仅仅只有少数几句，但关于她的野史却有许多。

一种说法是，她是长安人，赵临的女儿。她的父亲，是一个对音乐颇有造诣的音乐家，他编制的乐曲十分优美动听，轰动一时，人们欲争先一饱耳福为快，赵临称自制曲为“凡靡之乐”，确是有它的独到之处。

赵临是汉代官府家奴，日子过得穷困潦倒。赵飞燕生下后，因无力抚养，父亲将她扔到荒郊野外。赵临晚上总是梦见婴儿在哭，四天后去寻找，孩子竟没死，又把她抱回家中勉强养活。赵飞燕因为家穷，很小就被卖到阳阿公主家做婢女。平时干些端茶送水、扫庭洒户的杂活，没有什么名气。也许是天生丽质，被阳阿公主选去学歌舞。

赵飞燕天资聪明过人，身材袅娜，娇小可爱，天生就是个跳舞的料儿，练就迷人的歌喉和高超的舞技。赵飞燕和杨贵妃比起来，是个骨感美人。赵飞燕走路的姿态尤其撩人，仿佛是天生的猫步，如风拂杨柳，又如燕飞翩跹，有万种风情，故命“飞燕”。

也有传说，赵飞燕原姓冯，吴县人，今江苏省苏州市。她的父亲冯万金，对音乐颇有造诣。母亲是江都王孙女姑苏郡主，曾嫁中尉赵曼，暗地与冯万金私通，生下双胞胎，长女名宜生，次女名合德，宜生即

赵飞燕。因为是私生子，一生下来就丢在野外。丢弃三天后仍然活着，父母也觉得奇怪，就收回家里养育。

宜生因为体态窈窕秀美，凭栏临风有翩然欲飞的姿态，邻里多用“飞燕”来赞美她的身材。

由于赵曼死得早，赵氏姐妹早年也备尝艰辛，母女三人从姑苏一直流落到京师长安。住在城郊的陋室之中，靠着纤纤双手，替人做女红为生。赵母在贫病交加中撒手人寰后，赵氏姐妹便投靠在同里的赵翁家中，成为赵翁的义女，过着寄人篱下的生活。长大后到阳阿公主家做婢女，赚取生活费用。

各种传说，父亲的姓氏不同，但最后都归结为，她被叫作赵飞燕，她精通音乐，跳舞跳得很好。她还有个妹妹赵合德。赵合德生得体态丰腴，玉肌滑肤。在阳阿公主家学习歌舞。

关于赵飞燕生下来被抛弃到野外，三四天竟然不死之说，很有杜撰的嫌疑，历来文者在叙写传奇人物时，在他们的出生之际必伴随有奇异自然现象，或者说生下来就会说活云云，正是欲使之奇，加言辞来故弄玄虚，所以赵飞燕被弃三天而不死之说不可信，但是倒有可能因为生下来家里穷，被暂时扔了，后又因被其哭声唤回，再捡回来罢了，然后与她后来成为一代皇后做对比，添话头。当然每个传奇人物背后都有鲜为人知的故事，赵飞燕也有。

赵飞燕使计，得幸汉成帝刘骜

汉成帝有一次微服出行，来到阳阿公主家。公主召歌伎为成帝助兴。等到赵飞燕出场时，舞态轻盈似仙子凌波，秋水微眸勾人魂魄，婀娜曼妙，芊芊柳腰弱胜娇。她轻启朱唇，清丽动人的歌喉有如莺啼燕语，声韵婉转迂回，足尖轻轻几点，接着翩翩起舞，妖冶冷艳，舞技绝妙，成帝对她一见倾心。待至宴毕起身，便向公主乞此歌姬，一同入宫，公主自然应允。

成帝将她带回宫后，赵飞燕使个欲擒故纵之计，一连拒绝成帝三夜召幸，激起成帝征服之心。其实赵飞燕曾经与富平侯张放有过肌肤之亲，故意等了三日选择月事来潮的当儿，装出一副不解“人事”，又若不胜情的模样，以致使汉成帝大感新鲜。更妙的是赵飞燕的体血玷污了御袍，她要为他浣洗，成帝怔怔地望着那些血迹，说是要留作永久纪念，可怜也可笑的汉成帝竟然把“此血”当成了“彼血”，可见赵飞燕伪装的手段是如何高明。使得成帝夜夜临幸，再也离不开她，让后宫粉黛顿失颜色。

对于赵飞燕初次与成帝合好之事，还相传她家有《彭祖分脉》之书，“善行气术”，可令身体恢复少女之身，所以成帝临幸当晚如获至宝，喜极而狂，彻夜颠鸾倒凤，不觉东方既白，立刻封赵飞燕为婕妤。

赵飞燕初被封为婕妤，后宫便议论纷纷，都认为她只不过是个惯于蛊惑的货色，难登大雅之堂。而赵飞燕一味地谨言慎行，对皇后很恭谨地执婢子礼，从而消除了皇后的戒心，待之如姐妹。赵飞燕接着又刻意低声下气地与宫中粉黛结好，也逐渐软化了后宫佳丽对她的敌意。

再加上赵飞燕的秀丽姿容，出众的舞技和清丽的歌喉，使得她在后宫嫔妃中如鹤立鸡群。

俗话说，人往高处走，水往低处流，宜生离开公主家，来到皇宫，得到皇上的宠幸，成为婕妤，婕妤是妃嫔的称号，也是宫中的女官，其他方面的待遇都很高，她心自然乐意，觉得“青云直上”这句话对她来说最为贴切。

史上最杰出舞蹈家赵飞燕，名不虚传

赵飞燕身材窈窕，体态极其轻盈，举步翩然若飞。关于她的舞蹈艺术，《赵飞燕别传》中有这样的描述：“赵后腰骨尤纤细，善踽步行，若人手执花枝颤颤然，他人莫可学也。”

踽步——是赵飞燕独创的技巧，走起来若人手执花枝，颤颤然，可见其舞蹈功底深厚，并且需要控制呼吸。赵飞燕“善行气术”，传说她“身轻若燕，能作掌上舞”，可见其轻功极好，且可能她已掌握在空中做高难度的技巧，轻盈飘逸，挥洒自如。这是一种近似戏曲歌舞中的“花梆步”舞步。踮半脚尖的“花梆步”，双脚可作轻快的碎步，进退、横行，都有一种飘拂之感。一些戏曲中萦回飘飒，有如一个飘浮不定、神情恍惚的幽灵在游荡。由于这是一种很难掌握的舞步，故此流传不广。

鸿嘉二年，即公元前 19 年，汉成帝刘骜因专宠赵飞燕而废许皇后。

没过多久，赵飞燕册封为皇后。从此，赵飞燕执掌昭阳，移居建筑豪华的东宫，宠幸日甚。汉成帝特地赐给她一把古琴，每当月白风清之夜，赵飞燕抚琴而歌，宫苑一片宁谧，只有皇后的琴韵歌声回荡在花丛林梢。汉成帝每每为之尘虑顿消。心想：两人倘若置身水上舟中，自当别有一番风味。即想即说即做，立刻命人在太液池中起瀛洲台，作千人舟。

台竣舟成之时，恰好是金风涤暑、玉露生凉的季节。汉成帝与赵飞燕双双登上瀛洲台，遥见帝京繁华，俯视宫苑景物，笑傲云霓，兴寄烟霞，心中为之大乐。

一次赵飞燕泛舟太液池，酒兴来时，颤巍巍地站起身来，高歌《归风送远》之曲，汉成帝以玉管击节，侍郎冯无方吹笙相和。舟在湖中，忽然大风骤起，赵飞燕衣袂随风飘舞，好似将乘风飞去。汉成帝一时情急，急呼左右拉住皇后裙角，只听得“刺啦”一声，薄如蝉翼的裙幅已被扯下一片。赵飞燕趁势跌入汉成帝怀中撒娇：“要不是你命人拉住我，我岂不成了仙女了嘛！”此是玩笑话。

自此以后，宫中佳丽都将裙后留一缺口以为时髦，名为“留仙裙”。人们都以为是赵飞燕为了吸引皇帝视线的巧妙构思，又哪里知道是无意之间被扯破的呢？直至今日妇女的裙后开叉，仍然是汉宫服饰流传下来的规格与习惯。

后来，汉成帝怕大风把赵飞燕吹跑，特地为她大兴土木，花巨资为她筑起一座华丽的“七宝避风台”居住。

因皇后赵飞燕擅长歌舞，汉成帝也迷于此道，于是歌舞之风为之盛行，内宫的嫔妃和侍女们以能歌喜舞为荣。而跳舞则需要杨柳细腰，肥胖的人是不适宜舞蹈的，宫妃们为了怕体态变形，都减少饮食并向飞燕请教气功减肥，所以，当时汉宫中几乎见不到一个肥胖的女郎。

赵飞燕的轻盈舞技在我国的舞蹈史上已达到相当高的水平。特别是那时舞人已懂得“用气”和“运气”控制呼吸，才能使舞姿轻盈优美。因此，赵飞燕是我国古代歌舞史上最杰出的先驱。

明朝艳艳生的小说《昭阳趣事》有幅木刻《赵飞燕掌上舞图》，是赵飞燕站在一个宫人的手上，做出挥袖回首而舞的姿态，宛若飞燕。汉成帝专为她造了一个水晶盘，叫宫人将盘上托。赵飞燕在盘上起伏进退，下腰轻提，旋转飘飞，就像仙女在万里长空中迎风而舞一样优美自如，倍增飘逸轻盈之美。

唐代大诗人李白在应唐玄宗之诏创制“清平调三章”歌颂杨贵妃的艳美时，其中有“借问汉宫谁得似，可怜飞燕倚新妆”之绝句。可见飞燕的美，在李白心中，占有绝对的席位。唐代诗人徐凝作《汉宫曲》题写了：

水色箫前流玉霜，赵家飞燕侍昭阳。
掌中舞罢箫声绝，三十六宫秋夜长。

故而使得她精美绝伦的舞蹈技艺，广为传诵和发扬。赵飞燕，被称为我国古代最杰出的舞蹈家是当之无愧的。

当然汉唐两代相去千多年，大多只是古人所做的杜撰而已。明代著名画家仇十洲作《百美图》，画历代美女一百个，其中就有赵飞燕舞姿图。画面呈现舞者盛装，披巾，在一小方毯上起舞，她平展双臂，翻飞长袖，右腿微屈而立，左腿屈膝轻提，头部微倾，表情温婉。这是明代画家想象中赵飞燕的一个舞蹈场面。

相传，赵飞燕不仅是位舞蹈艺术家，也是位出色的琴家，她有一张琴名为“凤凰宝琴”。当时长安有一位少年乐师名叫张安世，15岁时便名满天下，后入宫为汉成帝和赵飞燕演奏了一曲《双凤离鸾曲》，其出色的技艺和优美的音乐令赵飞燕尤为激动，命人取来她的琴奏了一曲《归风送远》，飘逸逍遥，令张安世惊叹不已。赵飞燕爱惜张安世之才，特求成帝允其随便出入皇宫，并给他一个侍郎的官职，还送给他许多礼物，其中包括两张名贵的琴。自古舞蹈音乐不分家，音乐之精髓成就舞蹈之精华。

赵飞燕吸取乐曲中的奥妙，用形体舞蹈表达，其中造诣必然是心中有美的人才能领悟，再用艺术形式传达出来。

赵氏姐妹花联合，权倾后宫啄皇孙

赵飞燕舞技超群，有出身于烟花巷之说，这让她在钩心斗角的宫廷生活中处于不利地位，既蒙皇上宠幸，还得委曲求全，她觉得一个人在战斗有点势单力薄，心中自然不是滋味。为了打破形单势孤的局面，于是有计划地在枕边进言：“陛下，臣妾还有一个妹妹长得比我还有趣些哩！”成帝问她叫什么名字，现在哪里？飞燕如实禀奏，成帝于是派人将她妹妹赵合德召之入宫。

赵合德的美貌令成帝惊羡不已，只见她媚态百生，丰若有余，柔若无骨，更使成帝迷恋如醉，赵合德虽然比不上姐姐的蛊惑手段，但是她丰满的身躯，状若含苞待放的蓓蕾，合德的柔情更令成帝神魂颠倒，恰好满足了汉成帝强烈的补偿心理。汉成帝把赵合德叫作“温柔乡”。说“我当终老是乡，不愿效武帝之求白云乡了”。从此，姊妹二人专宠后宫，她们感到无比的幸福。

之后姐妹俩的话，成帝更是言听计从。姐妹设计陷害后宫佳丽，成帝就听信她们的言辞处决谁，班婕妤自知不是赵氏姐妹的对手，也匿居长信宫中侍奉皇太后去了。既然姐姐赵飞燕为后，汉成帝封了个昭仪给赵合德。赵氏姐妹掌握后宫生杀大权，不可一世，显赫一时。

赵飞燕姐们轮流侍寝，连夕承欢，风流天子，尝尽温柔滋味，此外后宫三千粉黛，俱不值成帝一顾，只好自悲命薄，暗地伤心。原来受成帝宠幸的妃子都先后失宠，孤帏冷落，在深宫中寂寞度日。而赵飞燕居住的昭阳宫，汉成帝又重修一番，把该宫涂以丹朱，黄金为门槛，白玉做台阶，壁间的横木嵌入蓝田璧玉，以明珠翠羽做装饰。所陈列的几案帷幔之类，都是世间罕有的珍奇，最奢丽的是百宝床、九龙帐、象牙箪、绿熊席，床幔熏染了异香，沾到身上几月都不散。皇帝对飞燕的宠幸可以说是到了极致。

据说她妹妹赵合德一身肌肤如赛上酥，按照今天的说法是属于油性的皮肤，必然经常沐浴，才能保持通体舒泰。汉成帝一次无意间从门窗隙缝中窥见了赵合德洗澡：从赵合德宽褪罗衣下，玉骨冰肌，一幕幕活色生香的旖旎画面，一个绝代佳人的形象呼之欲出。有景象、有动作、有表情、更有声音，是汉成帝的经验里从来没有汲取过的。从而更激发他许多激越的联想，对赵合德百品不厌。

之后，汉成帝为赵合德修宫殿，特地关照用蓝田玉镶嵌了一个大浴缸，注入豆蔻之汤，更显水光潋滟。另外再用白玉、黄金，配以翠玉、明珠做成一张特大的合欢床，悬挂着粉红纱帐，帐顶装饰万年之蛤所产的夜明珠，发出璀璨的光辉，照耀得长夜如昼。姐妹两人享受这位皇帝赐予的奢华生活，欢乐融融，不思进取。

话说，赵氏姐妹虽得专宠，但姐妹俩同样不能生育，谁都懂得花无百日红，倘若不能生育自己的儿子来稳固地位，那这对她们来说的确太危险了。赵飞燕之美貌，虽然是艳丽如花，但内心的狠毒无情也毫不逊色。她们害怕别的嫔妃怀孕生子，威胁后位，就疯狂地摧残宫人。一些怀孕的宫嫔由此遭到厄运。“生下者辄杀，堕胎无数。”当时，民间就流传着“燕飞来，啄皇孙”的歌谣。某曹姓宫女生一男孩，竟被逼死，皇子也被扔出门外。许美人生一子，赵合德哭闹不已，逼迫成帝赐死母子。色迷心窍的汉成帝，年已不惑，膝下尤虚。为讨好赵氏姐妹，竟两次杀子，置江山社稷于不顾，成为“爱美人不爱江山”的古代版本。

赵氏姐妹何以不孕呢？传说她们为使肤色白皙娇嫩，把一种秘方配置叫作香肌丸的药丸塞入肚脐。这种药丸确实功效显著，用后肤如凝脂，肌香甜蜜，青春不老，但是唯一缺点就是不能受孕。有所得必有所失，赵氏姐们爱美，以色侍君，自然不能停用这种药丸，导致不能生育，俩姐妹又毫无道德概念，赵飞燕更不懂得如何做一个合格的皇后，愚蠢，家世卑微，没有是非之分，这些加起来致使她们铤而走险，祸害威胁自已所得的一切人，包括刚出生的皇儿。这倒是与赵飞燕出生之时被抛弃在野外的社会风俗很相似呢，难道她先天残忍？

赵飞燕招男宠惹祸，妹妹为姐巧设和局

赵飞燕有一张琴名为“凤凰宝琴”，关于这琴还有一段暧昧故事。且说那少年音乐家张安世得汉成帝允许可以随便出入皇宫之后，与赵飞燕日久生情，从此赵飞燕便借琴歌为名，与张安世在一起厮混，眉挑目逗，每当成帝在赵合德处留宿，张安世就在赵飞燕处留宿。

又因赵飞燕连年不育，害怕将来色衰时失去成帝的欢心，期望借以生育一男半女，日后承继皇家香烟，好永保富贵尊荣，便暗查子嗣多的侍郎宫奴，几乎每天都偷欢，可谓夜夜为新娘。又怕被成帝听到，就修了密室一间，托言供神祷子，无论何人，不得擅入。其实是密藏英俊少年，不分白昼恣意肆淫。

赵飞燕招男宠之事，就像是隐入泥淖一般，愈陷愈深而不能自拔。日子久了，原先有的罪恶感反而逐渐冲淡，而愈益变本加厉，终于肆无忌惮。

长久以来，汉成帝把“情意”转移到了赵合德的身上不曾踏进赵

飞燕的宫殿一步，赵飞燕忍受不了孤独的寂寞的苦涩的滋味，竟明目张胆地与其男宠饮酒作乐，甚至白昼宣淫。赵合德曾经声泪俱下地劝告姐姐，无奈赵飞燕已经走火入魔，哪里听得进去，仍然日复一日地胡闹下去。

“情感”之为物十分奇特，来无影去无踪，看不见也摸不着，但却能强烈地感受到它的存在。当它以排山倒海之势来临时，直逼得人喘不过气来；但是当它悄悄地溜走时，又会使人百无聊赖到了极点。她不甘心芳华虚度，更不愿就此结束了她绚烂的生活方式，便自取堕落。

俗谚说“纸是包不住火的”“要想人不知，除非己莫为”。终于有一天闹出乱子来了。那天，汉成帝前往中宫王太后处请安，并陪侍母后午膳，饭后有些疲累，就近想到赵飞燕宫殿处歇息片刻。午后时分很安静，宫女们正在廊下打盹。皇帝驾临，赵飞燕仓皇出迎，但见云鬓偏坠，发丝散乱，衣衫不整，满脸春情。汉成帝以为她是午睡方浓而被惊醒，并未十分在意，突然看见寝宫内有男子的鞋和衣服，刹那间便明白了一切，拂袖而起，一声不响地愤然离去。赵飞燕吓得不知所措。

聪明伶俐、心细如发的赵合德知道此事后，急忙跪在汉成帝面前自责道：“臣妾孤寒，无强近之爱，一旦得备后庭驱使之列，不意独承幸御，立于众人之上，恃宠邀爱，众谤来集，加以不识忌讳，冒触威怒，臣妾愿赐速死，以宽圣怀。”说罢泪流满面，叩头不已。

面对这个重情意、梨花带雨的美人儿，汉成帝心中的怒火已被她的汪汪泪水浇熄了一半。然而仍然愤愤不平地说：“不管你的事，只是你姐姐闹得太不像话，我一定要杀了她，方泄我心头之恨。”

汉成帝“杀”字出口，赵合德听见心中一惊，但是很快地冷静下来，故作镇静地缓缓譬解。首先说明她们姐妹的情感深厚，姐姐若死，妹妹义不独生。再说明自己得以忝列后宫，侍奉皇上，完全是靠姐姐的引荐，最后说到为了皇家的威严与声誉，岂可大事张扬。姐姐固然是罪有应得，如果累及皇上的圣德就失算了。汉成帝认为赵合德言之成理，于是答应对赵飞燕的事不再追究，但却派人夜搜东宫，捉住了几名美俊壮硕的男子，神不知鬼不觉地斩首了事。

糊涂的汉成帝以为就此可保无事，但是天下美俊壮硕的男子多的是，杀了一批，不久赵飞燕便又找来一批。赵飞燕因感激赵合德对她的回护，特意推荐一个叫燕赤凤的宫奴给妹妹。燕赤凤身体雄壮，并能够飞檐走壁。传说，赵合德见燕赤凤，心生爱慕，与之坠入情网，便趁着成帝不在时，与燕赤凤欢会。从此，燕赤凤轮流光顾飞燕与合德的内室。赵合德恐怕赤凤往来，招人耳目，于是企求成帝另筑一间房室，与赵飞燕的远条馆阁道相连。此后两处消息灵通，赤凤踪迹，随成帝而转移。

出于男人天生的自尊，盛怒之下汉成帝产生过要杀了赵飞燕的想法。但比起那些飞扬跋扈的权臣与居心叵测的外戚，在汉成帝的内心里觉得赵飞燕的纵欲心理是微不足道的。一段时间后，他慢慢地想起赵飞燕也曾是自己心爱过的女人，因此一丝怜悯的情意，油然在汉成帝心中升起。恰好遇到赵飞燕24岁生日，东宫里有一个庆祝仪式，在赵合德的连哄带骗下，汉成帝终于暂时忘记前嫌，来到东宫。

酒过三巡，赵飞燕忽然悲从中来，汉成帝非常惊讶，问道："又有什么委屈吗？"意思是说我已经不咎既往，你还有什么好怨恨的呢？

赵飞燕装模作样地跪下来道："妾过去在许皇后身边的时候，陛下驾临，妾站在皇后身后，陛下总是频频地注视我。皇后知道陛下的意思，叫妾特地来侍奉皇上。想不到竟承更衣之幸，体血还污了御服，妾欲为陛下洗去，陛下不肯，说要留作纪念。不数日，就被封为婕妤，又被封为皇后，当时陛下的齿痕还在妾的颈颈之间，今日思之，不觉感泣。"

赵合德为姐姐事前设计好的一段说词，无非是想以旧日的感情，来打动皇帝的心，收到重拾旧欢的效果。果然，汉成帝念及旧日恩爱之情，不禁为之恻然，大有今不胜昔之感。赵合德眼看苦心设计的温柔陷阱，已经牢牢地套住皇帝，于是借故先行离去，这一夕汉成帝与赵飞燕开怀畅饮，直至夜阑人静，双双携手进入内寝。虽然赵飞燕使出浑身解数，竭力迎合与讨好，无奈情感已有裂痕，汉成帝终感不是滋味。

赵飞燕了解皇帝的心思，明白这也许是最后一次获得宠幸了。于是瞒着妹妹，私自做主，在一个月后假装怀孕，并上表成帝，希望以此来大大改变目前对自己不利的态势。汉成帝自从 19 岁嗣位以来，时光荏苒，倏忽间已经年逾不惑，还无子嗣。如今听说皇后有了身孕，着实大为兴奋，喜滋滋地批了一道圣旨，对赵飞燕表达了无限爱怜之意，叫她好好保重。

赵飞燕自己设计的骗局在宫中进行，被收买的太医在宫中进进出出，煞有其事。后本打算在民间找一个婴儿进行偷天换日的勾当，可宫禁森严，谈何容易。眼看十月临盆之期已到，东宫上下急得像热锅上的蚂蚁，实在无法再搪塞下去，才不得不由太医上奏，说是“圣嗣不育，一生下来便夭折了”。汉成帝日夕盼望的喜讯成了泡影。赵飞燕与妹妹都不能生下子嗣的事更加被关注，沸沸扬扬传开来，使得她们的地位受到了严重的威胁。

光禄大夫刘向看到赵皇后如此秽乱，无母仪天下的贤德，实在忍无可忍，但又不便明白指出，只好费了许多功夫，引经据典，搜罗昔时贤后贞妇兴国保家之事，写成了一册《列女传》。呈献汉成帝作为讽劝，力斥孽嬖为乱亡之征兆，以盼望朝廷有所警悟。汉成帝嗟叹至三，频频予以嘉勉，但就是不讲实质性的话，也终究未因此做出实际的行动，但是刘向的《列女传》却因而流传下来。此乃古代版的黑色幽默。

赵氏姐们在宫中互帮互助，淫乐多年，宫闱中不断有“佳话”流向民间，成为笑谈。

赵飞燕秘炼仙丹，汉成帝纵欲驾崩

成帝的内心也是痛苦的，他无法动摇已经形成的王氏外威势力。先是元帝皇后王政君的兄长王凤以“大司马大将军领尚书事”的名义辅政，王凤死后又由他的弟弟王音自代，这时成帝已经30岁，在位11年。另外还有“五侯”，平阿侯王谭、成都侯王商、红阳侯王立、曲阳侯王根、高平侯王逢时，飞扬跋扈，显赫一时。所谓：

春城无处不飞花，寒食东风御柳斜。日暮汉宫传蜡烛，轻烟散入五侯家。

可见五侯权势之隆。赵氏姐妹也是钻了汉成帝懦弱的空子，他在朝事上无乐，便在后宫中寻乐。

王太后还有一位早死的兄长王曼不曾封侯，他的儿子王莽沽名钓誉，矫揉造作，将自己伪装成勤勉博学，礼贤下士，居然也浪得虚名。汉成帝在王太后暗示下又封他为新都侯，种下他日后篡夺汉室江山的祸根。

其实，赵飞燕姐妹在宫中胡作非为，王氏权臣未尝不知道，只是故意睁只眼闭只眼，让她们加速刘氏政权的灭亡，然后再谋乱。

成帝内心太苦，权力夺不回来，就纵情声色来掩盖自己内心的悲哀。终于因为荒淫无度，身体状况日见不济。赵合德正值女性的鼎盛时期，需索却益加强烈，赵飞燕有“彭祖分脉”之书，她会配制一种助阳兴的春药，以此来刺激皇上的欲念，这种丸药服过就离不开，但上瘾后必须使药量逐渐增加，终于酿成了可怕的后果。

赵飞燕一来为了适应自身的需要，二来为了讨好成帝，秘制了大量春药丸供刘骜欢合之前吞服。

关于这种药物，史书记载：“有方文献大丹，其丹养于火，百日乃成。先以大瓮贮水满，即置丹于水中，水即沸腾，乃易去，复以新水，如是十日不沸，方行服用。”即是一种投到水里水都沸腾的药物，以人的脆弱之体，竟敢吞下肚子，以博一次爽快的云雨之事，可谓“牡丹花下死，做鬼也风流”。成帝每次和赵氏姊妹上床，起初就吃一粒，果然其效如神，即可精神亢奋临幸美人，好似恢复了青春活力。自有此药，皇帝更是像嗑药般离不开赵合德。

汉成帝绥和二年春天，在一个暖洋洋的春夜里，为了能在赵合德的“温柔乡”中享乐，这位皇帝乞灵于春药，一次服了10粒，欢娱过度，等到早晨起身着衣，一度昏迷，倒地身亡。成帝驾崩，死得突然，连传唤太医的时间都没有，自然引起许多怀疑及揣测，一时朝野震动。王太后谕令王莽会同丞相、御史查究皇帝起居发病状况。

赵合德大概是因为用床第功夫把皇帝搞死而名留青史的第一位后妃。当时她方寸大乱，羞愧不已，饮药自杀，算是保全了最后一点尊严。

成帝在位26年，寿终45岁。本来是体质强壮，状貌魁梧，怎敌得过酒色过度，日渐消磨。

从某种意义讲，赵飞燕姐妹不自觉地担当了外戚王氏夺刘汉政权的工具。就她两人而言，入宫见妒，不得不采取自保的措施，属于人之常情，终其一生，并未干预朝政，也未谗害忠良。只有毒杀有孕宫妃，断绝皇嗣，才是她们不可饶恕的罪过。成帝死后，只好由侄子继位，外戚王莽在公元8年夺刘汉政权，改国号为“新”。

哀帝刘欣的即位是得到赵飞燕支持的，新帝感恩，故封她为皇太后。六年后，哀帝逝世，赵飞燕第二度失去了靠山。随即平帝刘衎即帝位，朝中群臣指责赵飞燕“失妇道，淫乱宫闱，不生育，断了皇室后代”等罪名，故贬皇太后为孝成皇后，迁居到北宫，过了一个多月，又废之为庶人，被迫自杀身死，风光一时、权倾一时的赵飞燕就这样香消玉殒了。

汉成帝虽然不是隋炀帝那样的亡国之君，但总难逃史书的谴责。关于他后来确实有所转变，而纵情于酒色和靡靡之音之说可能部分地是出于历史学家的偏见，是失宠的班婕妤集团的成员撰书夸张之言。

但不管是什么偏见，关于成帝缺乏意志力或他纵情于轻薄放荡行为的说法却是有一定的根据的。

关于赵飞燕姐妹的美丽妖娆被后世诗人所传颂，她们淫乱宫闱也成为野史小说的一个卖点。其中不乏无中生有的联想和添油加醋之说，孰真孰假，自有后人评说。

第七章

铁腕柔肠的文明太后冯氏

她在中国历史上常常被习惯地称为“文明太后”，临朝执政期间她大胆改革，为北魏历史发展和文明进步打下了坚实的基础，做出了巨大贡献。她不仅因此成为北魏历史上的成功政治家，而且赢得了后继者孝文帝的敬重。她的一生，既品尝过成功的快乐，也体验到探索的艰辛；既享受过人际天伦的温馨，也经历了血雨腥风的考验。

没入宫掖

公元386年以后，由我国北方少数民族鲜卑族建立的魏国逐步统一北方，史称北魏。北魏皇帝拓跋珪慧眼识金娶了汉人刺史冯朗的女儿为皇后，即孝文帝拓跋宏的祖母冯太后（冯氏）。冯太后是位很有才干的政治家，历史上有名的孝文帝改革实际上就是由她发起的，而她在治理税收方面的卓越才能，更给北魏带来了经济强盛。

冯氏，长乐信都（今河北省冀州市冀州镇岳良村人）人。公元442年生于长安，她的祖父冯文通是十六国时期北燕的国君，这样说起来，冯后乃出身于名望之家。

西晋末年，战乱不息，北方的游牧民族乘虚而起，各显神通。匈奴、鲜卑、氐、羯、羌，纷纷越过北方草原进入中原地区，形成所谓“五胡乱华”的混乱局面。冯氏的北燕正是在这种局势下崛起的一方诸侯。按照冯家的说法，他们的祖先可以追溯到先秦时期魏国国君的始祖毕万。毕万在晋献公时因功封为魏（今山西芮城）地大夫，毕万即以魏为姓氏。魏国被秦国吞并后，魏氏的一支流落到山西境内的冯乡，遂改为冯氏。此后冯氏宗族历经世变，几经流徙，在三晋之地苦苦支撑。后来，冯后的曾祖因军功渐渐发达，他的两个儿子冯跋、冯弘（字文通）竟先后做了北燕的国主。只是没多久，北魏太武帝进逼北燕，冯弘被迫逃往高丽，并最终死在那里。但他的几个儿子，以冯后之父冯朗为首，加上冯崇、冯邈，为防后母慕容氏谗害，联手出逃辽西，投降了北魏。冯朗被加封为西城郡公，领秦（治今甘肃天水）、雍（今陕西西安）二州刺史。此时，冯后尚未出世。

冯后的母亲王氏，乐浪（今朝鲜平壤）人，是冯朗在北燕时所娶。二人能够成亲，主要得益于北燕地邻高丽，再者冯跋与高丽国王的远房亲戚慕容云是至交。

因多年动荡不安，直到随夫任官长安后，生活暂时得以安定下来，王氏夫人才给冯朗生下一个儿子，取名冯熙，就是冯后的同母兄长。到了太武帝太平真君三年（442 年），王氏夫人又生下了一个女儿，就是本文的主人公冯后。冯后出生之时，距祖上建立的北燕灭亡已有六七年的光景。北魏太武帝拓跋焘也已完成了中国北方的统一，并与南朝形成了对峙之势。身为北燕国主后裔的冯氏家族，在这种南北对峙的大局下，能否享受安逸的生活，实在难说。

冯后出生后不久，冯家突然遭遇了飞来横祸：不知是朝廷对冯后那位曾为北燕王子的父亲心存疑虑，还是冯朗果真有什么不轨之举，总之是冯朗因受一桩大案株连被太武帝下令诛杀了。按照惯例，冯氏因为年幼又是女孩，就被没入宫中，成了拓跋氏的婢女。也算是不幸中的万幸，冯氏在宫中得到了姑母冯昭仪的多方照应。

原来，冯朗兄弟逃出北燕投降北魏后，穷蹙的冯文通在北燕大兴四年（434 年）派尚书高颐奉表入魏，请罪称藩，乞求太武帝，愿以小女儿充入掖庭，以求生路。太武帝答应后，冯文通就派人将最小的女儿送给了太武帝，不久被立为左昭仪。冯昭仪在冯氏没入宫后，动了恻隐之心，向皇帝求情让冯后与自己同住。这样，冯后避免了学做苦役的营生。由于姑母待她“雅有母德”，冯后虽然仍是卑贱的宫中婢女，但她幼小的心灵却得到了几分慈母般的温情。

多亏了姑母的悉心照料与抚养，冯后慢慢长大成人。终日耳濡目染，她逐渐熟悉了北魏皇宫内的礼仪和其间的微妙氛围，积累起了丰富的人生阅历，也养成了复杂的性情。

丈夫是天

北魏正平二年（公元 452 年）三月，北魏宫中发生了巨大的变化，宫廷惊变，北魏太武帝拓跋焘宠爱的太监宗爱恃宠而骄，最后竟然谋杀了太武帝，虽然他手握大权，但是因为是太监，始终不能够黄袍加身，于是在北魏后宫中挑选了吴王拓跋余为帝。自称为大司马、大将军，朝中上下全部是他的人马。然而，被册立的拓跋余却不想做傀儡皇帝，他很想把权力重新回归皇帝手中，拓跋余与属下大臣密谋除掉宗爱，结果事情败露，拓跋余又被宗爱给杀死了。宗爱一个太监连杀了北魏两位皇帝，朝野上下对他都极为不满，随后由一些大臣迎立了拓跋濬为帝，这就是北魏的文成皇帝，也是文明太后冯氏的初恋或者说幸运星、救命草。

拓跋濬即位以后便把 11 岁的小冯氏立为了贵人。14 岁时，冯氏又被立为后宫之主。这以后，冯皇后过了一段很快乐的日子。文成皇帝是北魏历史上的明君，他登基时也才 13 岁不到，一即位拓跋濬就诛杀了宗爱濬及其一干党羽，任用拥立自己的功臣，但又害怕功臣们恃宠而骄，就在两位功臣党争的时候，拓跋濬又果断地将他们赐死，随后提拔了一些自己信任的大臣，成功夺权。拓跋濬在位期间大力整顿了北魏的风俗，对朝中大臣赏罚分明，并把一些恶劣势力都消除了，使北魏在短短几个月里就从连杀二帝的混乱中恢复平静。跟冯氏的感情更是与日俱增，丝毫没有因为长久在一起而心生厌烦，反而是甜蜜得如同新婚宴尔。日常生活跟她一起玩乐，好物品都赏赐给她，甚至是国事几乎都要跟她商议一番再行定夺。冯皇后也正是因为跟随着丈夫耳濡目染学习了如何成熟、果断地执政。

成为后宫之主以后，冯皇后不仅要照顾整个后宫，还要身兼为妻职责。在丈夫上朝完，累得不想言语之际她要让他舒心，在他批阅奏章，疲惫不堪之际她要让他安心，在他举兵亲征心念国事之际她要让他宽心。她为他孝顺乳母，宽待后妃，甚至是尽心抚育他和别的女人的儿子。北魏鉴于西汉吕雉临朝之乱，为了防范母以子贵、太后专权的局面，于是定下规矩，但凡是被立为太子的孩子，生母都必须赐死，冯皇后抚育的就是太子拓跋弘。拓跋弘的母亲是李氏女子，在拓跋弘被立为太子之际她就被赐死了，临死之前不知道有没有托孤给冯皇后，总之拓跋弘就是给了冯皇后养育，冯皇后也将这个儿子视为己出。

有多少女人能够做到如此大度？能够如此大度是因为她爱自己的丈夫，爱屋及乌到爱与他有关的任何人，她这一辈子就是依赖丈夫而生存，文成皇帝是她的天。

临朝听政

假如天塌了怎么办？如果问到这个问题，很多人都会付之一笑，甚至是取笑别人无聊。天怎么可能会塌呢？那是不可能的事情。就算天塌了也还有高个儿顶着。其实，在某种定义下，天的确是会塌的，问题在于天对于不同的人所指的定义不同。民以食为天，假如没有粮食，百姓的天就塌了；妻以夫为天，假如丈夫去了，妻子的天就塌了。公元465年，冯皇后的天塌了。

这些年，文成皇帝勤政爱民、事必躬亲、亲征柔然、奠定北魏，终于在他26岁的这一年，因劳累过度而英年早逝，驾崩于皇宫的太华殿。

这对冯皇后无疑是个晴天霹雳，年轻的她自此变成了寡妇。仅仅几年时间，这半辈子发生了惊天动地的变化。这个时候，冯皇后是悲痛欲绝的，唯有终日以泪洗面，她赖以生存的天塌了，哀莫大于心死，她甚至想到了死。在三日之后，按照制度必须焚烧死者生前的衣物，冯皇后率领文武百官以及后妃夫人为文成帝哀悼，冯皇后一边丢着文成皇帝生前的衣服进火里，一边抽泣不已，恍惚间，似乎又看见了英明神武、温文尔雅的丈夫在向自己招手，对自己微笑，悲伤过度、痛不欲生、精神恍惚的冯皇后竟然恸哭着跳入了火海……幸好被大臣抢救及时，冯皇后没有被烧死，很久以后冯皇后才清醒了。醒来后冯氏已经经历了一场生死一般，她想，最差的就是死了，竟然没有死，那就好好活着，必须化悲痛为力量，自此冯皇后生命坚强得如野生的蔓草，性格坚韧的如坚果。

天塌了怎么办？冯皇后给大家的答案是：努力撑起一片天。

和平六年（465 年），文成帝长子拓跋弘即位，是为献文帝。献文帝尊冯氏为皇太后。小皇帝刚刚 12 岁，朝政大权操在车骑大将军乙浑的手中。乙浑心怀叵测，矫诏诛杀异己，先后杀害了尚书杨保年、平阳公贾爱仁、南阳公张天度和平原王陆丽等人。四十多天内，他由车骑大将军而太尉、录尚书事，而丞相，连升三级，位居诸王之上。

冯氏是个精明的妇人，果敢干练。十多年的宫廷政治生活，使她更加敏锐机智了。她没有沉浸在悲哀中，不动声色地注视着周围事变。当她觉察到乙浑心术不正、谋危帝室时，便密定大计，突然以谋反罪杀掉了乙浑，然后宣布亲自临朝听政，控制北魏政治大权。

皇兴三年（469 年）八月，拓跋宏被立为太子。冯氏亲自抚育还在襁褓中的太子，宣称自此不听政事，还政于献文帝。据说献文帝“幼而神武，聪睿机悟”，年纪虽小，却很有主意。于是乎在皇帝和太后之间出现了一场微妙的斗争。宫闱秘闻，难以尽知；史官避讳，史事遗落，如今只能看到一些蛛丝马迹而已。大概由于太后经常干预和掣肘，献文帝不能自主，但又不愿当傀儡，渐渐心灰意懒，不想过问政事了，这就是他所谓“雅薄时务，常有遗世之心”。后来，献文帝干脆准备禅位给他的叔父、京兆王拓跋子推，只是迫于冯氏的压力和群臣的反对，才传位给太子。

孝文帝拓跋宏即位的时候，还不满 9 岁；献文帝则为太上皇帝。冯氏为太皇太后。献文帝虽然禅位了，但是，太上皇与太皇太后之间的矛盾并没有结束，而且还在逐步加深。当时，冯太后憎恶侍臣薛虎子，出之为枋头镇将，以后又借故贬黜他当镇门士。献文南巡，薛虎子候在道旁哭诉，自称横遭非罪。献文甚是同情，带他随从视察，一路上访以政事，又重新任命他当了镇将。冯太后宠幸李奕，献文却偏偏罗织罪名杀了李敷、李奕兄弟，他们的许多亲戚也受到株连。这件事激化了帝、后之间的矛盾，终于导致了承明元年（476 年）六月献文帝的暴死。甲子日，“诏中外戒严，分京师见兵为三等，第一军出，遣第一兵，二等兵亦如之”。京师如临大敌，形势非常紧张。显然，这是冯太后为了对付献文帝而采取的一次不寻常的军事行动。六天后，献文帝暴死。史称“显祖（拓跋弘）暴崩，时言太后为之也”。冯氏害死献文帝，决非捕风捉影之说。在这次统治阶级内部的夺权斗争中，冯氏获得了完全的胜利。献文帝死后，冯氏再次临朝听政。从此，她大权独揽，事必躬亲，直到太和十四年（490 年）九月病死的时候为止。

锐意改革

当时，北魏的政治局面很不景气，阶级矛盾愈演愈烈。由于没有俸禄，官吏贪赃枉法，侵削黎民百姓者比比皆是。大族豪强肆无忌惮地兼并土地，奴役依附农民。水旱蝗灾也连年不断，从而激起了此起彼伏的农民起义。北魏的统治已经到了非改弦更张不可的地步了。担当起这个历史重任的不是别人，正是冯太后。她所接受的汉族传统文化的教育起了良好的作用，历年的政治斗争也使她变得更加成熟了。于是，在她的主持下，北魏进行了一系列具有重大意义的改革，北魏的历史打开了新的一页。

首先是实行均田制。

针对牛疫流行，耕牛死伤过半，农业生产受到严重损失的状况，太和元年（477 年），冯太后采取临时措施，下令各地抓紧耕垦，限定“一夫制治田四十亩，中男二十亩。无令人有余力，地有遗利”。但是，耕垦要有可供耕垦的土地，要有耕垦土地——哪怕是荒地的权利。农民没有地种，人尽其力、地尽其利只能是一句空话。这一点，冯太后后来逐渐意识到了。

主客给事中李安世是个有识之士，他首创均田之议。他在上疏中说：“窃见州郡之民，或因年俭流移，弃卖田宅，漂居异乡，事涉数世。子孙既立，始返旧墟，庐井荒毁，桑榆改植。事已历远，易生假冒。强宗豪族，肆其侵凌，远认魏晋之家，近引亲旧之验。又年载稍久，乡老所惑，群证虽多，莫可取据。各附亲知，互有长短，两证徒具，听者犹疑，争讼迁延，违纪不判。良畴委而不开，柔桑枯而不采，侥幸之徒兴，繁多之狱作。欲令家丰岁储，人给资用，其可得乎！愚谓今虽桑井难复，宜更均量，审其径术，令分艺有准，力业相称，细民获资生之利，豪右靡余地之盈"。李安世的建议不但切中时弊，而且切实可行，深得冯太后的赏识。虽然有不少代表大族豪强利益的官僚权贵不赞成，认为均田"无益"，但都不能动摇冯太后的决心。太和九年（485年）十月，冯太后颁布均田诏令。诏令说："如今富强者兼并山泽，而贫弱者无栖身之地，导致土地不能充分利用，百姓没有丝毫积蓄。有的人为争地而身死，有的人因饥馑而流亡，这样下去，希望天下太平，百姓丰足，怎么可能达到呢？现在派遣使者到各州郡，与州牧太守平均分配天下土地，土地的还受以生死为界限，通过均田劝课农桑，建立富民的根本。"

从"方割"京畿及京城国有土地开始，所谓"方割"，就是把土地划分成一块块，按人口分给无地或少地的百姓。均田令规定：授予十五岁以上的男子露田四十亩，妇人二十亩；又授予男子桑田二十亩，或麻田十亩。受田者身死或年过六十，露田归还国家，桑田或麻田不还。许多贫苦农民获得了土地，背井离乡的人们也重新返回家园，大片荒芜的土地被开垦出来，残破不堪的农村渐渐有了生气。

后来，大约在太和十一二年（487年、488年）的时候，有一次，孝文帝和文明太后冯氏引见王公大臣，孝文帝问："前几年方割畿内及京城三部田地给百姓，很有些好处吧？"南部尚书公孙邃回答说："自从方割以来，种种赋税的征收容易多了，实在大有好处。"文明太后说："许多人都说没有好处，卿的见解可以说是懂得治国的关键了。"

统治者最关心的是赋税的征收，国家财政收入增加了，他们就认为大有好处。因为他们站在统治者的立场，这毫不奇怪。不过赋税容易征收，不也说明生产有所恢复发展，人民生活有所改善吗？

均田令虽然对大族豪强兼并土地有一定的限制，但基本上没有触动他们的既得利益。因为均田令规定奴婢同平民一样受田，耕牛也可以受田，四头以内，每头受田三十亩。这就保证他们可以占有比平民百姓多得多的土地。政府并没有夺取他们的土地分给百姓，用于分配的土地是国有土地和荒地。因此，大族豪强虽然不赞成均田，但也没有酿成风波。

其次是实行三长制和新租调制。

在实行均田制的过程中，荫附户的问题非常突出，北魏“旧无三长，惟立宗主督护，所以民多隐冒，五十、三十家方为一户”，大批农民继续控制在大族豪强的手里，均田制将进行不下去，国家通过均田增加财政收入的目的也会落空。于是，在均田制实行的次年，即太和十年（486年）初，内秘书令李冲上疏，首倡实行三长制和与三长制并行的新租调制。李冲说：“应该效法古制，五家设一个邻长，五邻设一个里长，五里设一个党长，选取乡里中能干谨慎的人担任。邻长免一人征戍，里长免二人，党长免三人。三年没有过失就升一等。百姓租调：一夫一妇缴纳帛一匹，粟二石。十五岁以上尚未婚娶的男女，四人缴纳一夫一妇的租调，从事耕织生产的奴婢，八口相当未婚娶者四人的租调，耕牛二十头相当于奴婢八口。生产麻布的地区，以布代帛。”冯太后一面读奏疏，一面叫好。

冯太后召开御前会议，讨论建立三长制问题。中书令郑羲、秘书令高祐反对三长制，他们说：“李冲要求设立三长，目的在统一法令。他的意见似乎可用，其实难以实行。”郑羲甚至说：“如果不相信臣的话，可以试行，等待失败以后，就可以知道臣说得不错。”太尉拓跋丕支持改革，他说：“臣以为如果实行三长制，于公于私都有好处。”多数人对实行新制虽然没有异议，但认为在课调期间去清理户口，新旧未分，容易引起民众不满，不如过了秋天，等到冬闲季节进行为好。这时，李冲说：“事实恰恰相反，如果不趁发调建立三长，百姓只知道设立三长、清查户口的麻烦，而看不到徭役公平、赋税减轻的好处，才会产生不满情绪。所以，趁课调期间实行新制，让百姓知道赋税公平了，他们既能理解，又得到好处，实行起来就容易了。”著作郎傅思益反对新租调制，他说：“九品征调的办法实行已久，一旦轻率变更，恐怕要引起骚动。”

冯太后倾听和比较了两种完全对立的意见后，果断地说：“建立三长制，课调有固定的数量，赋税也有固定的份额。苞荫户可以分离出来，投机取巧的人也受到限制。既然如此，为什么不可实行呢！”

是年二月，冯太后下诏说：“很早以来，各州户口不实，包藏隐瞒，损公肥私。富强者绰绰有余，贫弱者不足糊口，然而赋税一样，没有轻重的差别；力役也一样，没有多少的不同。虽然规定九品之制，但不论土地肥瘠；虽然规定均输办法，但不别蚕织之乡。今革除旧制，实行新法，建立里、党。各地州牧太守，务必告喻百姓，使大家知道去烦就简的必要。”她还派遣官吏到各地核实户口，建立新的户籍。豪强大族抵制和反对实行三长制，但慑于北魏强大的中央集权，并不敢轻举妄动。多数农民拥护新制度，新制度使他们得以摆脱豪强的控制，多少减轻了负担。三长制的优越性很快显示出来，举国安定。

再次是实行俸禄制，打击贪官污吏。

北魏早期的统治者以掠夺战争为事，官吏参与掳掠，接受赏赐，而没有俸禄。这种落后的制度一直沿袭下来，致使贪官成群，贪污成风，吏治败坏。虽然后来的统治者再三整顿吏治，但收效甚微。太和九年（485年），冯太后制定俸禄制度，并规定实行俸禄制度以后，贪赃满一匹者处以死罪。

太和十三年（489年），雍州刺史、南安王拓跋桢和怀朔镇大将、汝阴王拓跋天赐因贪污受贿受到弹劾，许多王公大臣都替他们说情。冯太后气愤地说：“他们不遵奉法度，贪赃聚敛，按照他们所犯论罪，应当处死。你们大家以为应该保护亲人废弃法令，还是应该大义灭亲维护法令呢？”后来二王虽没有被处死，但也受到削除官爵、禁锢终身的处罚。直到冯太后死后，孝文帝才重新起用拓跋桢。

此外，冯太后还主持制定了一些汉化政策。她重视儒家教育，最早在地方上设立乡学，每郡置博士 2 人，助教 2 人，学生 60 人。以后大郡增置助教 2 人，学生增加到 100 人；小郡学生也增加到 80 人。她尊崇孔子，下诏祭祀孔庙，封孔子二十八世孙孔乘为崇圣大夫。她废止鲜卑族的原始巫术，又严令禁止鲜卑同姓通婚的落后习俗。这些，都可以说是孝文帝后来推行汉化政策的先声。

治事苛严，厉行节俭

冯太后对孝文帝管教很严，她要求孝文帝身旁的内侍 10 天内要汇报一次孝文帝的表现，不汇报则加以责罚。有的内侍搬弄是非，因此孝文帝每每挨打，有时被杖责几十下，虽然受了委屈，也默不作声。冯太后还曾经有意废孝文而另立咸阳王禧，因拓跋丕、穆泰、李冲等人固谏才作罢。“自太后临朝专政，孝文雅性孝谨，不欲参决，事无巨细，一禀于太后”。即使孝文帝一天天长大了，也是如此。孝文不参决干预大政，而冯太后常常独断，事情办了也不告诉孝文一声。这固然与冯太后对孝文严苛管教有关，但更重要的，恐怕是孝文对祖母心悦诚服，衷心钦佩，因为孝文帝后来完全忠实地继承了冯太后的事业，继承了冯太后制定的政策。

冯太后以女主临朝，为了巩固自身的统治地位，她不能不对可能动摇其地位的人实行严厉制裁，直至诛戮。因此，她是严苛的。她还利用宦官和受宠者来加强集权统治，给他们很大权力，很厚的赏赐，但即使对这些人，她“亦无所纵”，所以他们中大多数比较规矩，并无大的过失。冯太后用人颇具政治眼光，她宠幸李冲，更器重李冲的见识才干，当时的政治措施，制度兴革，多有李冲的擘画。她给游明根、高闾特殊礼遇，是因为这两人“儒老学业”，博综经史。

在封建统治者中间，冯太后还是比较朴素的，她不喜欢金银饰物，穿的衣服，用的被褥都是一些素色的缯帛而已。她吃饭的小桌子，只有一尺宽，饭菜数量比过去少了十分之八。她生前预先对自己的丧葬作了安排，一切从俭，坟墓不过三十步，内室一丈见方，棺椁很普通，不用随葬器物，甚至一般的素帐、陶瓷也不要。后来坟墓、内室扩大一倍，是孝文擅改的。

冯太后不愧是北魏历史上起着承前启后作用的杰出人物，她采取的种种改革措施，成了北魏封建化道路上的里程碑，而且对我国封建社会历史产生了深远的影响。

床帏内阁的秘闻

通过前面的内容，我们知道文明太后冯氏无疑是一位杰出的女政治家，她执掌北魏朝政二十年，排抑鲜卑贵族，启用汉族人士，推行儒教，制定或直接参与三长制（基层政权组织）、均田制、俸禄制等重大改革，推动拓跋鲜卑的汉化，确实为北魏做了诸多文明事。但这位文明太后也有若干欠文明的事儿，其中颇多微词的便是她太喜好男色，并利用自己的宠幸控制朝臣。因而在一定程度上讲，当年辅佐文明太后理国的是一个“床帏内阁”。

据《魏书》《资治通鉴》记载，冯氏的父亲冯朗曾是秦、雍二州刺史，后因犯罪被杀，冯氏便被充后宫做奴婢。由于冯氏的姑妈是太武帝拓跋焘的左昭仪，冯氏备受宫中关照。在她 14 岁那年，文成帝封其为贵人，后又被立为皇后。公元 465 年，文成帝去世，年仅 12 岁的拓跋弘即位为献文帝，24 岁的文明太后临朝称制。按照北魏前代惯例，皇帝死后第三天需焚烧其生前所用之物品，朝廷百官及后嫔妃都到场哭灵。冯氏悲痛欲绝，扑进大火中，这个历史情节前文已有过交代，但那个奋力冲进火海救出冯氏的人是谁呢？他就是宿卫监李奕，这李奕便成为冯氏日后守寡的第一个宠男，自然也是她的“床帏内阁”大臣。

献文帝即位后，丞相乙浑大权独揽，诛杀异己，密谋篡夺帝位。文明太后察觉到乙浑的不臣之心，就与李奕等在床帏间精心谋划设局，一举除掉乙浑，开始临朝称制，掌控朝政大权。文明太后与李奕，朝堂上是君臣，宫闱中是实质上的夫妻。文明太后首度执政时间不长，约两年后拓跋宏（即孝文帝）出生，文明太后即亲自抚养，不再理朝政。《魏书》虽明言拓跋宏是李夫人所生，但又说直到文明太后逝世，拓跋宏都不知晓自己母亲是谁。而文明太后先前总怕别人评论自己的不是，对某人稍有猜疑便将其杀掉。“至如李䜣、李惠之徒，猜嫌覆灭者十余家，死者数百人”（《魏书·文成文明皇后冯氏传》）被文明太后滥杀的这些人究竟“猜嫌”啥？有一种解释是拓跋宏是李奕与文明太后的私生子，所以文明太后产后亲自哺乳，不再上朝理政。

亲政的献文帝也许觉得此事很丢脸，便伺机以法连坐，诛杀了李奕、李敷兄弟。文明太后痛失心上人，便对献文帝怀恨于心。公元 471 年，文明太后逼迫献文帝禅位于年仅 4 岁的太子拓跋宏，是为孝文帝。献文帝原本想传位给自己的叔父而不是这个“儿子”，这似乎又向人暗示拓跋宏不是献文帝的亲儿子。献文帝虽让出皇位，但作为太上皇仍可左右朝政。公元 476 年夏，献文帝突然离奇暴死，朝野盛传是被文明太后使人毒死的。第二年，文明太后还诛杀掉曾设局诬陷李奕的李䜣。

从此文明太后总掌北魏政权，辅佐她的仍是一个“床帏内阁”，其中的两大重臣即王睿、李冲。李奕被杀后，感情上非常孤独的文明太后便启用常年陪伴自己的心腹太监，如杞道德、王遇、张祐、苻承祖等（《魏书》称之“微阉”），一年中便得以封为王或公。但“阉人”自然无法满足文明太后的生理欲望，于是有人向她引荐了身材魁梧、相貌堂堂的王睿。文明太后先给王睿一个侍中的职务，让他陪伴年幼的孝文帝读书，几年后便让他出任宰相，赏赐给他的财物达千万亿钱，还赐以金书铁券，许诺即便犯死罪亦可免死。作为文明太后的“床帏内阁”大员，王睿善言良谏，为北魏政权做了大量富有成效的事，封为太原公。

秘书令李冲自身很有才干，因与文明太后有染便更加得到重用。文明太后对他的赏赐多至无法计算。李冲是北魏镇西大将军、敦煌公李宝之幼子，年轻丧偶，并未续弦。一个丧偶，一个守寡，二人不仅一时打得火热，还在床帏间共谋国是。北魏“太和改制”的真正主持人应该是文明太后，而李冲正是她的“外脑”，如实行均田制，基层政权的三长制等，都是由李冲与文明太后在床帏间探讨谋划的产物。李冲为北魏王朝算得上是鞠躬尽瘁，文明太后死后，李冲竭尽全力辅助孝文帝几次南伐，推行改革，很多重大举措都出自他的构思。李冲病故后，孝文帝亲自为他举哀，放声大哭，悲不自胜。

更让人感觉滑稽的是，生性风流的文明太后，还曾与南齐使臣刘缵有过一段“床帏外交”。公元 483 年，南齐武帝派遣骁骑将军刘缵出使北魏修好。《资治通鉴》有载“缵屡奉使至魏，冯太后遂私幸之。”南齐一次又一次地派刘缵去北魏，而两国的外交事务总是在文明太后宫中的床帏间解决问题。也许这正是深知文明太后喜好的南齐玩的一出“美男计”。

第八章

才人变皇帝的传奇——武则天

她是中国历史上唯一的女皇帝，封建时代杰出的女政治家。她上承贞观下启开元，把一代王朝治理为世界强国。但在1000多年的历史评论中，有的称她为淫荡凶狠的女人，有的赞她为明察善断的君主。如此相悖的评价，一则侧重于女人的“妇德”，一则侧重于帝后的政绩，各执其理，莫衷一是。

利州出女天子命

自始皇帝以降，中国历朝名义上的最高统治者——皇帝之位一直被男性所垄断。即便有女性短暂介入权力核心的非常时期，但从没有取帝而代之，君临天下。直到唐高宗李治风眩病重，双目一度近乎失明，将朝政分担与皇后武媚，进而由其代政，历史的铁律将面临被改写的命运——正是这个武媚，在高宗驾崩之后，两废中宗李显、睿宗李旦，自己以 67 岁高龄登上皇位，成为中国历史上空前绝后的一代女皇。

她就是留下了无数传说的武则天。

武则天，唐朝开国元勋武士彟次女，名不详，高祖武德七年（624 年）生，并州文水（今山西省文水县东）人。武则天虽本名已不可考，但她有若干别名广为人知，太宗贞观十一年（637 年）入宫时被太宗李世民封为五品才人，赐号“武媚”，即后人常称的“武媚娘”；贞观二十三年（649 年），太宗卒，武才人依唐后宫之例，入感业寺削发为尼，法号明空。故亦有称武则天为武明空一说；高宗时，李治封她为昭仪，因而得名“武昭仪”；废中宗、睿宗而自立后，她为自己造字“曌”（zhào），取日月当空之意；最后要说的就是武则天这个称号的来历。武则天生前，无论自己还是别人，都没有用过这个称呼。“则天”是她被迫移居上阳宫后，儿子中宗李显给她上的尊号，全称是“则天大圣皇帝”。武则天临终前留下遗嘱，令去掉帝号，改称皇后。于是，“则天大圣皇后”便成了她的谥号。之所以叫“则天”，有两个说法。一说是因为她即皇帝位时，是在洛阳宫的南面正门“则天门”；另说是典出《论语》：“唯天为大，唯尧则之。”故“则天”是她的号，不是她的名。不过就连这个称呼，也被后来的皇帝改了几回，比如“天后”“大圣天后”“圣帝天后”等。开元九年（721 年），著作郎吴兢编撰《则天实录》，开始使用则天二字概括性地称呼这位既是皇后又是皇帝的女人，由此武则天便成了她最通用的称呼。

关于武则天的出生时间和地点，流传下来的有多种版本。一说她生于武德七年（624 年），又一说是武德八年（625 年），还有一种说法是贞观二年（628 年）。若以第一种时间为准，则武父武士彟尚在长安，则她便生于长安。但通常最被认可的武则天的出生地在四川广元。

广元古称利州，唐朝武德年间，则天父武士彟时任利州都督。据《新唐书·武士彟列传》记载："士彟娶相里氏，生子元庆、元爽。又娶杨氏，生三女"；又记："高宗永徽中，以士彟仲女为皇后"。这里介绍了武则天的家庭状况，及被高宗封为皇后的历史事件。

有关武则天的出生，坊间相传，唐朝武德年间，端阳佳节时分，利州城外嘉陵江上，利州都督武士彟的官船正在一处名为江潭的地方游玩。正当船上管弦悠扬之时，突然天空乌云密布，风雨大作，江面波涛汹涌，在一道闪电一声霹雳中，只见从江水中猛然腾起一条乌龙，在空中一阵狂舞之后便直扑官船而来，顿时将端坐于船首观光赏色的都督夫人杨氏吓得昏死过去。须臾，大雨骤停，风平浪静，又见明媚的阳光静静地洒在江面上，此时这位花容失色的都督夫人也渐渐苏醒。桨橹款款，波光粼粼，风光还是那样的宁静而安详。回府后，不久都督杨夫人便有了身孕，后来诞下了一个女婴。这个女婴长大后，就是代唐而主天下的大周朝"金轮圣神皇帝"武则天。后来，利州百姓为了纪念在此诞生的则天女皇，便在杨氏感龙交而孕生的江潭对面的乌龙山上修建了一座寺庙——皇泽寺，碧波荡漾的江潭也被称之为"金轮感孕所"。每年武则天诞辰这天都会举行盛大的纪念活动，"正月二十三，妇女游河湾"，全城妇女身着节日盛装，倾城而出，会聚到皇泽寺、乌龙潭、上西坝附近的嘉陵江两岸。妇女们移舟江潭，载歌载舞，祈求再感龙恩，多生几位为天下妇女扬眉吐气的女中豪杰。在封建社会里，这一天是利州妇女最开心的日子，家里的事情全由男子来承担，谁也记不得什么叫"男尊女卑"。鲁迅先生对此评价说："武则天当皇帝，谁敢说男尊女卑！”斗转星移，朝代更替，利州“正月二十三，妇女游河湾”的习俗一代一代延续下来，便有了广元每年正月二十三的“女儿节”。

武则天生父武士彟生于北周建德六年（577 年），名稷，字士彟，家境殷实。武士彟是大唐开国元勋之一，位列二等“太原元谋勋效功臣”，武德皇帝李渊最信任的大臣之一。隋炀帝大业末年，唐高祖李渊任职河东和太原之时，多次在武家留宿，因而结识。李渊在太原起兵反隋以后，武家曾资助过钱粮衣物，故唐朝建立以后，曾以“元从功臣”历官工部尚书、黄门侍郎、判六尚书事、扬州都督府长史、利州、荆州都督等职，贞观中，累迁工部尚书、荆州都督，封应国公。武则天 12 岁时，武士彟去世，当门立户的两个同父异母的兄长对武则天这个妹妹和杨氏（武则天的生母是武士彟二婚之妻，也就是武则天两个哥哥的继母）很不和睦，甚至加以虐待。然而这样的生活并没有延续太久……

贞观十一年（637 年），一直生活在利州，少女武则天要开始面对离开家乡远赴长安的命运。唐太宗李世民听说利州武氏长得明媚娇艳，楚楚动人，便将她纳入宫中，封为五品才人，赐号“武媚”。后世戏曲小说多称她为武媚娘，更有甚者，大部分人将这个封号当作了她的本名。武则天从那时起便显示出不同平常人家女子的成熟，入宫之前母亲杨氏因要与女儿离别而恋恋不舍，痛哭不已，武则天在告别时对母亲说：“侍奉圣明天子，岂知非福，何以哭哭啼啼，做儿女之态？”

13 岁的武则天，就这样踏上了赴京之路。等待她的，是与李世民父子乃至李唐家族纠葛不清的命运，还有成为一代女皇的宿命。

与李世民父子的情感纠葛

武则天是太宗李世民招进宫的，为的是服侍太宗。太宗封她为才人，除了本职外，还兼有妃嫔的任务。得到皇帝宠幸，亦要为皇帝传宗接代。

才人是宫廷女官，兼为嫔御。才人最初是妃嫔称号，晋武帝司马炎时所创，后形成官职，唐代初定正五品，后升为正四品。才人的主要职责是记录妃嫔们的饮食起居和蚕桑之事，向皇帝报告她们一年中的收获情况。在皇帝与宠爱的女人就寝时，才人有时还要替皇帝更衣，作起居注。甚至还参与皇帝在内廷中接见大臣的公务活动，代皇帝起草手谕。可以说，才人就是皇帝的“小秘”。而成为才人的武则天，某种意义上也就成了太宗的后宫佳丽。

初入皇宫的武则天被太宗赐号“媚”，说明太宗还是很欣赏她的。然而皇帝对于女人总是喜新厌旧的，尤其是生龙活虎的太宗李世民，对武则天热情了没多久就把她晾一边了。无论才貌，太宗的后宫里都有比她更出色的人选。当时太宗最喜欢的是四弟李元吉的妃子杨氏。“玄武门之变”时尚为秦王的李世民，杀死了亲兄弟，即大哥皇太子李建成和四弟齐王李元吉后，接了李渊的班，成了太宗皇帝。政变后，李世民便霸占了太子妃、嫂子玳姬。而李元吉的妻子杨氏，也被李世民弄到了手。

杨氏本是舞伎出身，姿色艳丽，长得明眸皓齿、可谓国色天香，十分勾人。李元吉死后，杨氏去长孙氏处聊天，太宗很快就被风情万种的弟媳妇弄得意乱情迷了，遂不顾别人闲话，将杨氏纳入自己的后宫，立为“婕妤”，宠爱无比。长孙皇后去世后，太宗更是要立杨氏为新皇后。这时魏征进谏，劝说李世民道：“陛下可是要与唐尧、虞舜功德比肩的明君啊，怎可去立弟媳做皇后，将来岂不要被世人耻笑？”太宗这

才打消了立杨氏为后的念头，至死也没有再立新皇后。

宫里有位才人叫徐惠，比武则天更有才，人也长得漂亮，太宗也特别喜欢她。《新唐书·徐贤妃》描述道，“太宗贤妃徐惠，湖州长城人。生五月能言，四岁通《论语》《诗》，八岁自晓属文。”太宗听说后便召徐惠入宫，立为才人。不久，徐惠跃升为正二品级别的充容，而武则天直到太宗驾崩时的官阶依旧是才人。

贞观二十三年（649 年），太宗驾崩，太子李治即皇帝位，庙号高宗皇帝。那一年，李治 22 岁，武则天 26 岁。第二年（650 年）定年号为永徽元年。接着，高宗大赦天下，文武进阶。进长孙无忌为太卫兼中书令，任命李勣为宰相。立妃王氏为皇后，其父由陈州刺史进魏国公，母柳氏封魏国夫人。

按照宫廷规矩，凡后宫未生子女的嫔妃等都要到皇家寺院为尼。嫔妃出家，再无世俗生活自由，青灯古佛，了却一生。武则天作为后宫才人，未被太宗临幸，没有为他生育子女，故也要随众出家。之前提到的那位已升为二品充容的徐惠也未有太宗的子女，却不愿出家，她哀恸不已，滴水不进，绝粒而死。徐惠以生 23 岁的年轻生命为代价，赢得“贤妃”的尊号，也受到正统史家的溢美褒扬。而武则天不会为了这点儿面子问题就此了结生命，不然日后的一代女皇也就没人来当了。

长安西郊的感业寺，依山傍水，古朴秀丽。于尘缘断绝的人而言，实属修身养性之佳处。自隋文帝力倡佛教，贞观初年唐玄奘又西行印度，访求 15 年取回千余卷经卷，是为大唐盛事。感业寺是皇家寺院，也藏有许多佛教经典。武则天在此落发出家，法号明空。

出家后的武则天起初也不太接受青灯孤寂，主要是因为她俗缘未了，思念着高宗李治。关于武则天出家前与李治的交往，正史鲜有记载。但一些史学家还是留下了只言片语，引得后世对这段深宫中的感情无限遐想。司马光在《资治通鉴》中曾简要提及此事：“上（指李治）之为太子也，入侍太宗，见才人武氏而悦之。”（《资治通鉴》卷 199，高宗永徽五年三月）这一个“悦”字，包含了令人猜测不尽的内容。后人根据这个“悦”字做出了许多他们恋爱、幽会的文章和风月故事来。有人则据此推测李治也无法不让她去做尼姑，这是制度所规定，她又是父亲的女人。只好向她立誓：到合适之时，一定来接她入宫，还表示要不断去寺中看她。临别前还交给她一块九龙玉佩，作接她回宫的信物。还有人还根据唐高宗李治立武则天为皇后所下诏书的内容，有“遂以武氏赐朕”（《资治通鉴》，卷200，永徽六年十月乙卯）一语。即是说，在太宗卧病的时候，太子李治和武则天每天在榻前侍候太宗，不久李治也累病了，太宗就让武则天去侍候太子，在侍候李治期间，就表示太宗已把武则天赐给了李治。因此那时节李治与武则天出入很方便地做那千夫所指之事。再后来武则天要出家之前，武则天拿此事哭诉，甚或以死相胁；而李治爱着武则天，便也拿此事相慰：反正父皇已将她赐予，到时候一定去接。

已为僧尼的武则天既然要经历漫长的等待，就不得不面对冷清的佛门修行，以此打发时间。于是，她开始烧香礼佛，面壁打坐，诵读经典。她有深厚的文化功底，诵读译好的佛经，不觉困难。逐渐地，武则天便对诵读、研究佛典产生了浓厚的兴趣。武则天研习的是玄奘创立的唯识宗，即法相宗。武则天当政后，曾钦撰《大福先寺浮图记》《三藏圣教序》《大周新译大方广佛华严经序》《方广大庄严经序》等佛学作品，表现出她较为深厚的佛学修养。她还亲自组织了一次大规模的佛教经典翻译工作，由此产生了中国佛教新宗派华严宗，该宗派以《华严经》立宗得名，武则天钦赐创宗人法藏为“贤首”，故又名贤首宗。在有唐一代，唐太宗和武则天是两位推动佛教发展的皇帝，而佛学知识方面，武则天又远比唐太宗深厚，这显然与武则天在感业寺出家研读佛经有关。

由于武则天勤于功课，认真诵读佛经，感业寺的主持长明师太对她亦开始对她刮目相看。此后，师太常与她交谈。可武则天毕竟命中不是佛门弟子，她自知六根未净，与佛无缘，高宗李治何时来迎她回宫，才是她关心的根本所在。

李治是如何来感业寺探望武则天的，又是如何引她从俗再度回宫的，这些情节《资治通鉴》所用文字不多，但过程却极为清晰。为史者根据《通鉴》的史料，叙述大都正确。而且，《通鉴》的潜词也透露出李治在武则天出家前是有诺言的。其文曰：“太宗崩，武氏随从感业寺为尼。忌日，上诣寺行香，见之，武氏泣，上亦泣。”（《资治通鉴》，卷 199，永徽五年三月庚申）细读之，文后不便言者是极为清楚的。“忌日”，应是太宗去世两周年，李治为父亲服丧三个年头的日子，李治才能出宫借去感业寺为太宗祭奠的机会，去见武则天，并准备接她回宫。

令人意外的是，催促李治定下接她回宫的主意的，是李治的皇后王氏。当时王氏与萧淑妃争宠，需要有人助力。她深知皇帝与武则天的感情藕断丝连，因而计划引得武则天回宫，欲使之感激自己，共同对付萧氏。

永徽二年，高宗李治去感业寺祭奠太宗，通过寺中主持去见武则天。李治是皇帝，感业寺又是皇家的寺院，自然是不能不让单独见面的。见面之后，一定真有抱头痛哭的情景，以李治的柔弱多情，武则天的悲喜交集，是可能出现抱头痛哭情景的。既得相见，亦有亲近之机会。回宫后，第二年下旬武则天已为李治生下一子。然而是在寺中孕，或接回后纳为妃而孕者，此种细节，很难推测，因为不久她就返回唐宫了。而回宫后武则天要面对的，就是和皇后王氏与萧淑妃之间的斗争。

高宗的皇后王氏，以其出身高贵、淑静贤德而被立为皇后。然而王氏过于端着架子，不解风情，假意顺从高宗，又过分拘谨，使高宗感到厌倦。况且她出身关陇大族，她在高宗身边，使高宗成了被监视的对象，不得不小心翼翼。在朝堂上有老臣不断劝谏，在后宫又要面对皇后的死人脸，无奈的高宗只会想到去淑妃宫去散心。

萧淑妃在高宗做太子时就是他的太子妃。高宗即位后便拜为淑妃。此女天生丽质，性情活泼，甚得高宗喜欢。以至于高宗宁去淑妃宫，也不愿去见皇后，这极易为后宫种下不安定因素。王氏与萧淑妃不睦，很大程度上该由高宗负责。

然而王氏也同样痛恨武则天。高宗与武则天的事后来为她探知，更令她恼火。但她也是工于心计之人，与母亲和舅父商议后决定怂恿高宗把武则天接回宫，与她一同对付萧淑妃，同时还能博得高宗感激。事成之后，亦可轻松除掉武则天。因为她是太宗的才人，太宗一死，她在宫中也没有其他势力，对于身为皇后的王氏而言，杀了她就如同踩死蚂蚁一样简单。然而，谁知王氏耍小聪明，却着了武则天的道。她本欲联合武则天对付淑妃，却帮助武则天去掉了对手，最后把自己的性命连同淑妃的一起送了。

武则天虽在感业寺诵经事佛三年，但佛法并没有走入她的世界，相反，这段时间于她而言是一个休整蓄力、韬光养晦的阶段。被同父异母的兄长欺辱，入宫后沦入冷宫，太宗驾崩而被逼出家，许多遭遇让她见识到了作为人的种种苦难，而这些阴影投射到她的内心之后，带来的是一个可怕的武则天，一个要用李唐家族的江山基业偿还自己失去的一切的复仇女神。

丧尽人伦的后宫喋血

回到宫中的武则天，被欣喜的高宗封为昭仪。起初，两人久别重逢，相处亲密，但时日一长，武则天发觉高宗虽一心宠爱自己，但仍无立她为后的意思。与自己争宠的，一个是皇后，一个是太子妃，自己仅仅是个正二品的昭仪，总觉得有些掉价。在对皇后王氏谦恭作态了一段时间后，武则天暗地里决定要扳倒这两位，让高宗别无选择。

此后发生的无非就是后宫暗战的老一套，武则天向两个对手身边安插探子，两人的一举一动都在她眼里。皇后王氏与武则天竞争的最致命的劣势就是无法生育，舅父柳奭提议让皇后认领高宗与某个侍妾所生的孩子为子，并劝高宗立此养子为太子。皇后好说歹说，高宗总算允了，但日日陪在他身边的还是武则天，皇后和她舅父均觉未见起色。柳奭为试探高宗，就主动请辞中书令的要职，想看看这高宗认不认亲情而挽留他。谁知高宗一听他这假意请辞还真就答允了，皇后这回也明白了，自己虽然贵为皇后，但得宠是彻底遥遥无期了。况且只要武则天不死，自己这皇后的名分恐怕都难保了。

而武则天也的确在考虑这个问题。这高宗百般宠爱自己，毫无立后之意，自己几乎把大好青春都交给了李唐家族，甚至出家，最后即便与这李治在一起，却始终不得名分；那王氏既不招人待见，又自找没趣赔上舅父的官途，留着她的皇后牌位，真是蹲在茅厕不屙屎啊！不妨设计让皇上废了她！在武则天下定主意的那一刻，皇后王氏，甚至她的老对手萧淑妃的生命便开始了倒计时。

永徽三年，武则天产下一女。作为面子上的礼节，皇后王氏前来贺喜。《资治通鉴》中对这段描述得令人胆寒，纵使观者想破了脑袋，也想不到武则天会用这一手对付皇后。武则天得女一月有余，皇后王氏面带笑容地来庆祝女婴满月，虽然身为对头，但见到初生的婴儿，出于母爱之心看见了都是十分欢喜的。王氏逗孩子玩，似乎暂时忘了她和武则天之间的恩怨，这不禁令观者为之心寒——虽然王氏也是擅使诡计的毒妇，但终究要比武则天相形见绌。她的动机，无非是为了得到高宗的爱，目的是很简单的，而且感情用事太多，缺少提防，而武则天之志，成为皇后只是个小小的台阶而已，其心之大可吞象，不仅处处设伏防备，即便出手也是出人意料——皇后走后不多时，武则天竟然做出了连天下最冷酷的母亲都不忍做、不敢做的事：亲手掐死了自己满月的女儿！随后的事情就是佯装不知，去找高宗来看女儿，结果就是高宗悲痛错愕，武则天附和痛苦，心里却窃笑不已。高宗便问侍从，这几个侍从都被武则天教过了怎么应付，便说之前只有皇后亲到武则天处，再无他人进出，大家都看见了。高宗顿悟了，他虽是个老好人，但宫中女人的内斗他还是了然的，王氏从萧淑妃时就被冷落，现在又来了个武则天，更是彻底成了摆设，做出这种惨绝人寰的报复行为不是没有可能。事情被武则天给安排成这般，王皇后纵有百口也难辩，高宗欲以其妒心大作而失德治罪。武则天便乘胜追击，在废立皇后之事上大做文章，局势对王氏越发不利。武则天拉拢了李勣、许敬宗等人支持废后，而褚遂良因反对而险些被杀，国舅长孙无忌怨而不言，一切仿佛大势已去。王氏和淑妃双双被废为庶人，幽禁于密室。而王氏的养子李忠的太子之位，也让武则天的儿子李弘给顶了，此时生不如死的王氏，也只能在密室里和老对手淑妃互相诉苦了。

武则天顺利登上皇后之位，被百官敬呼千岁。高宗虽然也很高兴，但心里总是有些疙瘩，惦念着王氏和淑妃的处境。他私下里去探望二人，言谈中百感交集，动了恻隐之心。然而武则天心腹到处都是，高宗此次探视也被传到武则天那里。武则天为免除后患，便于当晚杖刑王氏和淑妃，两人奄奄一息之际，又被武则天施以骨醉重刑，削去了手脚，被置入酒瓮。这二位昔日冤家如今毫无人样，求死不能，过得几日也没死，却等来了武则天争取到的高宗旨意——赐她二人死罪。王氏冤得委屈，早就无力憎恨武则天了，泣而领旨。但那萧淑妃临死也不忘唾骂武则天一场，大骂武则天乃“狐媚”，并诅咒自己死后化作猫，弄死武则天这老鼠。武则天这下恼怒不已，日后朝野不满她的人私下里都叫她“狐媚”的外号，影响到她的威信。二女死后，她还恶意改掉他们的姓氏，算是把一个阴险的女人报复心的恶毒发挥到了极致。

当初便反对立武则天为后的褚遂良也没好下场，被贬到广西，日后接连被贬，任所越来越靠近边境。显庆三年，几乎被“流放”了八年的褚遂良憾然离世。又过了三年，显庆六年，与褚遂良同出关陇贵族的国舅长孙无忌也难逃被报复的命运。武则天虽然让褚遂良彻底消失了，但长孙无忌贵为国舅，下手太急实有不便。等待了多年，风声过去之后，她便安排许敬宗罗织叛变罪名诬陷长孙无忌，许敬宗这个弄臣一切照办，害得长孙无忌这位开国元勋、对李唐家族忠心耿耿的老臣一夜之间成了逆党，虽然朝中大臣打死也不会相信这事，连高宗也狐疑不已，但许敬宗这厮又拿出了韦季方与长孙无忌图谋造反的供词，至于他是如何操作炮制出这份供词的过程就忽略不计了，高宗是实实在在地被骗了，痛曰不处治国舅难告天下云云，在许敬宗的安排下，高宗连与长孙无忌当面对质的机会都没了，下诏免了长孙无忌的职，贬到黔州，而长孙无忌的一家老小全被株连，流放被杀。事出不过三月，高宗始终放心不下，或许也是受到了武则天和许敬宗的怂恿，这下被流放到云贵的国舅也难逃一死了，最终这位被称为“决不会谋反的忠臣”的元老就此客死他乡。于志宁、韩瑗、来济等其他对武则天心存不满的官员也接二连三被削职免官，贬出京师。

随着长孙无忌的死，关陇贵族的势力被打散，李唐皇族的力量被强化，皇威不振的情况也被改写。而武则天呢，更是不可一世，虽然她打击了诸多对手，巩固了自己的地位，但高宗却有意要废掉她的皇后名分。话说高宗也不是昏庸得连双眼都被蒙蔽，武则天的反常之举和辣手让他心惊这位让他万千宠爱的女人竟然隐藏了这么多的秘密，甚至怀疑她有图谋李唐江山的不轨之心。然而主意已定，废后诏书尚未完成，武则天便已发觉，这废后之事就只得罢手。

高压恐怖下的登基之路

显庆五年（660 年），高宗患上头风之疾，头晕且痛，目不能视，几乎丧失了阅读奏章处理国家大事的能力，不得不由武则天代理朝政。此时武则天的权力欲望因此进一步膨胀，即便亲密如高宗这般的人，对于她而言也丧失了吸引力。专权的武则天让高宗处处觉得被架空成了傀儡，故而有了上面那段废后的故事。武则天追问此事，高宗怕伤了和气就把责任推给了起草废后诏书的上官仪，结果这上官仪成了倒霉鬼，被免职下狱，最后株连九族，满门抄斩。既然皇后废不成了，高宗只得接受了武则天继续专权的命运。为了照顾皇帝的面子，也免得被人指责自己扰乱朝纲，武则天便搞起了垂帘听政的形式主义，皇帝貌似是最后拍板的，实则一切生杀大权都归了武则天。高宗唯一的作用，也只有充当双簧的配角了。

渐渐地，高宗身体日益虚弱，连上朝也没力气了。乾封二年（667年），高宗命太子李弘监国。上元元年（674年）秋八月，高宗称天皇，武后称天后，名为避先帝、先后之称，实欲自尊。十二月武后上表建议十二事："一、劝农桑，薄赋徭。二、给复三辅地（免除长安及其附近地区之徭役）。三、息兵，以道德化天下。四、南、北中尚（政府手工工场）禁浮巧。五、省功费力役。六、广言路。七、杜谗口。八、王公以降（下）皆习（老子）。九、父在为母服齐衰（丧服）三年（过去是一年）。十、上元（年号）前勋官已给告身（委任状）者，无追核。十一、京官八品以上，益禀入（增加薪水）。十二、百官任事久，材高位下者，得进阶（提级）申滞。"高宗诏皆施行之。武则天能够重视农业生产，规定各州县境内，"田畴垦辟，家有余粮"者予以嘉奖；"为政苛滥，户口流移"者必加惩罚。编《兆人本业》农书，颁行天下。既收获了政绩，也过了把皇帝的瘾，就差一个名分了。

上元二年（675年）三月，武则天召集大批文人学士，大量修书，先后撰成《玄览》《古今内范》《青宫纪要》《少阳正范》《维城典训》《紫枢要录》《凤楼新诫》《孝子传》《列女传》《内范要略》《乐书要录》《百僚新诫》《兆人本业》《臣轨》等书。且密令这批学者参决朝廷奏议，以分宰相之权，时人谓之"北门学士"。时高宗风眩更甚，拟使武后摄政，宰相郝处俊说："陛下奈何以高祖、太宗之天下，不传之子孙而委之天后乎！"高宗才罢摄政之意。太子弘深为高宗钟爱，高宗欲禅位于太子。此时武则天掌权已久，实不意与人分享，因而不满于太子李弘，刚好太子见萧淑妃之女义阳、宣城二公主因母得罪武后而被幽禁宫中，年逾三十而未嫁，奏请出降，高宗许之。为老仇人求情，这让武则天更为恼火。不久之后，太子李弘死于合璧宫，当时大多认为他是被武则天毒杀的。虽说虎毒不食子，但此时的武则天完全被复仇欲望和权力欲望左右，既然为了报复皇后能亲手杀死刚满一个月的女儿，杀死威胁到自己权威，甚至处处为难自己的儿子又算得了什么？

弘道元年（683 年）十二月，高宗病逝，临终遗诏：太子李显于柩前即位，军国大事有不能裁决者，由武则天决定。武则天的这个儿子，实在与大哥不能比，窝囊懦弱，任由母后摆布，对于武则天而言，他上位对于自己简直就和高宗时候没什么区别，帘子那边的他就等于一个传话的木头人而已。李显即位，是为唐中宗。武则天被尊为皇太后。

光宅元年（684 年），中宗欲以自己妻子韦后的父亲，自己的丈人韦玄贞为侍中，大臣裴炎力谏不听。武则天发觉这个废物儿子和自己的想象有所出入，这是因为李显虽然不会自己做主，但他有个和母后一样对权力有着欲望的妻子韦后。韦后日后的故事暂不交代。先说这个立丈人为侍中的主意，实际是韦后的意思，李显这么满口答允，在武则天看来就是里外不分，让他当皇帝成事不足败事有余，干脆就废了。于是武则天废中宗李显为庐陵王，并迁于房州。继而立四子豫王李旦为帝，是为唐睿宗，武则天临朝称制，自专朝政。正在武则天将大权完全掌握之时，反对她当政的人也在筹划行动。同年九月，徐敬业、徐敬猷兄弟联合唐之奇、骆宾王、杜求仁等以扶支持庐陵王为号召，在扬州举兵反武，10 多天内就聚合了 10 万部众。武则天当即以左玉钤卫大将军李孝逸为扬州道大总管，率兵 30 万，前往征讨。十一月，徐敬业兵败自杀。

经历此事，武则天意识到朝野内外反对她临政者不在少数，这将对她继承大统的计划构成威胁。垂拱二年（686 年），武则天下令制造铜匦（铜制的小箱子），置于洛阳宫城之前，随时接纳臣下表疏。同时，又大开告密之门，规定任何人均可告密。凡属告密之人，国家都要供给驿站车马和饮食。即使是农夫樵人，她都亲自接见。所告之事，如果符合旨意，就可破格升官。如所告并非事实，亦不会问罪。同时，武后又先后任用索元礼、周兴、来俊臣、侯思止等一大批酷吏，掌管制狱，如果被告者一旦被投入此狱，酷吏们则使用各种酷刑审讯，能活着出狱的百无一二。这样，随着告密之风的日益兴起，被酷吏严刑拷打致死的人日渐增多。于是在朝廷内外便形成了十分恐怖的政治气氛，以致大臣们每次上朝之前，都要和家人诀别，整天都惶惶不可终日。为奖励告密，武则天对告密者破例授官，以卖饼为生的侯思止，是一名无赖，因诬告舒王李元名与恒州刺史裴贞谋反，被任命为游击将军、侍御史；王弘义，以无德行见称，告乡里谋反，擢授游击将军、殿中侍御史。是年杀安南王李颖等宗室12人，又鞭杀已废太子李贤的两个儿子，唐之宗室几乎被杀戮殆尽，其幼弱幸存者亦流岭南，又诛其亲党数百家。

武则天此时已人到中年，其谋夺李唐社稷的心意已决。翦除唐宗室的行动，使诸王难以自安，李唐诸王欲起兵对抗。还未有共识的时候，博州刺史琅邪王李冲，垂拱四年（688年）八月于博州（今山东聊城东北）举兵。豫州刺史越王李贞起兵呼应。武则天早有准备，分遣丘神勣、魏崇裕击之。琅邪王李冲起兵七日败，被杀；九月，越王李贞兵败自杀。武则天想尽诛李氏诸王，使周兴等审讯之，迫韩王李元嘉、鲁王李灵夔、黄国公李撰、东莞郡公李融、常乐公主等自杀，亲信等均被诛。

登基之路业已铺就，武则天便要大造声势，借神佛之名以便天下归心。武则天在高宗死后一直守寡，孤独寂寞，于是有了个面首，唤作冯小宝。此人后来出家，改称薛怀义。这回武则天便命令薛怀义率领一万多人，毁乾元殿，建明堂，花了近一年落成，高二百九十四尺，阔三百尺。共三层，上为圆盖，有条九龙作捧着的姿态。上有铁凤，高一丈。饰以黄金，称为“万象神宫”。明堂既成，武则天又命薛怀义铸大像，大像的小指也可以容纳数十人，于明堂北起五层高的天堂来收纳这个大像。所花费用以万亿计，政府财政为之枯竭。是年武承嗣命人凿白石为文曰：“圣母临人，永昌帝业。”号称在洛水中发现，献给武后，武后大喜，命其石曰“宝图”。之后武后加尊号为“圣母神皇”。至此，武则天即将登上李唐留下的皇位，成为一代女皇了。

称帝改元成就一代女皇

传说太宗在世时，就曾有人道出武氏代李统御天下的天机。一日，太宗和一些武将在宫中喝闲酒，自己做酒司令行酒，要求到谁面前谁就说自己的乳名。轮到左武卫将军武连县公武安李君羡的时候，李君羡说自己小名“五娘”，引得众武将哄堂大笑。太宗忽然想到一件旧事——李君羡在玄武门当班时，太白星几次在白天出现。太史令李淳风上奏说：“女主昌；民间流传一个手抄本《秘记》，书中说‘唐三代以后，女主武王代有天下’。”太宗闻之沉默半晌。是夜，他辗转反侧，夜不能眠。

李君羡的官称封邑都有“武”字——左武卫将军武连县公武安，连小名也叫“五娘”，这让太宗对他有所顾忌，就把他贬出京师，降职华州刺史。李君羡明知太宗对他很防备猜忌，也不谨慎自保。有个平民叫员道信，自称能采天地日月之精华，可以辟谷绝粒，并且深通佛法。李君羡听说后，好几次请他到家里，单独面对面地向他求教。这事让监察御史发觉，进而被人告到了太宗那里，说李君羡和妖人往来，可能要谋划什么惊天阴谋。太宗正因他的事狐疑，听到这个消息，于是借着这个理由，治李君羡死罪。

杀掉李君羡之后，唐太宗依旧忐忑不安，于是就秘密把太史令李淳风招来，问道：“民间流传的手抄本《秘记》里面所言属实？还是江湖术士的胡编乱造？”李淳风说：“臣连日来观察天象，按照周易推算，《秘记》所言不虚，那人已入皇宫，为陛下亲近之人，至今日起不逾三十年，便称王天下，李唐子孙将被屠戮殆尽，此兆已显！”太宗忙问此人所在，为谁，欲杀之而免灾。李淳风便说：“天命，人不可违。此人顺从天命差遣，杀他不能，轻举妄动只会徒增无辜枉死，于事无补。况三十年以后，此人亦会衰老，说不定回复了慈悲心肠，

祸患便会有所转机。假如陛下现在就杀此人，上天或许就会生出一个年轻的来肆意杀戮，到那时只怕李唐子孙有断绝龙脉之险！”

这一年，是贞观二十二年（648 年），次年太宗驾崩，武才人随其他未育子女的嫔妃出家为尼。两件事或许有关，也可能是附会的猜想，但倘若高宗没有在感业寺为武则天动心，最后将她接回宫，李唐是否能躲过一劫，尚不可知。总之一切已成历史，冥冥之中也有天意。三十年后，武则天掌握了朝中实权；四十多年后，武则天将取李姓而代之，成为君主。

唐高宗李治病故，遗命皇太子李显继位，是为唐中宗。然而中宗受韦后蛊惑，被武则天废为庐陵王，并立李旦为太子。垂拱二年，武则天下诏将朝政还给李旦，李旦知道如果真的接收了政权，死期便不远了，他的三个兄长就是榜样。于是，上表坚决辞让。武则天毫不客气，继续临朝行使皇权，此时，武则天做皇帝的时机已成熟了。她的面首薛怀义猜到她的心思，伪造了一部佛经，献给武则天。那部佛经里说，武则天本来是弥勒佛投胎到人世来的，佛祖派她下凡，就是要让她代替唐朝皇帝统治天下。又过了几月，左补阙傅游艺联络关中地区九百多人联名上书，请武则天即位称帝。武则天一面推辞，一面提升了傅游艺的官职。结果，劝她做皇帝的人越来越多，据说当时文武官员、王公贵族、远近百姓、各族首领、和尚道士，上劝进表的有六万多人。

天授元年（690 年），67 岁的武则天接受大家的请求，登上则天楼，身着帝王的衮冕服饰，即皇帝位，自称“圣神皇帝”，改国号为周，定年号为“天授”。以李旦为继承人，赐姓武氏。

中国历史上唯一的女皇就这样登基了，这对中国古代顽固的男尊女卑的社会传统来说，确是破天荒的大事。她的政治生涯奉行“顺我者昌，逆我者亡”，充满血腥。她曾掐死襁褓中的亲生女儿、毒死长子李弘、贬次子李贤为庶人、流放三子李显、软禁四子李旦、虐杀王皇后及萧淑妃、铲除异己等，致使武则天得以一步一步登上皇帝的宝座。高宗显庆二年（657 年），以洛阳为东都。武则天诛杀皇后与萧淑妃后便长居洛阳。此后高宗频繁往返于两都之间，以住洛阳为主，直至在洛阳病死。武则天称制后，于光宅元年（684 年）迁都洛阳。她掌权期间，除了长安元年（701 年）十月至长安三年（703 年）十月住在长安外，一直居住在洛阳。

武则天称帝后的最大心病是，辛辛苦苦创建大周帝国，却无法解决接班人的问题——武则天虽强势，但终究是女人。随着武周政权的建立，皇嗣问题显现出来。此时虽然皇嗣仍然是李旦以武姓被立为皇太子，但武则天心知虽然是自己儿子继位，但他本姓李，一旦自己去世，李旦仍然会将武周朝改为李唐朝，即使他不改，李唐的旧臣和忠于李唐王朝的官员也要改武周朝为李唐王朝。

这时，武则天的侄子，文昌左相武承嗣已经蠢蠢欲动，竭尽全力谋取皇嗣的位置。朝臣中积极为武承嗣谋取太子之位的是凤阁舍人（中书舍人、正五品）张嘉福，他幕后指使洛阳人王庆之出面，写了一份关于立武承嗣为皇太子的请愿书。并且征集到洛阳市民数百人签名，上书武则天皇帝。此时的武则天也有了立武承嗣为太子的意愿。长寿二年（692 年）元旦，则天皇帝在万象神宫祭拜天地，皇帝初献之后，按例亚献应该是太子李旦，但这次行亚献的却是武承嗣，三献是梁王武三思。太子旦完全被冷落。以此可见，武则天虽然没有明说，这时已经将皇嗣的天平倾向于武承嗣一边。

此后，她根据一些莫须有的诬告，开始了对太子李旦一家的迫害。先是因宫女团儿诬告李旦的刘妃和德妃（玄宗李隆基生母）行巫蛊之术，二妃被杀害，后将李旦五个封为王子的儿子赶出王府，一起关到了宫中别院软禁起来，接着又有人落井下石，告太子谋反。皇帝派酷吏来俊臣到东宫审讯。在酷吏的刑讯逼供下，东宫的家仆、奴婢、工匠、宦官几乎伏地认罪，承认与太子一起谋反。唯有一人例外。这人是李旦的工匠叫安金藏，无论怎样逼供，他始终在说东宫根本没有人企图谋反。酷吏们穷凶极恶一齐涌向安金藏，金藏见势不妙，冲向挂在屋角的太子的佩剑，一把抓过，将剑插入自己的胸膛。当时鲜血直流，安金藏倒在血泊之中。

安金藏以死抗争的事传到了武则天那里，她感到十分震惊，从中敏锐地感到自己的儿子——李旦是清白的。于是，她急急忙忙地赶到东宫，立即下令御医赶快救人。从此，武则天下令酷吏立即停止对太子旦的审查。

面对请立武承嗣为太子的动向，凤阁侍郎李昭德直谏道："太子乃陛下所生，陛下之天下理应传给太子！有史至今，从未闻有天下传侄之先例！陛下受高宗嘱托，若以天下传给武承嗣，高宗也不会得到祭祀。古来帝王父子为争皇位不免流血，何况侄姑之间！"其实，武则天也意识到，如果立武姓侄子为太子，武周王朝则能够确保。但武承嗣除有野心，其才气和品德实在平平，难以服众，更不是天子之器。武家除武承嗣之外，更没有第二人。即使武承嗣继位，自己的儿孙们将会受到灭门之灾不说，不断的谋反叛乱也会搞得天下大乱。在武则天的心目中，皇嗣确实遇到了前所未有的麻烦。武则天曾经常考虑过把皇嗣传给太平公主——太平公主无论才气和魄力都是她几个儿女中的佼佼者，而且她嫁给了武家，儿女们都姓武，如果立她为皇太女，她的武姓儿子也可立为皇孙，这是比较理想的选择。但以当时的舆论和传统，大位传给女儿是行不通的。因此，武则天权衡利弊，还是默认了将皇权传给自己儿子的决定。

圣历元年（698 年）三月，武则天将废黜为庐陵王的中宗从庐陵召回。这次召回庐陵王主要是听了狄仁杰等大臣的劝谏。庐陵王回宫后，太子旦以自己是弟弟，提出了让位于哥哥的请求，武则天答应了李旦的请求，并于九月十五日立李显为新太子，李显时年 43 岁。同时恢复了太子参加朝会的制度，使李显成为名副其实的太子。

圣历二年（699 年）十月，武则天又释放了幽闭宫中的李旦的五个王子，这五个王子当年的幽闭，名义上是因为李旦的王妃刘氏和德妃窦氏行巫蛊之术被杀而受的牵连，实际上是武则天为了防止部分朝臣推李旦搞复辟唐室而采取牵制李旦的手段，将五个王子作为人质羁押。

此时，李旦已经让位于兄长李显，五子再无作为人质的必要，最重要的原因是武则天已下决心由自己儿子继承大统，将社稷归还李唐。在释放五位王子的同时，武则天还释放了太子贤的儿子守礼，守礼因其父亲的牵连而遭幽闭已经有十数年。守礼获释后，还承袭了其父亲雍王之号。武则天对释放的六位王孙，分别赐给了王府、妻妾、侍女、奴仆，给这些受尽生活折磨的孙子予以补偿。

一如太史令李淳风对太宗说的那样，那个名字里带“武”的人虽然让李唐遭遇了前所未有的危机，但最终在晚年会大发慈悲，将天下还给李唐。令人意外的是，这个人是武则天，而且，结局也出乎李淳风的预见——武则天非但没有对李氏后裔斩尽杀绝，反而真的把所有夺来的一切还给了李氏后人。这并非宫廷政变形势所逼，而是她早已下好的决心。

此生无爱，权高威重亦尘埃

武则天虽然得到了她要的权力乃至皇位，但她却失去了爱情。高宗是那个最关心她的人，然而对权力的热衷让她忽略了这个男人的存在。高宗死后，她得到了一个面首冯小宝，这个人处处迎合她的意愿，甚至为她登基大造声势。然而这个人终究谋的是她的权，最后终于玩火自焚。朝中大部分佞臣都生得一副俊俏脸蛋，如酷吏来俊臣这般，对于寂寞的武则天而言，就是一道养眼的风景。后来的张易之、张昌宗兄弟走入了武则天的晚年生活，年迈的武则天的权力被这两位男宠所用，造成朝政混乱……可以说，武则天虽然在走上权力巅峰的路上制造了太多的悲剧和流血，甚至杀死了太多的亲人，但她没有在皇位上碌碌无为，却做出了一番大事，后人评价有“贞观遗风”是中肯的。但她感情上的空虚让太多的奸人走进了她的生活，走进了宫廷，走入了政治，还有她自身的一些原因，让那短短十几年的女皇生涯下的武周成了唐代最凶险的岁月。虽然功过都很突出，武则天最后还政李唐的决定，另一个原因就是武周朝辉煌与阴暗并举，凯歌与哀歌齐鸣，武则天尚不能服众，何况她那些钩心斗角的侄辈们？

然而武则天没有等到终年就被迫退位了。神龙元年（705年），卧病在床的武则天，病情继续恶化。朝中以宰相张柬之为首的光复唐室的大臣们，为铲除张易之、张昌宗兄弟，于正月二十二日发起了“神龙革命”，带着太子李显，领左右御林军500多人进入宫中，杀死了二张，逼武则天退位。武则天看到自己的儿子参与其中，强压满腔怒火，平静地说：“是你呀！如今小子已经诛杀，还不早回东宫！”声音庄重威严，态度堂堂正正。二十三日，武则天敕命太子监国。二十四日武则天正式让位于太子显，大周帝国终结，大唐复兴。

二十七日，中宗尊武则天为“则天大圣皇帝”封号，并到上阳宫看望母皇，看到中宗脸色苍白、十分惊恐的表情，武则天的母爱顿时涌上心头，气若游丝的她劝告中宗：“还政李氏是天意，你已经继位，一定要自己掌握大政。”中宗跪于病床前，泪水直流，表示铭记母亲的教诲。但是，中宗终究未能按照母帝的话去做，以至于大权落于韦皇后之手，招来杀身之祸，这也是中宗无能之使然。

神龙元年十一月二十六日，武则天驾崩，终年82岁。遗诏废除“则天大圣皇帝”的称号，改为“则天大圣皇后”，与高宗合葬于乾陵。有的人认为，遗诏是虚构的，但从武则天迫害李旦到默认复唐的心迹来看，遗诏确是武则天所立。一是从圣历元年立李显为太子后，再没有反复提出立过其他人，皇嗣是稳定的；二是她已经默认了复唐的可能，只是没有想到在自己活着的时候被逼退位，这一点是她不情愿看到的，但既定事实后，她非常理智地接受了这一现实；三是她为自己和高宗修建的乾陵，也表明了她死后与高宗合葬的意图。乾陵是在她的设计和亲自监督下修建完成的，以皇后的身份与高宗合葬才是明智的选择；四是无字碑的竖立，也是她对自己的功过是非留与后人评说的证明，皇帝也好，皇后也罢，唐也好，周也罢，是功也好，是过也罢，任由后人评说。

还说那个李君羡，此人虽然被太宗诛杀，但他实无反心，纯属冤案。事隔四十三年后，武则天天授二年，即武则天称帝建武周的第二年，李君羡的家属终于“诣阙称冤”。武则天追复李君羡官爵，以礼改葬。李君羡被杀的冤案终于得到昭雪。两个被预言代李掌天下之人的故事，到了武则天驾崩这一天，终于宣告结束。然而李唐家族此时也已奄奄一息，多年的宫廷斗争，无数人的流血，已经让李唐气运衰微。唐玄宗的开元之治不过是这一盛唐传说的回光返照罢了……

第九章

爱恨绵绵的杨贵妃

她有倾城倾国之美，她天生丽质，又精通音律，善歌舞，并善弹琵琶。她姿质丰艳，与西施、昭君、貂蝉并称中国古代四大美女。虽为美女，但仍有缺陷：其体有狐臭，因此特别喜欢沐浴。天宝十五年安禄山起兵造反，沉迷于酒色歌舞之中的唐玄宗仓皇逃离长安，西幸成都。途经马嵬驿，禁军哗变，杨贵妃被缢死，自此香消玉殒。

杨贵妃度道转身嫁夫之父

在天愿作比翼鸟，
在地愿为连理枝。
天长地久有时尽，
此恨绵绵无绝期。

这是《长恨歌》中的诗句，白居易在诗中透露了中国古代历史上最出名的一场爱情，爱情主角是唐朝唐明皇李隆基与杨贵妃。这场爱情杂糅了浪漫、死亡、政治、乱伦，又发生在大唐最出名的皇帝身上，因此一直成为影视的热点。

先从杨贵妃的名字说起，她的名字很多，小时叫玉娘；成长后，取名为玉环，也有说叫杨芙蓉，玉环的叫法流传最广；入宫前修道，号曰太真。但在宫中，她却被呼唤为玉奴和阿蛮。唐诗人郑隅在《津阳门》长诗中说："三郎紫笛弄烟月，怨如别鹤呼羁雌。玉奴琵琶龙女拨，倚歌促泪声娇悲。"这个玉奴，就是玉娘的变称，三郎就是指唐玄宗了。奴，本是女子的卑称，但在当时的宫廷内，却含有爱称的意思。至于称呼叫阿蛮，说明杨贵妃有可能是广西人。两广，古称蛮夷之地，汉族人习惯称之为蛮人。

唐代光化中（898 年八月—901 年三月）尚书左丞狄归昌在《题马嵬驿》一诗中说："马嵬烟柳正依依，重见銮舆幸蜀归。泉下阿蛮应有语，这回休更怨杨妃！"句子中明确地把杨贵妃称为阿蛮。据说当时唐明皇宫中除了杨贵妃之外，还有一个宫女叫谢阿蛮。因为她是广东新丰县人，所以也叫阿蛮。唐明皇帝为了讨好这两个阿蛮，还在宫中戏称自己为阿瞒，如此，唐明皇还是个有幽默感、懂风情的人呢。

史书中关于杨贵妃的真实名字鲜有记载，这不能不说跟她原是李瑁的王妃有关。

杨玉环有倾城倾国之美，加上优越的教育环境，使她具备一定的文化修养，性格婉顺，精通音律，善歌舞，并善弹琵琶。在杨玉环17岁时，武惠妃在洛阳选寿王妃，挑中了她，婚后和寿王李瑁两人生活幸福甜蜜。

再说唐玄宗这边，他宠爱的武惠妃病逝后，玄宗从此郁郁寡欢。一年炎夏，唐玄宗在华清池洗浴，在回宫的走廊上，发现了一个女子。这女子隔着廊儿，在花窗下斜倚着。看那女子背着身子，云髻半偏，衬着柔软的腰肢，已是动人心魄；待她一回过脸来，那半边腮儿，恰恰被一朵芙蓉花儿掩住，露出那半面粉颊来，使人分辨不出是花儿，还是人面。这女子不知不觉把玄宗的魂儿勾走了，心腹宦官高力士在旁说，那是李瑁的王妃，而李瑁是唐玄宗的儿子。唐玄宗对杨玉环可谓是一见钟情。

当晚唐玄宗躺在床上翻来覆去睡不着觉，好不容易挨过了一夜，第二天一大早，他一脸倦意地对高力士感叹道："这美人儿真可爱！叫朕心下好难抛！"

高力士赶紧奏道："万岁爷如果喜欢那杨氏，让奴才去召进宫来见一面儿。"玄宗叹气说："我们翁媳见一面儿有什么意思，眼见这相思病害到底了！"见玄宗如此说，高力士眼珠一转便得了主意，抢上一步，附在玄宗耳边说出一番话来，玄宗听了连声称赞："好主意！好主意！就按你的主意去办。"

高力士设计了一番表面文章，先是打着唐玄宗孝顺的旗号，说是要为万岁爷的母亲窦太后荐福，便下诏令杨玉环出家做道士，并赐道号"太真"，命令杨玉环搬出了寿王府，住进了太真宫。寿王见媳妇被父皇抢去，半句话也不敢说，只好忍气吞声。玄宗为了补偿，便聘韦昭训的女儿为寿王妃，以此来安抚寿王。寿王除听任摆布，又能如何呢？五年之后杨玉环守戒期满，唐玄宗便下诏让杨还俗，并接入宫中，正式册封为贵妃，自己养了起来。

对此，《唐大诏令集》中有记载“道度寿王妃为女道士敕”，杨玉环做寿王的妻子，应当有三四年左右。杨玉环离开王府那年22岁，唐玄宗56岁。这样的话，杨玉环原为唐玄宗的儿子寿王李瑁的王妃，被唐玄宗通过不正当的手段从儿子手中抢了过来，自己也有不好意思吧。那么当时宫中关于这位唐贵妃的真实身份记载便模糊起来。

能让玄宗不顾人伦，依然要夺子所爱，那就只能感叹杨玉环的美色太有诱惑力了。

不过，根据常理推断，已步入老年的唐玄宗宠爱杨贵妃，可能不仅是贪图美色和床笫之欢，更是将她当作生活体贴入微、凡事知心解意、犹能迎合自己嗜好的精神伴侣。如《旧唐书》所述：“太真姿质丰艳，善歌舞，通音律，智算过人，每倩盼承迎，动如上意。”而《新唐书》里的评语也大致相同，只是很含蓄地加了“遂专房宴”的提示。后世许多文学作品，极尽意淫之能事，一味放大贵妃“以色邀宠”的本领，有高估唐明皇生理功能之嫌。当然，再老的男人，对美色还是很受用的，何况这位美人儿长得如天仙一般。

这也同时反映了唐时宫廷“胡风”盛行，老子抢儿子的媳妇，好像也不算稀罕事，“爱情面前人人平等”嘛，所以也没有卫道士哭闹着向皇上谏劝什么“人伦之理”。

杨玉环进宫后，唐玄宗感觉如获至宝，特别为她谱写了新曲《得宝子》，让梨园乐工弹唱。此时杨玉环，不，杨贵妃的脸上渐带笑意。她非常喜欢这首曲子，依曲翩翩起舞。玄宗感到早已逝去的青春活力又在他体内激荡，他既欣喜又惊异，如荒漠恰逢甘霖。唐玄宗情不自禁感叹：“朕得杨贵妃，如得至宝也！”

杨贵妃除却容貌出众，更令玄宗神魂颠倒的是她高超的音乐舞蹈艺术修养。史书记载她“善歌舞，通音律”，而玄宗也有同好，这就难怪他会将她视为自己的艺术知音和精神伴侣了。

后人多数认同玄宗之所以不顾一切要得到杨贵妃，是因为玄宗和玉环有对音乐的共同爱好，玄宗视杨贵妃为知己。玄宗熟悉音律，对曲乐、舞蹈都颇有研究，《旧唐书》里记载，玄宗曾组建过“宫廷乐队”，选拔子弟300人，宫女数百人，招呼他们，自己作指导。对于这样很有才情的“艺术”帝王，精通音律的杨贵妃自然显得格外有魅力。杨玉环虽然体态丰腴，但史书上也记载着她是个舞蹈高手。好的宫廷乐队有了，再加上杨贵妃这个跳舞高手，真是如虎添翼。

相传玄宗创作出《霓裳羽衣曲》后，杨玉环只是稍加浏览，就给编配成了舞蹈。依韵而舞，歌声婉若凤鸣莺啼，舞姿翩若天女散花，表现出一种缥缈神奇的意境。她对乐曲的领悟之深，表现力之强，令玄宗兴奋不已，激动万分，竟亲自为其伴奏。

据说有一次，玄宗倡议用内地的乐器配合西域传来的五种乐器开一场演奏会，贵妃积极应和。当时贵妃怀抱琵琶，玄宗手持羯鼓，轻歌曼舞，昼夜不息。对此，有白居易诗为证：“缓歌曼舞凝丝竹，尽日君王看不足。”可见唐玄宗在晚年能遇见如此得意的知己，他怎么会轻易放弃呢，更何况他是一国之王，手握皇权。

就这样，杨玉环由唐明皇的儿媳转变成唐明皇的贵妃，相传她事先被高力士会意，唐明皇看上她了，让她做出选择，她也选择了唐明皇，因为她爱他。更靠谱的传言是，唐明皇作为一个皇帝想要谁都可以，杨玉环没得选择，把她关在道观里，常与唐明皇幽会，两人聊着聊着就有感情了，所以杨玉环最终随了唐明皇。总之，她的生活选择还是相对被动的，谁让她的美貌与才情把唐明皇吸引住了呢。

既然三千宠爱于一身，为何还不封后

玄宗李隆基亦是个性情中人，当念奴每每执板吟咏的时候，总要眼送秋波，向玄宗传达万种风情，玄宗则总是乐于享受，后来《念奴娇》便成了宫中的一种曲牌。

玄宗即位前，任潞州驿驾，喜欢赵丽妃。随后，又移爱于钱妃、皇甫德仪、刘才人，直至武惠妃。武惠妃四十多岁死去，这年，玄宗52岁。后宫美人很多，竟没有一个令玄宗中意。到杨贵妃入宫最后独享专房，令六宫粉黛失颜色。这究竟是怎样的一个女子呢，让我们细细品来。

传说杨玉环初入宫时，因不能经常见到玄宗而愁眉不展。有一次，她和宫女们一起到宫苑赏花，无意中碰着了含羞草，草的叶子立即卷了起来。宫女们都说这是贵妃娘娘的美貌，使得花草自惭形秽，羞得抬不起头来。从此以后，“羞花”也就成了美人杨贵妃的雅称了。

羞花只是形容她貌美，如果杨贵妃仅仅凭美貌吸引玄宗是不能够长久的，老话说得好，“以色侍君者短，以才侍君者久”。杨贵妃的“才”如何呢?

话说那杨贵妃不仅有羞花的美貌，更具有高超的音乐舞蹈艺术才华，盛唐音乐舞蹈艺术能空前繁荣，其中杨贵妃是有一定推动贡献的；杨贵妃的琵琶技艺妙然出众，宦官白秀贞出使蜀郡返回朝廷时献上一只逻沙檀木琵琶，“温润如玉，光辉可见，用金缕红文，做成双凤”，是乐器中的精品，杨贵妃常抱着这只琵琶在梨园中弹奏，音响清越，飘然如在云端，许多公主王妃都争着做她的弟子；杨玉环还是个击磬高手，她演奏时“拊搏之音泠泠然，多新声，虽梨园弟子，莫能及之”。玄宗为讨得美人欢心，特意令人以蓝田绿玉精琢为磬，并饰以金钿珠翠，无与伦比。

杨贵妃的才华中，舞蹈艺术尤为出众，我们都知道，杨玉环体态丰腴，以“胖”为美，可这并不影响她成为一个舞蹈高手。而且她最精通的还是节奏很快、身姿灵巧的胡旋舞。杨贵妃注意吸收传统舞蹈的表现手法，又融合了西域舞艺的回旋动作，因而整个舞蹈飘忽轻柔，绰约多姿，并能与乐曲达到了完美融合的境界，创作了唐代乐舞中的许多精品。

在杨贵妃的熏陶下，她身边的许多宫女都能歌善舞。一次，她随唐玄宗游幸绣岭宫，命侍儿张云容献舞，张云容罗袖轻舒，身躯曼转，跳起霓裳舞。杨玉环兴致大发，即席写一首七绝：

罗袖动香香不已，
红蕖袅袅秋烟里。
轻云岭上乍摇风，
嫩柳池边初拂水。

现《全唐诗》仅存杨玉环这一首诗。

贵妃除了体态丰腴面似桃花，才艺双全，还是个性格婉顺的温柔女子，她身上有一种天然的“热闹”气息，像冬日暖阳，或者更像冬夜里温润的手炉，简直就是皇上的贴心“小棉袄”，玄宗自然极为喜欢。

为了博得杨贵妃的欢心，每逢荔枝季节总要委派专人驰运带有露水的新鲜荔枝。按当时的条件，荔枝保鲜一般在 7 天之内，为了博得杨玉环浅浅的一笑，不知累死了多少马匹，累坏了多少儿郎，踏坏了多少庄稼。有诗云“一骑红尘妃子笑，无人知是荔枝来”，所以荔枝又称“妃子笑”。

除荔枝外，另有一种贵妃喜欢的美酒更是让唐玄宗封为宫廷御酒，其酿酒用的水是高山上的清晨甘露，此酒具有得天独厚的四川兴农酿酒之地利，酿出来的美酒醇香芬芳。

遐想一下，杨贵妃在宫里品尝荔枝时是怎样的一番动人情景啊，那时唐玄宗每每以此美酒与其对饮。醉酒微醺的杨贵妃在唐玄宗的心目中当然更是“回眸一笑百媚生，六宫粉黛无颜色”了。李白也有一首献给杨贵妃的清平调，诗中写道：“云想衣裳花想容，春风拂槛露华浓。”把杨贵妃的貌若天仙和著名的一笑联系在一起，那作为贡品进入宫廷的美酒，就被取名为“露浓笑”。

唐明皇还为她修建了专门沐浴用的海棠汤。贵妃每次乘马，都有大宦官高力士亲自执鞭。贵妃的织绣工就有 700 人。这些都是贵为一国之君的唐明皇对她表达的爱吧。

当时的杨贵妃可谓是一人得志，全家升天。自杨玉环被封为贵妃，她已死的父亲被追封为太尉齐国公，叔父被拜为光禄卿，堂兄杨铦为鸿胪卿，杨锜为侍御史，杨钊为司空，并获赐名国忠，长姐玉佩封为韩国夫人，三姐玉筝封为虢国夫人，八姐玉钗封为秦国夫人。正是：“姐妹兄弟皆列土，可怜光彩生门户。”这些得到杨玉环好处的家属们，常常为虎作伥，为非作歹，最后都受到杨玉环的庇护，她不知道一场大祸因此也在酝酿中了。

杨玉环被唐玄宗宠纵，到了无以复加的地步。曾经为了让李白替杨玉环写歌词逼着高力士替李白磨墨、斟酒、脱鞋；一次杨玉环一时兴起，竟要高力士唱歌制曲，高力士知道一个太监唱起歌来定会十分难堪，首先就是嗓音不对，公鸭嗓怎么唱歌，不肯出丑，杨贵妃当着唐玄宗的面，借着他的威势，开口就要打高力士一百个嘴巴，一千下屁股，虽然没有打足实数，也打得高力士血迹斑斑，声声讨饶。玄宗不但不阻拦，还开怀大笑。今天看来，当时高力士既无奈，又有巴结杨玉环、讨好唐玄宗之嫌。这种痛苦非常人受得。

且说那安禄山是边防一位混血将领，后来加入边防军的杂牌部队获得迅速升迁。公元743年后，他兼任三个地方节度使，总揽境内文武诸事。皇上十分宠信他。安禄山来朝，看到皇帝如此宠幸一个妃子，为了讨好皇帝竟认杨贵妃为妈，引得唐玄宗开怀大笑，杨贵妃也认了比自己大二十来岁的人做干儿子，在宫中数度赐宴。后来安禄山得势也与杨贵妃有关。

杨贵妃如此专宠于后宫，一切待遇也都是皇后级别，但是她终究没有被封为皇后，这不得不引起后人的疑问。

关于这个问题，史书上并没有明确的记载，我们只能从有关记载中发现和挖掘线索，进行相关论证和推测。从史书记载中的蛛丝马迹来看，唐玄宗之所以没有册封杨玉环为皇后，最大的可能是因为杨贵妃原为唐玄宗的儿子寿王李瑁的王妃，虽然唐朝是个相对开放的年代，但是唐玄宗对杨贵妃曾经是自己儿子寿王妃这一点有所顾虑。李隆基也不想激发李瑁压抑的怒气。

对此，唐朝诗人李商隐曾在诗歌《骊山有感·咏杨妃》中写道："骊岫飞泉泛暖香，丸龙呵护玉莲房。平明每幸长生殿，不从金舆惟寿王。"此诗说明了当时唐玄宗抢走儿媳妇后，寿王李瑁的郁闷和唐玄宗的尴尬。

抢夺儿子王妃毕竟不是件光彩的事情，寿王李瑁虽然表面不敢说，暗地里肯定是耿耿于怀的，所以唐玄宗虽然极其宠爱杨贵妃，将所有的恩惠都施加到她身上，连她的亲戚朋友都提拔为重要官员，由朝廷俸禄包养起来，甚至于民间有了"遂令天下父母心，不重生男重生女"的风气，但却一直不肯加封她为皇后。一来是从儿子手中抢来的贵妃毕竟有违伦理，虽然其时风俗开化，但伦理长情的主体还是存在的，让这么得来的妇人做了皇后显然无法"母仪天下"。二来是不想太宠幸杨家，以免惹得祸端。谁想没封她为后，祸端也不可免。

此外，还有一个重要的原因让唐玄宗不能封杨贵妃为皇后，这就是杨贵妃跟随唐玄宗后一直没有子嗣。至于杨贵妃为什么没有生育我们无从得知，但没有儿子肯定是封她为皇后的一大障碍，因为古代册立皇后是件非常重要的大事，要群臣参与，诏示天下，册立的皇后必须是懿德懿容，能起到垂范万众、母仪天下的作用，她所生的儿子也将被立为太子，日后继承大统。因此皇后与太子一般应当是母以子显或是子以母显的，但当时太子已立多年，而且成长正常，杨贵妃又迟迟没能生个儿子出来，所以就没有理由封她为皇后。如果霸王硬上弓，立杨贵妃为皇后，很可能引起太子、寿王李瑁甚至朝廷大臣的反对，发生宫廷政变，那样就得不偿失了，唐玄宗断然不会去冒这个险。

也有人认为唐玄宗晚年虽然有些沉湎于男欢女爱，沉湎于声色娱乐，但基本上还是一个头脑比较清醒的皇帝。至少他不会把官职当作可以滥赠予人的东西。相传，他的驸马、功臣张说的儿子张垍很想得到宰相的职位，但是，李隆基就没有轻易地委任他为宰相。还有一次，一个艺人在一次演出中有上佳的表现，博得了玄宗的好感。但是当他通过高力士说情，想要获得一个小职位的时候，李隆基不但没有让他如愿，反而把他给杀了。可以推测，对于皇后的名号，他还是相当慎重的；对于杨贵妃，他也没有爱到头脑发昏、任其索取的程度。至于封杨贵妃兄弟为宰相一事，实际上，明皇想用杨家人来压制另一位大臣，是有政治目的的，并非完全出自私情。

杨贵妃也比较聪明，没有反复请求唐玄宗立自己为皇后。既然已经达到了一个女人所达到的极致，得到了天子的万千宠爱，何必还去在乎皇后的名号呢？她只需要发挥自己的美艳多才，把唐玄宗伺候得舒舒服服，便永远都是实际意义上的皇后。虽没有皇后的名分，但是杨贵妃已经是我国古代四大美女中地位最高、权力最大的一位美女，也是我国在世界范围内影响最大的一位后妃。

杨贵妃与玄宗磕磕绊绊，几度被轰出宫

杨玉环是个天性快乐、单纯的胖美人，给玄宗一种贴心贴肺的家常感。而玄宗长玉环 34 岁，创“开元盛世”，是个有魄力、有魅力的男人，两人都是情感比较热烈的人，因此也难免磕磕绊绊。

但是两个人几次闹别扭的场景故事，没有阴森的宫禁秘闻气息，更像市井百姓人家的“小两口床头吵架床尾和”。

据说第一次，玄宗把杨玉环撵回娘家，还没到中午，玄宗就开始绝食，发脾气打人。高力士向他请示要不要给杨玉环送点东西，玄宗把自己的饭也送过去了。当天晚上，玄宗实在忍不住了，违规打开安庆坊门把她接回来。玉环见到玄宗自然又哭又闹，玄宗哄了好半天。第二天，杨玉环的娘家人来了，玄宗赶紧赏给娘家人好多东西。

天宝九年，即公元 750 年，杨玉环又一次大大得罪了玄宗，又被赶出宫，杨玉环的从兄杨国忠请吉温为这二人调和，吉温对玄宗说：“宫

里女人犯错该死，但为啥吝惜宫中一席之地让她在外头受辱？”这话让玄宗动容，又不吃饭了，并马上派人给杨玉环送东西，杨玉环也剪下一绺青丝转告玄宗说：“我罪该万死，但我除了身体发肤以外都是皇上赐的，我快死了，没啥能报答的。拿这一缕头发，留个当纪念吧。”玄宗看到杨玉环的头发很是心疼，马上将杨玉环接回来。然后又是倍加宠爱。

第三次，贵妃被轰出宫，是因为她是一个醋坛子。原来杨贵妃进宫之前，唐玄宗一直爱着梅妃。梅妃曾作惊鸿舞，唐玄宗作为乐坛高手，十分喜爱，直到宠上杨贵妃后还时时欣赏，于是杨贵妃暗地里醋劲大发，害怕唐玄宗重新爱上梅妃，将自己抛弃，就千方百计写词作曲。传说，她的这番苦心感动了月中嫦娥，便到处传唱她的曲子，盖过了梅妃的惊鸿舞，从而让玄宗彻底忘掉了梅妃。

一天晚上，唐玄宗想见梅妃，怕杨贵妃知道，借口身体不适，没去杨贵妃宫中，独宿在翠华西阁，密遣一贴身小太监，传梅妃来叙旧。

梅妃接令后想：“既然是陛下宠召，为何要深夜暗中而来？堂堂一国之君，还怕那个肥婆？”梅妃心中如此想，却不敢说出来，还是悄悄来到了翠华西阁，密会皇帝。一双旧日鸳鸯又相拥在一处，说不尽的缠绵，道不尽的悱恻。

不想这事还是被杨贵妃知道了。杨贵妃跑到翠华西阁推门而入，劈头问玄宗：“你把梅精藏在何处？”

玄宗假装若无其事地回答：“我哪里知道她在哪儿？”杨贵妃见唐玄宗不肯承认，转念一想，装出一副正经的样子说：“何不宣来，我们一同到骊山温泉享乐一番！”说得玄宗支支吾吾，不知所措。

杨贵妃见明皇自知理亏，得寸进尺说：“这里乱七八糟，床下有妇人金钗，枕边留有余香，梅精出来！”

兔子急了还咬人呢，更何况他是皇上，唐玄宗气急败坏，脸色已经铁青：“别以为朕不敢把你轰出宫。”

杨贵妃听见此话，哭闹了一番，然后愤愤而去，回娘家去了。

杨贵妃回娘家不久，唐玄宗不堪思念，派侍使把她接回宫中，据说接了三次才接回来。

当然，唐玄宗有时旧情难忘，常怀着一种怜悯和补偿的心理对待梅妃。有次唐玄宗尝荔枝时，又忆起梅妃，就派人送去一串珍珠，梅妃见珍珠，触景生情，无限伤感，即写了一首诗，夹在珍珠里退还给玄宗。诗云："柳叶双眉久不描，残妆和泪污红绡。长门自是无梳洗，何必珍珠慰寂寥。"此诗人称《一斛珠》。

后来她又写成一篇《楼东赋》，来徒增思念。但是流光易逝，青春不再，此时的玄宗更需要杨贵妃这样生气蓬勃的女人。梅妃这边又势单力薄，自然败下阵来。

在这场爱情的争夺战中，杨贵妃那一方是人多势众，之后，"安史之乱"爆发，唐玄宗只携杨贵妃逃往西南，这足以证明唐玄宗心里只一个杨贵妃。他们之间的感情更真实，更温馨，更难以割舍，这跟杨贵妃单纯、热情的性格有很大关系。

杨贵妃与安禄山有染，只是个传说

安禄山膀阔腰圆，满脸胡须，狡黠奸诈，凶狠毒辣，善揣人意，长期生活在北方多民族杂居地。入宫时他表面上装得呆头呆脑，其内心则狡黠异常。相传，他在30岁前一直混迹在边疆地区，是一个不很安分的商人。30岁那年步入军旅，在不到四年的时间就混到平卢将军。

话说，安禄山入宫上朝，为讨玄宗欢心，大献谗媚于杨贵妃，认杨贵妃为干娘，相传他在宫中数度被杨贵妃赐宴，通宵达旦饮酒欢乐，甚至有野史中说他与杨贵妃有暧昧关系。

关于杨贵妃与安禄山此件"秽事"，以司马光《资治通鉴》所载的"洗儿"之事影响最大、流传最广。司马温公书中如是说："禄山生日，上及贵妃购衣服……召禄山入禁中，贵妃以锦绣为大襁褓，裹禄山……

上自往观之喜，赐贵妃洗儿金银钱，复厚赐禄山……自是，禄山出入宫掖不禁，或与贵妃对食，或通宵不出，颇有丑声闻于外。”

当时的实际情况如是，旧《唐书》杨贵妃传：“杨妃有姐三人，皆有才貌。并承恩泽，出入宫掖。”但牵出个安禄山来，则另有所因。所因是李肇《国史补》云：“安禄山恩宠寖深，上前应对，杂以谐谑，而贵妃常在座。诏令杨氏三夫人约为兄弟，由是禄山心动。及闻马嵬之死，数日叹惋……”。

先说一下，玄宗为何要“诏令杨氏三夫人约为兄弟”。唐时“胡风”盛行，其实也是上古姊妹共夫风俗的遗存。杨氏三夫人全都结过婚，又不是皇帝的妻妾妃嫔，怎能随便“承幸”？那么三夫人只有按“突厥风俗”，以贵妃姐妹的名义与外族人安禄山“约为兄弟”，那么三夫人也可行“突厥风俗”姐妹共夫了，这样才可“并承恩泽”，名正言顺地和玄宗发生性关系了。因为当时是一种开放的社会风气，所以杜甫才可以不避圣讳地写道：“虢国夫人承主恩，平明骑马入宫门。却嫌脂粉污颜色，淡扫蛾眉朝至尊。”

另有人找出清代的《历代御批通鉴辑鉴》，此书里曾明确地指出：“通鉴载……考此皆出《禄山事迹》及《天宝遗事》诸稗史，恐非实录，今不取。”清代著名学者袁枚更是直接地为贵妃鸣不平：“杨妃洗儿事，新旧唐书皆不载，而温公通鉴乃采《天宝遗事》以入之。岂不知此种小说，乃村巷俚言……乃据以污唐家宫闱耶？”这足可说明，安禄山与杨贵妃有染只是憎恶她的人在造谣，或者是对皇权的保护，传出她与安禄山有染，便好引出她在兵变被刺死的缘由，仿佛唐玄宗一点事儿没有，都是杨贵妃咎由自取一样。

想想便知，贵为皇帝的宠妃，更不可能也绝不允许随意出入宫掖私会安禄山。安禄山“心动”，只是羡慕唐天子的艳福罢了。而后来安禄山认小他二十多岁的杨贵妃为干娘，只是讨好唐玄宗的无耻手段。再看看史书中如何描述安禄山本人，“……每行，以肩膊左右抬挽其身，方能移步。……禄山肚大，每着衣带，三四人助之，二人抬起肚……”

患有如此严重肥胖症的安大人，行走皇宫深院怎可能不引起注目。退一万步讲，便是有偷情的可能，他这样之人，又凭什么来打动尊贵美丽的杨贵妃呢？她看得上安禄山吗？

 天长地久有时尽，贵妃之死绕迷雾

后人羡慕于唐明皇与杨贵妃之间的爱情，也八卦于他们凄惨的结局。那贵妃为什么要死呢？

一种说法是，755年安禄山造反，以讨伐杨国忠为借口，而且公开指出贵妃及杨家诸姨的罪恶。指出因为杨贵妃被唐明皇宠爱后，皇帝对杨家过分纵容，导致杨家作恶多端，以至于激起民愤。

此时，唐玄宗想让皇太子统率军队，并把帝位禅让给他，杨家诸人极为恐惧，怕被太子处死，聚在庭院里痛哭。杨国忠入宫禀告贵妃，贵妃口衔土块请求天子将自己处死，唐玄宗心情沮丧，于是便没有那样做。等到潼关失守，玄宗西行到了马嵬驿，陈玄礼等就为天下人考虑而杀掉杨国忠，但杨国忠已死，叛军军队将士仍不散去。皇帝派高力士询问原因，将士们说："祸乱的根子还在！"皇帝不得已，与贵妃诀别，让人把她带走，处死。

另外也传说马嵬兵变，实际上是李亨，即后来的唐肃宗发动的。五十多岁的老太子李亨，一直担心自己活着当不了皇帝。他的兵变，或者说是被七十多岁还不肯放权的老子玄宗"逼"的。太子策划兵变最根本目的只在除去杨国忠，迫杨贵妃死，旨在损玄宗的尊严，伤他的锐气，"逼"他退位。所以杨贵妃被迫死去。

有说杨国忠死于乱军中，也有说他被将臣处死。

那杨贵妃是怎么死的呢？死在哪儿？是自缢还是被赐死，还是死于乱军？这些都成为后人想探究的问题，以进一步猜想唐明皇与杨贵妃之间的爱与恨。

正史《旧唐书》记载杨国忠等人被杀后，既而六军不散，玄宗遣高力士宣问，对曰："贼本尚在，盖指贵妃也。力士复奏，帝不获已（不得已），与妃诏，遂缢。上皇自蜀还，令中使祭奠，诏令改葬。"礼部侍郎李揆曰："龙武将士诛国忠，以其负国兆乱。今改葬故妃，恐将士疑惧，葬礼未可行。乃止。上皇密令中使改葬于他所。初瘗时以紫褥裹之，肌肤已坏，而香囊仍在。内官以献，上皇视之凄婉，乃令图其形于别殿，朝夕视之。"

《新唐书》中的记载与《旧唐书》大致相同，由此可见，杨贵妃缢于马嵬坡。

从《旧唐书》说是缢死，后来传说杨贵妃自缢于佛堂，然后又传添加了高力士带她自缢于梨树下，再传就是高力士系唐玄宗心腹，最善揣摩主子心思。马嵬事变前，杨贵妃曾两次被遣出宫，均是高力士摸透主子心思，"有罪谪出，悔过召还"。马嵬事变，杨贵妃被赐死，唐明皇又叫高力士去执行，高力士难免不做手脚，缢时稍轻用力，造成"休克"，即可免除贵妃一死。经过如此层层传说，可见杨贵妃不曾死的传说，在当时即已有了。

人们更愿意猜测，她并没有死，在"安史之乱"的时候，杨玉环被日本商人趁返国之机弄到了日本，至今日本还有许多关于杨贵妃的传说、器物、庙宇、坟墓及好几本有关她的书。一说杨贵妃东渡，侍女从人，大多死去，杨贵妃到达日本后不久亦死。另一说，杨贵妃受到日本礼遇，还有一些故事留下，亦有说杨贵妃到了日本之后，仍有信息托遣唐使带给玄宗……在日本山口县建有杨贵妃墓。1963 年有一位日本姑娘向电视观众展示了自己的一本家谱，说她就是杨贵妃的后人。日本著名影星山口百惠，也自称是杨贵妃的后裔。

由上述可见，随着时间的推移，关于杨贵妃之死的传说愈来愈生动，有一种论点是，这些传说离开史实也愈来愈远。

在唐朝诗人的描述中，说杨贵妃死于乱军之中。此说主要见于一些唐诗中的描述。

不知人们是同情还是倾慕这位绝世佳人，总怀疑她没被缢死。

还有人认为，杨贵妃早年修道，深谙“太阴炼形术”，加之她体质异常，即使无人相救，被缢后复活的可能性也很大。《唐阙史》中曾有“解帛而气复来，遂再缢之乃绝”的记载，也说明杨贵妃有缢后复活的可能。既然杨贵妃未被缢死，民间便传出她诸多逃亡之说：有杨贵妃远走美洲之说，有杨贵妃逃亡日本之说，有杨贵妃隐居北京房山之说，还有杨贵妃终老四川营山太蓬山之说云云。各种说法各有千秋，只是听听罢了。

话说杨贵妃，她本是一个非常简单的女人。她的生命历程也非常简单，除却“先嫁子后事父”的伦理尴尬外，她短暂的一生几乎就是痛快淋漓地做了一次被宠坏的女人。究竟是命运让她闪耀，还是她惊艳了时光？当这位美人的生命走到尽头时，传奇也到达了高潮。绝色美人终是香消玉殒，可香魂不散、故事不绝。诸多幽怨、诸多是非，还是去另一个世界里清算。对此，清人袁枚慨然写道：“到底君王负前盟，江山情重美人轻。玉环领略夫妻味，从此人间不再生。”

杨玉环作为一个女性，她演绎了皇宫真爱神话，能让唐玄宗集三千宠爱于一身，不仅是她的美色，还在于她对男人心思的把握。歌舞升平的岁月里，女人只是帝王身边的装饰物，国将不国的危难时刻，人们仿佛才猛然意识到帝王身边的女人有多么狰狞。她是爱情中的胜利女性，然而这个忠于爱情的女子到后来也成了封建王朝中政治斗争的牺牲品，死在了最爱自己的帝王手中。

杨玉环变成了唐玄宗全部过错的垃圾筒。

幸福的爱情最终以悲剧结束，杨贵妃使文人一再为她咏叹，李白为写《清平调》，白居易着长诗《长恨歌》，洪升写戏剧《长生殿》……是杨贵妃成就了这千古绝句：“天长地久有时尽，此恨绵绵无绝期。”抑或是这千古绝句扬名了这绝代美人。

 贵妃出生地被模糊，荔枝不言话出处

古书《旧唐书·杨贵妃传》《新唐书·杨贵妃传》《旧唐书》《新唐书》等书中有关杨玉环出生地说法不一。

《旧唐书·杨贵妃传》说："玄宗杨贵妃，高祖令本，金州刺史。父玄琰，蜀州司户。妃早孤，养于叔父河南府士曹玄璬。"没有明确提出籍贯。

《新唐书·杨贵妃传》说得较清楚："玄宗贵妃杨氏，隋梁郡通守汪四世孙，徙籍蒲州（即永济，今山西蒲坂），遂为永乐人。"

《杨太真外传》则说是"弘农华阴人，后徙居蒲州永乐之独头村。"这里说到村，算是较具体的了。后来又说道："其父元（玄）琰蜀州司户，贵妃生于蜀。"因此后来又有杨妃是四川人之说。而《旧唐书》和《新唐书》的《杨元（玄）琰传》则说杨元（玄）琰是虢州阌乡人，即现在的河南陕县人。此外，还有说杨贵妃是湖南醴陵人的。真是众说纷纭，莫衷一是。

历史其中最详细的说法是：杨玉环生于蜀郡(成都)。父杨玄琰，官蜀州司户，为七品下的刺史衙吏。二叔杨玄珪，所在不详;三叔杨玄璬，官为河南府士曹参军，从七品下的衙吏，官职卑微，辅掌津梁、舟车、舍宅、百工众艺之事。

在《杨贵妃秘史》的演绎中，杨氏有三位父亲。说其生父杨玄珪是著名的宫廷乐师，与舞姬乐奴李念饰偷偷相爱，私奔后生下杨女士，且叫她杨玉环，这点从遗传学上说比较靠谱，至少杨玉环遗传了其父母能歌善舞的特质。当杨玉环与寿王成亲时，杨玉环用的却是杨玄璬之女之名，只因双亲坏了宫廷的规矩曾遭朝廷通缉，她只好隐瞒真实身份进宫；另说，毕竟老子跟儿子抢媳妇不是一件光彩的事情，何况还是一国之君，为了既保住自己的九五之尊，又能暗度陈仓，掩盖"乱

伦之情”，证明此杨玉环非儿媳寿王妃，杨玉环又以杨玄琰之女的身份被封为杨贵妃。在《杨贵妃秘史》中杨氏是河东蒲州独头村人，因杨玄琰在四川当蜀州司户，因此皇家册贵妃文告上就称杨玉环生于蜀郡。

如此，关于杨贵妃的出生地说法不一也就可以理解了，唐明皇有意掩盖她的真实出生地。

与《杨贵妃秘史》说法相应的有《全唐文》，此书中也有三个籍贯出处。《全唐文》具有正史参考价值，是唐朝时许子真编，其中的“容州普宁县杨妃碑记”一文所记载，杨玉环最少应有三个籍贯是不足为奇的。第一籍贯是生父杨维祖籍的容县十里乡杨外村；第二籍贯是当年在容州府后军都督署任职的义父杨康的祖籍；第三籍贯是当年在容州府任长吏的义父杨琰，杨琰祖籍陕西弘农华阴，后迁居山西蒲州永乐。后人有许多说法却与此不同。

了解一下许子真这个人，他当时任四门助教，是有地位的学门教长。四门学唐代前原为大学，隶属于国子监，以传授儒家经典为职责。到了唐朝“始合于太学”，助教为三人。据柳宗元在《四门助教壁记》中说：“四门学之制，掌国之上士中士下士凡三等，侯伯子男凡四等，其子孙之为胄子者，及庶人之子为俊士者，使执其业而居其次，就师儒之官而考证焉。”因此，许子真是当时有颇高地位的人，撰这样的碑文是要负责的，决不会凭空捏造。再说后来的说法中，都是年代久远，材料间接，因而各自说法混乱，根本不能同当时许子真亲身经历的实录碑文相比。

还有后人根据杨贵妃喜爱的荔枝来推测她的故乡。众所周知，荔枝不易保鲜。白居易《荔枝图序》里就有“若离本枝，一日而色变，二日而香变，三日而味变，四五日外，色香味尽去矣”之说。蔡襄的《荔枝谱》则断言“虽曰献鲜而传置之速，腐烂之余，色香味之存者亡几矣，是生荔枝中国未尝见也。”

再从“贡地”来看。有说来自南海，有说来自四川，也有“洛阳取于岭南，长安来自巴蜀”的“并进说”。而清代吴省钦干脆全盘否定，认为“涪之荔枝，妃固无由嗜之也”。就假定荔枝来自涪州，根据张岱《夜航船》的记载，“唐天宝中，贵妃嗜鲜荔枝。涪州岁命驿递，七日夜至长安，人马俱毙”，送至长安的也已经是“辄坏”的臭荔枝了。

综上所述，我们可以得到一个合理的推断，那就是除却杨玉环小时候可能尝过鲜荔枝外，做了贵妃后的她是没有机会吃到新鲜荔枝的。而在当时的气候环境，四川和西安显然是不可能长有荔枝的。那么贵妃是容县人是极有可能的了。唐朝的容州是岭南的大州，管辖包括今天原越南、海南、广东一部分在内的 14 个州 60 多个县，这些地方长出可口的荔枝是有可能的。如此看来许子真的说法是比较接近事实了。

第十章

最红颜薄命的大小周后

“无言独上西楼，月如钩。寂寞梧桐深院锁清秋。剪不断，理还乱，是离愁，别是一番滋味在心头。”这是南唐后主李煜的词，充满缠绵、伤感，凄恻动人。而他的爱情，在一对貌美如仙的姐妹花身上，这对姐妹花便是大小周后。但这对红颜薄命的两朵姐妹花，没过上几年好日子，都早早去了。她们以美貌才情让李煜成为一个优秀的词人，却没能助他成为一个优秀的皇帝。红颜薄命也或者是红颜祸水，大好江山随着美人东流去。

大周后原是李煜父亲的宠姬

“无言独上西楼，月如钩，寂寞梧桐深院锁清秋。剪不断，理还乱，是离愁，别是一番滋味在心头。”不错，这是李煜的词。说到此人，我们首先会想起他的词，缠绵，伤感，凄恻动人，被后人代代传诵着。但是他的身份，南唐后主，却常常被我们忽略。而他写的那些美丽的词作，许多都与爱情有关。李煜的爱情，在一对貌美如仙的姐妹花身上，这对姐妹花便是大小周后。这章我们就来认识一下这位大词人，南唐后主的两位老婆。

从他的第一位国后，大周后说起。

陆游《南唐书·昭惠传》记载大周后说，后主昭惠国后周氏，小名娥皇，司徒宗之女，十九岁来归。通书史，善歌舞，尤工琵琶。尝为寿元宗前，元宗叹其工，以烧槽琵琶赐之。

大周后被后人俗称周娥皇，关于大小周后叫周蔷、周薇说法来源于民国时期鸳鸯蝴蝶派作家的小说。史书上有明确记载，大周后字娥皇，而小周后的字并没有记载，不过清朝康熙、乾隆年间盛行考据学，清代的考据学家戴震考证得出小周后确实字女英。20 世纪 80 年代，台湾一史学家根据台北故宫博物院收藏的一些历史资料，然后又走访了江南诸地进行考察，他考证出大周后大名叫周宪、小周后大名叫周嘉敏。只因大周后死后，李煜以“空有当年旧烟月，芙蓉城上哭蛾眉”悼之。故后人多称之为娥皇，相传她喜欢黄色。另外，958 年，李璟向后周称臣后，便去帝号，称江南国主，所以，李煜只是国主（李后主），而非皇帝，而大周后也只是国后，并非皇后。

她出身南唐世家，父亲周宗早在“徐知诰”任刺史的年月，就已经跟随在未来南唐烈祖李昪左右，是不折不扣的元勋功臣，那大周后也就是不折不扣的大家闺秀。

出身名门的周娥皇娴静聪慧，气质高雅；她长得花容月貌，肤白似雪；凤眼星眸，朱唇皓齿，冰肌玉肤，骨清神秀，眉弯似月，唇小似樱，腰细如柳，以天仙般的容貌压倒群芳；她诗画双绝，能歌善舞。她的歌喉，她的舞姿，她的一手好琵琶，都使六宫粉黛望尘莫及。不仅如此，她还通晓史书，精谙音律，采戏弈棋，靡不妙绝，真可谓蕙质兰心。

娥皇因弹琵琶技压群芳，一时在后宫名气很大。一次，李璟听了周娥皇弹奏的琵琶后，大为赞赏，叹其灵巧，当即就将他收藏的一把上好琵琶赏给了她。“元宗叹其工，以烧槽琵琶赐之”。“烧槽琵琶”是中主最钟爱的宝物。由此可见，对于这个亲自选定的儿媳妇，李璟是非常满意的。据说烧槽琵琶传至北宋，宋徽宗极其珍爱。北宋灭亡后，烧槽琵琶下落不明。

据说，周娥皇在嫁给李煜之前原本是李煜父亲李璟的宠姬，因为她太年轻貌美又有才。中主李璟觉得她与第六子李煜很般配，跟着自己可惜了，就把她赐给了儿子。

周娥皇比李煜年长一岁。

李煜从小聪悟好学，能诗能文，书画文章无所不精，琴棋歌舞也很在行。二人可谓是珠联璧合，天造地设的一对。对于这样一位多才多艺的知己，李煜是宠爱不已，想朝朝暮暮与她一起。

954 年两人成婚，那时李煜只有 19 岁，刚刚被封为吴王，正是春风得意的日子。周娥皇那时也不过 20 岁。婚后，夫妻情深笃好，如鱼得水。

史书记载，李煜的相貌很有特点，“广额、丰颊、骈齿、目重瞳子”，很是英俊。李煜是个聪明人，为了避免兄弟之间的嫉妒和残害，一门心思做起没有政治杀伤力的“文学青年”来，他还很知趣地给自己起了“莲峰居士”“钟山隐士”等别号，以示自己对“做世子、当国主”没什么野心，这样才安全地过自己的小日子。

然而，排行老六的李煜，却格外受老天爷的“恩宠”，命中注定是王子。世子弘冀突然暴死，其他四位兄长也都早夭，他便在 961 年顺理成章地被册立为世子。同年，老父亲李璟病逝，一向只懂得舞文弄墨的李煜，就这样戏剧性地被推上历史的前台。

大方典雅的周娥皇也被册封为国后。

 富贵闲人哪知社稷权位之重

当一身文人气质的李璟为这对小儿女系上红线的时候，所能想到的恐怕只是二人情投意合这一点，也许绝对没有想到命运竟会将这对只适合做“富贵闲人”的小夫妻推上帝后的位置。作为帝后的他们，还是有那么一段美好的日子。

大周后的才情跟李煜的兴趣很是一致，从而达到了精神上的共鸣，锦瑟相合，视彼此为红颜知己。她用精神交流的力量，填补了既柔且弱的李煜的精神缺憾。再加上自己美丽的容颜，很快成了李煜身边一个不可或缺的人物，成为他生命中第一个重要的女人。李煜被她迷得神魂颠倒，放浪形骸，衣带渐宽也不悔。周娥皇遂拥有专房之宠，一个人把李煜给包了。

世上的才子几乎都有一个共同的毛病，他们心目中的才女，一定要是“才貌俱全”的人物。李煜当然也难免于此。周娥皇不但是才女，更是一个绝顶的美女，史书极郑重地称她“有国色”，是绝代佳人的级别。也难怪李煜为大周后着魔沉醉。

相传，在一次浪漫的赏雪夜宴上，酒酣耳热的周后举杯邀李煜起舞，李煜调笑说：“你能创一新调，我就依你。”周后立即当席举笔，一边唱，一边谱曲，“喉无滞音，笔无停思”，片刻间便得谱成，曲韵果然妩媚动人，李煜也就信守诺言在月下为妻子的新曲伴舞。这首曲子因此得名《邀醉舞破》。据说她还能写小词，可惜没有词作流传下来。《南唐书》说她采戏弈棋，无不绝妙。

除此曲之外，周后还即兴为李煜作过一支《恨来迟曲》，述说他

们相逢恨晚的心理，这让李煜惊诧不已。当然才华横溢的李煜不甘人后，也投桃报李，专为周后写了许多动人的诗词。

后主李煜为大周后写的作品初期的有《浣溪沙》：

红日已高三丈透，金炉次第添香兽，红锦地衣随步皱。佳人舞点金钗溜，酒恶时拈花蕊嗅，别殿遥闻箫鼓奏。

写者把迷恋大周后的情愫，王宫香艳的情形，全部写托出来。还有他的《一斛珠》：

晚妆初过，沉檀轻注些儿个，向人微露丁香颗，一曲清歌，暂引樱桃破。罗袖裛残殷色可。杯深旋被香醪涴，绣床斜凭娇无那，烂嚼红茸，笑向檀郎唾。

这种儿女柔情，香闺韵事，真个赤裸裸地写了出来，传情达意，让人深醉。“烂嚼红茸，笑向檀郎唾”，多烂漫、多么娇柔的儿女姿态，以现代眼光看，固然不足为奇，但是，在千年以前的封建社会里，那就够奢侈、够有意境的了。

大周后的多情，感动了后主的词笔，后主的词笔，介绍了多情的大周后让千古瞻仰，即是一种情感的交流，也是对生活的赞美，让人神往。

除上述之外，还有《玉楼春》：

晚妆初了明肌雪，春殿嫔娥鱼贯列。凤箫吹断水云间，重按霓裳歌遍彻。临风谁更飘香屑，醉拍栏杆情味切。归时休放烛花红，待踏马蹄清夜月。

大周后日常弹奏后主的词调，极得后主赞美，夫妻二人你侬我侬，互相倾慕，这就是后主作词的原动力了。

再赞这位大周后不仅谱调得好，对于时尚和流行文化也颇有研究，曾“创为高髻纤裳及首翘鬓”之妆，成为当年风靡江南的春装和头型，那时“人皆效之”。

据说，现如今流行世界的扑克纸牌，便是大周后所首创的“叶子格”，如此看来，大周后把美貌、才华、俏皮集于一身，叫人怎不爱呢？

仔细品来，无论是周后的曲还是李煜的词，都充满着旖旎绮丽的风光，尽显两人的恩爱之情。国事、艰险，都在呢喃中被抛之脑后了。

话说，这位后唐国主李煜既然有了大周后这个人生知己，更是把政事抛到了九霄云外，两人一起在后宫过他们的幸福生活，哪里还看得着南唐百姓的生活是怎么样的，更加无心顾及赵匡胤正在拼命开疆拓土，渐渐在成为他们的一个大危险。监察御史张宪实在是看不下去了，冒死向李煜进谏："皇上你再这样下去我们就要亡国了。"

且看后唐主李煜是怎么处理国家大事的："赐帛三十疋"给张宪，之后呢，仍然继续他的享受诗词事业。这位国主李煜赏赐的意思就是我表扬你的忠心，但我的私事你最好别管。真是皇上不急大臣急。还好我们庆幸他没把这大臣杀了，但是这比杀他有啥两样，国主不谋国事，大臣不能商议朝政，那他还是大臣吗？之后这位大臣抑郁而终。

面对自己丈夫工作的失职，大周后也不以为然。虽然大周后是个多才多艺的女子，但作为一个国后来说她是不合格的，尽管她并没有干预政治，也没有做什么伤天害理的事，但是她却只知道和李煜在深宫里饮酒作乐，而不是规劝李煜把精力放到政事上，完全没有顾及百姓的死活，那她这个国后是失职的。

有人替她辩解，就被当时的时代来说，大周后会这样很大的原因是时代的局限性，对于一个从小就在高门大宅里长大，长大以后就直接嫁进了皇宫的女子，大周后很可能从没有到民间走过。这样一个女子她又怎么会知道百姓是怎么生活的，大多数皇后都没有办法像唐朝长孙皇后和明朝朱元璋的马皇后那么关心人民疾苦，因为她们的经历不同，自然所考虑的事情就不同。我们不应该对大周后做过多的苛求，毕竟是李煜自己不愿意处理朝政。而李煜呢，我们只能说他不适合做皇帝，却具备一个文人所有的浪漫情怀，他是文学领域里的大师云云。

小周后与李煜相恋

一日，大周后偶感风寒，再加上刚生育完孩子，调养不好，身体不适，她家里人便让周嘉敏来探望。周嘉敏比娥皇小14岁，李煜与娥皇结婚时，周嘉敏年仅5岁。随着时光的流逝，当年混沌未开的小女孩已出落成15岁的婀娜少女。一直以来，因周嘉敏天生活泼，美丽可爱，深受李煜母后的喜爱，时常派人接她到宫中小住。15岁的周嘉敏酷似初入宫时的娥皇，只是她比娥皇更年轻、更活泼。随着接触的增多，这次周嘉敏来，李煜对她的态度发生了微妙的变化。周嘉敏就是后来的小周后。

据野史记载，周嘉敏这次来探望姐姐，被安排住在瑶光殿的画堂里。这天中午，午睡之后，李煜身着便装去看望小周后。午后的时刻，宫女们也在门口酣睡未醒，李煜也不想惊动她们，径直走向画堂。来到画堂门口，室内一片寂静，原来小周后午睡也未醒呢。他悄悄掀起竹帘向里观看：周薇身着睡衣躺在绣榻上，睡衣薄于蝉翼，刚刚发育的处女挺拔的曼妙身材在轻纱之下若隐若现，那醉人的曲线随着淑女均匀的呼吸慢慢起伏，浓密乌黑的秀发散铺在锦床上，睡美人发出均匀的呼吸声，少女特有的体香一缕缕地传来。

她的姐姐大周后虽然漂亮聪明，有才气，可时间长了，终会有“审美疲劳”。风流成性的李煜看到酣睡中的周嘉敏眼睛一亮。任是他李后主曾历阅风月无数，都不曾见过如此可惊为天人的睡美人睡相。当下后主不由得如痴如醉血脉贲张，更想近前看个真切，嗅个满足，便掀帘而进，却不料碰响了珠锁，发出了虽然不大而在他听来却是震撼心魄的响声……周嘉敏猛然惊醒，扭头一看，李煜正尴尬地站在门口。这时，李煜只好硬着头皮走向前去，说道：“哦，你姐姐让我过来看看小妹过得可好，不料惊动了小妹的好梦，真是抱歉之至！”

这时单纯的周嘉敏，连忙起来走下床向前施了一礼，说道："不知陛下光临，请恕小妹未曾迎驾之罪。"小周后向前一低腰，睡衣稍微分开向后滑动。小周后低头许久不见国主姐夫应答，偷偷眼抬瞥见李煜的失态，这才意识到自己尚穿着睡衣，慌忙中又施了一礼退向了屏风后面更衣。

更衣之后，周嘉敏赶忙走出来，重新施礼两人坐下，便问起姐姐近日的病情。谈话之中，小周后无意中向李煜看去，发现姐夫以一种异样的目光注视着自己。周嘉敏羞涩地低下头来。为了打破尴尬，李煜起身，看着屋内桌上，摆着一副未画完的画，他转身问："小妹也喜欢作画？"

周嘉敏也走上前回："在宫里闲着无聊的时候画两笔，陛下别见笑呢。"李煜看着她的画，简单清丽，忍不住也添了两笔，把周嘉敏的鸳鸯图画完了。周嘉敏在旁拍手叫好："陛下真是点睛之笔呢。"李煜看向周嘉敏言："真羡慕画中的鸳鸯可以自由遨游，希望一只是你，一只是我就好了。"

周嘉敏虽然年龄不大，却异常聪慧，情窦初开，听了李煜的话，已是芳心暗许了。此刻，她一点思想准备都没有，一时不知如何应对，惶恐地低头不语。李煜一言既出，自感过于冲动，便借故告辞。

马令《南唐书昭惠后传》形容未来的小周后周嘉敏"警敏有才思，神采端静"，另外特别强调"貌尤绮丽"。这种气质性的美女，正中文学青年李煜的心意，自然喜欢得紧。

李煜那边回到澄心堂，回想这次与小周后的会面，一时心潮难平，便填写了一首《菩萨蛮》：

蓬莱院闭天台女，画堂昼寝无人语。
抛枕翠云光，绣衣闻异香。
潜来珠锁动，惊觉银屏梦。
脸慢笑盈盈，相看无限情。

写好之后，便派宫女把这首词传给周嘉敏。看完这首词，周嘉敏完全明白了姐夫的心意。尤其那一句“相看无限情”写得多么含蓄，又多么浓烈，多么引人遐思啊！她情不自禁拿起李煜画过的鸳鸯图，看着看着竟自己甜蜜地笑起来……

而在后主李煜那边，每每想起“午睡惊梦”事件，周嘉敏那充满青春的面容，莺莺燕燕的声音，丰满动人的体态，随时随地晃动在眼前，就连睡梦中也常常与周嘉敏相约相会在花前月下，然后相互依偎。

大周后毕竟做过中主的宠姬，在感情上比他成熟许多，而眼下这个周嘉敏，她纯纯的面容，闪亮的眼神，让他的整个身心都被吸引了，第一次体验这种热恋的火焰烤着他，他实在不能坚持下去了。何况，以帝王之尊，“普天之下，莫非王土；率土之滨，莫非王臣”，周嘉敏为什么不能为我所有呢？只是，娥皇正在病中，不能不照顾她的情绪。俗话说：“妻不如妾，妾不如婢，婢不如偷，偷不如偷不着。”想到偷情的滋味，李后主感受到从来未曾尝试过的激情与奇趣，在等待他去尝试，不由自主心下已生主意。

李煜写了密信派心腹宫人送给周嘉敏，约她月夜到御苑红罗小亭。红罗小亭是李后主在御苑群花之中建筑一亭，罩以红罗，装饰着玳瑁象牙，雕镂得极其华丽，内置一榻，榻上铺着鸳绮鹤绫，锦簇珠光，生辉焕彩。只是面积狭小，仅可容两人休息。李煜遇到美貌的宫女，便引至亭内，任意临幸，所以亭中都时时备有床榻、锦衾绣褥等床上用品。

接到李煜的密信，周嘉敏很是兴奋，脸微微泛红，自然要按期赴约。这是她首次和李煜幽会。三更之后，月光朦胧，万籁俱寂，周嘉敏轻出画堂，按照送信宫人的指引慢慢向御苑走去，只是脚下的金缕鞋发出“嗒嗒”的声音，让她感到惊心动魄，只好脱下金缕鞋，提在手上，前瞻后顾，左顾右看地向红罗小亭走去。周嘉敏但见内中地方虽小，却收拾得金碧辉煌，设着珊瑚床，悬着碧纱帐，锦衾高叠，绣褥重茵，又有月色朦胧，又是担心他不来，又是感觉自己的心像小鹿乱撞。突然间发现有一男人悄然从纱帐中快速逼近，定睛一看正是李煜。周嘉敏很是紧张，不觉红潮晕颊，李煜早已执定了小周后的纤手。当小周后惊悟一切，已无处可以藏身，娇羞无地。只得含羞说："姐夫陛下，我愿意做你身边的那只鸯！希望以后每天都能看到你。"然后两人花前月下，李煜带周嘉敏初尝禁果……

第二天，李煜回到澄心堂，激动地将昨夜的情景写成了一首《菩萨蛮》。其词道：

花明月暗笼轻雾，今宵好向郎边去。
刬袜步香阶，手提金缕鞋。
画堂南畔见，一向偎人颤。
奴为出来难，教郎恣意怜。

这词的意境宛如初恋的少男所写。李煜对周嘉敏的情意可见是很认真了。有人说他俩是不伦之恋，也有说他俩是在错误的时间遇到对的人。

遭遇丈夫偷情，大周后抑郁而终

再说娥皇这边，因为一直跟了李煜以来受专房之宠，导致的直接效果就是周娥皇一直都在不间断地为李煜生孩子，而且连生了三个儿子。眼见自己后嗣繁昌，孩子们都个个生得俊秀雅逸，李煜对妻子的爱情也渐渐转变为亲情。

娥皇的身体却是每况愈下了，周娥皇最钟爱的是小儿子仲宣。本来因为生育他，月子没坐好，落下一身病。养育儿女这样的活儿，由侍从婢佣承担就是了，但周娥皇实在是太爱仲宣了，这个孩子天生又体质弱些，他的衣食住行她样样都亲自过问，并决心要亲自将他抚养长大。

还有那《霓裳羽衣曲》她在病重之时，想尽力把它圆满修补完。只因后来小儿需要照顾，她便匆匆做了收尾调以完事，周娥皇费尽千辛万苦终于使《霓裳羽衣曲》死而复生。然而中书舍人徐铉听完之后却感到诧异，与乐工曹生私下议论说："法曲余音本应缓缓终结，如今怎么却结束得如此急促？好好地把旧谱改成这样，只怕并非吉兆。"

果然，没过多久，宫中就传出周皇后病倒的消息。真是天有不测风云，人有旦夕祸福。她还不知有更坏的消息在等着她。

据说,患病的周娥皇将年方4岁的仲宣从自己的宫中迁往别的宫院。这原本是母亲为免孩子被自己病体所影响的一番好意，却万万没有料到仲宣刚迁出皇后宫就突发急病，没几天的工夫就死去了。

听说爱子夭折，正在病中的周娥皇几乎晕厥过去。做母亲的心无论是国后还是民妇都是一样的，然而同样的丧子之痛，受尽磨难的贫妇多数还能坚强面对，一生顺遂如意的周娥皇却无论如何都承受不了。丧子的切肤之痛使她的病情迅速恶化了。

然而接下来发生的事对娥皇来说简直就是祸不单行，是敲响她丧钟的哀曲了。宫中好事之人，把李煜写给周嘉敏的词传唱开来。

这阕词儿，本来就填得十分香艳，很是撩人情思，早被那些长期情欲压抑的妃嫔贵人宫女传播开来，到处传唱，流于宫外，以至于后主与小姨子的暧昧关系连民间也知道了，传为风流佳话。娥皇起先以为李煜是对自己妹妹的特别关爱，当她看到那阕词儿，对于丧子又有重病在身的她，如泰山压下，昏厥过去。清纯的妹妹怎么会背着自己与姐夫私通呢？

据史书记载，她们姐妹俩有这样的对话，娥皇看到嘉敏惊曰："汝何日来？"嘉敏尚幼，未知嫌疑，对曰："既数日矣。"听到这里，娥皇什么都明白了，她痛苦地闭上了眼睛，没有再与妹妹交谈。就在娥皇病情日重，最需要李煜陪伴的时候，风流成性的他却对娥皇的妹妹产生了恋情，并很快发展到频频幽会，这深深刺痛了娥皇的心。大周后经此一气，怀着深深的恨意，疾病愈加重，当李煜再去看望娥皇时，她总是面向床内，不想看到他。

面对丈夫的偷情，妹妹的背叛，她选择沉默。看到老婆这样，李煜负疚万分，朝夕相伴左右，所有的饮食他都要亲自照顾，汤药也一定要亲口尝过才喂给妻子，寒冷的冬夜里他夜复一夜地守护在周娥皇身边，倦极也只是和衣而卧，衣不解带。直到大周后病入膏肓，自知人生将尽，反而看开了，说："婢子多幸，托质君门，冒宠乘华，凡十载矣。女子之荣，莫过于此。所不足者，子殇身殁，无以报德。"她要求将李璟赐给自己的烧槽琵琶陪葬，又亲笔写下遗书要求薄葬。大周后支撑着为自己沐浴更衣施以靓妆，更亲手将含玉放进自己嘴里，随后便逝于瑶光殿西室。

民间传说，周娥皇病情恶化至死，是因为她知道了妹妹周嘉敏与丈夫私通的消息。

心理学专家说，民间传说也是有一定道理的，越是沉重的悲痛越容易诱发弃世的念头。她对不忠激烈的反应和对遭遗弃这一不可接受的事实带来的灰暗、痛苦，加速了她的香消玉殒。对于在生病中的人，她的承受力会比常人薄弱，而且更容易产生悲观情绪，恶化病情。据史载，爱子病逝后，周娥皇又得知妹妹成为李煜的新欢，悲不自胜，在两相夹攻下，不久便一命呜呼了，终于弃世而去。

相传，当周娥皇因病去世之后，李煜悲痛欲绝，仅仅过了一个月，出现在葬礼上的李煜就已经由一个"明俊蕴藉"的 28 岁青年，变成了一副形销骨立、面容消瘦、不扶杖就无法站立的形骸。痛失知己的李煜为爱妻写下了多篇诗词，如："又见桐花发旧枝，一楼烟雨暮凄凄。凭栏惆怅人谁会，不觉潸然泪眼低。层城亡复见娇姿，佳节缠哀不自持。空有当年旧烟月，芙蓉池上哭蛾眉。"他这副模样，不免有作秀的嫌疑。

但是毕竟一日夫妻百日恩，更何况他们是近 10 年的夫妻情分呢，可惜大周后死时才 29 岁，正是风华正茂时。李煜很难过，昔日大周后的好，都想起来了，失去了这样一位美才女，颇有失去一位红颜知己之慨。他在为大周移种的梅花前写下伤感的词：失却烟花主，东君不自知。清香更何用，犹发去年枝。

当见到周娥皇用过的手巾，李煜更是唏嘘不已："浮生苦憔悴，壮岁失婵娟。汗手遗香渍，痕眉染黛烟。"

在李煜为悼念周娥皇所做的诗赋中最著名的应该是以下这两首：

谢新恩

樱花落尽阶前月，象床愁倚薰笼。
远似去年今日，恨还同。
双鬟不整云憔悴，泪沾红抹胸。
何处相思苦，纱窗醉梦中。

长相思

云一涡玉一梭，淡淡衫儿薄薄罗。
轻颦双黛螺。
秋风多，雨相和。
帘外芭蕉三两窠，夜长人奈何！

关于一代佳人大周后的功过，陆游《南唐书》说后主因为大周后喜好音律，他也"耽嗜"音律，无心政事。假如后主把他的才情全用在写诗上，最多只是一个二三流诗人。幸亏有了大周后，让他倾尽才力注意于音律，并选择了配乐歌唱的词这种新兴的形式来创作，终于成为中国词史上影响最大的一位帝王词人，给中国词史增添了亮丽的一页，应该感谢他的大周后才是。大周后是李煜写词方面的精神导师或同窗，只是他们不是好国主好国后罢了。

更有人说，大周后是一代国后，跟着李煜简直是委屈了，要是她能遇见赵匡胤那样的超级大英雄，才不枉做一世的美女。李煜只贪图个人享受根本不识大周后真正的聪慧，也保护不了她，只能伤害她的美人心志，致使她抑郁而终。作为一个女人，大周后的婚姻可以更幸福的，只是她生在古代，不能自由选择所爱的男人，让人惋惜。

小周后与李煜纸醉金迷的亡国之路

大周后亡故，附葬山陵，谥为昭惠皇后。娥皇死后，李煜回顾十年来的夫妻生活，痛心疾首，内疚不已。他常常亲临娥皇灵前哭祭爱妻，重温了他们伉俪情深的恩爱生活。最后，不顾自己的身份，署名"鳏夫煜"命镌刻在娥皇陵园的巨碑上。埋葬了娥皇之后，在与娥皇共同生活的后宫内，李煜处处触景生情，人去楼空，琴在人亡，在很长一段时间里，李煜郁郁寡欢，此时周嘉敏便陪李煜在宫中，为他分忧解愁，渡过难关。

据说，李煜经常做梦，梦到娥皇，然后早上醒来时，眼眶中不禁潮湿起来，泪眼模糊之间，他再次想到了娥皇的"含颦发笑，擢秀腾芳"，看到了伊人的"鬓云留鉴，眼彩飞光"，听到了伊人的"情澜春媚，爱语风香"……

这印证了那句话，失去的，追不回的，总是最让人觉得珍贵的。

但是生活还要继续，周娥皇死后，她的妹妹小周氏便成了钟太后认可的继后人选。只是由于这个小姑娘实在还太小，连礼服都撑不起来，钟太后不得不将她养在宫中，等待长成之日。没想到第二年钟太后也去世了，李煜按照古礼要守孝三年，这期间不能举办婚事，小周氏只得继续在宫中等待下去。

967年，李煜终于为钟太后服满了丧期，大臣们又开始讨论为李煜册立新后的事情。据说这时候还曾经出了一个插曲，宋太祖赵匡胤也派人前来试探过，看李煜有没有娶赵宋宗室之女为妻的可能，得知继后人选早已养在宫中待年，这才断了打算。

在经过了整整4年的等待之后，小周氏终于成为正式的国后，史称小周后。这一年她19岁，正是她的姐姐当年嫁给李煜时的年纪。为

了这个婚礼李煜还颇下了一番苦心，他命太常博士陈致雍把皇宫里那些老古董书籍都给搬了出来，进行深入调查，看看古代的那些婚礼是怎么样的。李煜怕陈致雍这个书呆子的水平不够，又把大学士徐铉、史官潘佑一起来修改，再由文安郡公徐游来进行总校订。最后他选择用皇家规格最高的仪仗迎娶小周后。这是南唐立国以来第一次、也是最后一次举行了在位君主娶后的典礼。

婚礼举行的第二天，李煜大宴群臣。照惯例，赴宴的群臣自韩熙载以下，都要写诗贺喜。但是，极有意思的是，大家都知道自周娥皇死后，如今这位新国后就已经长住宫内了，钟太后和国丈府的宣传口号是“养于宫中待年”，实际上大家口耳相传，多情国主有两首“手提金缕鞋”之类闻名遐迩的艳词，就是为她所写的。昨天那场隆重的大婚礼，其实不过是做做过场，新娘子和新郎哥早就偷偷行了夫妻之实了，哪来的什么洞房花烛新婚宴尔可言。因此众人写出来的贺诗怪腔怪调，与其说是恭贺不如说是讽刺。对于群臣的态度，李煜倒也不动气，一笑了之，可谓尽显文人的豁达。他接着又接连数日举行庆贺仪式。

小周后嫁给李煜的时候，南唐国势早是江河日下，再加上大臣对他的不敬重，李煜对参与国事更没有了兴趣。专心致志地纸醉金迷。虽然对小妻子仍然宠溺，但在感情上和生活情趣方面却已经无复当年大周后时的盛况。

从此，失去大周后的李煜再也不管政事，当时南唐内外交困，久被国事折磨的李煜只有在小周后的柔情和妩媚下才感到自己的生活仍有乐趣可言，便整日与小周后等女宠浪迹在一起。就是这样一个多情国主，谁都知道他不可能威胁任何地方藩王。但按赵匡胤的说法是：“江南何罪，但天下一家，卧榻之旁，岂容他人酣睡。”当赵匡胤与别的藩王打仗时还对南唐称臣，但这只是赵匡胤的权宜之计。

李煜变成闲云野鹤，只是吟诗作对，而他的佳人小周后又爱过奢侈的生活，她没有娥皇的才华，却只有天真烂漫的想法，这很是迎合当时的李煜的心情。李煜对小周后的宠爱更是超过了大周后，为了增加浪漫的感觉，李煜在花丛里建造了许多亭子，雕镂华丽，两人过着纸醉金迷的生活。春天到来时，他将殿上的梁栋窗壁，柱拱阶砌，都装成隔箭，密插各种花枝，称之为“锦洞天”；令宫里的妃嫔，都绾高髻，鬓上插满鲜花，在锦洞天内饮酒作乐。至于什么奏章，谁爱理谁理，别来烦李词人就行。这样的国主真是江南的不幸。

按历朝历代的评论员文章就是：一派亡国之风。和美女一起饮酒作乐，玩得不知时辰。而当时小周后扮演的历史角色就是怂恿他更加没有节制地过淫乐的生活。

渐渐地，金陵皇宫中的娇娥美女越来越多了。不过小周后对后宫非常严厉，可不像她姐姐那样宽心，宫中的美人没法得到相应的名分，若有心怀怨愤不能忍耐的，小周后甚至会施展辣手，或责或遣送出宫，一点也没有皇后的大家风范。

尽管如此，李煜后期著名的嫔妃，见于野史传说的也有好几个。最有名的莫过于“窅娘”。据说这位美人儿为使舞姿翩跹得李煜欢心，把自己的脚给缠小了，开创了汉族女子裹小脚的陋习。还有一位就是后来成为宋太祖嫔妃的“小花蕊”了。还有一个叫庆奴的宫女，她大概就是由于小周后作梗而没能得到封号的宫人之一，因为南唐灭后，她辗转成了一员宋将的妾侍后，仍然托人带信问候李煜，而李煜的回信也绝非普通主仆之词。连从幼年就入了南唐宫廷，大周后甚为欣赏的黄保仪，也靠着格外卑躬屈膝侍奉小周后才得以保全，她成为获得小周后认可的为数不多的正式嫔妃。

但是性格柔弱的李煜就是喜欢小周后的这种霸道，任她在后宫胡作非为，如此，这两人倒是在职位上互相支持了，她支持他不理国事，他支持她残害后宫，在这方面真是天造地设的一对，想想那貌美有才华的大周后跟了这样的男人真是太屈才了。李煜和小周后在深宫中寻欢作乐之时，赵匡胤也终于称帝要进攻南唐了。

小周后受尽折磨，绝望而死

就在李煜跟着小周后醉生梦死的时候，宋太祖赵匡胤已经把南唐周围那些邻居解决得差不多了，接下来自然就轮到了李煜的南唐。对于宋国这个接连收地的邻邦，后主一直都是尽心尽力地侍奉着的，经常乖乖地奉上白花花的银子和大米，宋太祖自然也就毫不客气地收下，正好成为他打仗时的军粮军费。

看看李煜和小周后这边，美好的日子持续了十年，是该醒醒神儿的时候了。976年年初，也是一个冬夜。西北风和着鹅毛大雪狂暴怒吼，犹如猛兽一般骇人。被围困数月的金陵城，在风雪中如随时引颈受戮的羔羊一样瑟瑟发抖。软弱无能，没有血性的李后主只好“肉袒以降”。于是一片降幡再次竖立于金陵城头，南唐的城防军打开了城门，向升州西南面行营都部署曹彬率领的10万宋军投降。委曲求全的南唐国主李煜，和宫中的后妃宫女一起被押解上了北去的漕舟。眼见家眷亲族、宫娥彩女归为臣虏，大包小包的金银财宝成为宋军的战利品。船到江心，李煜最后望了望曾经给他无限快乐的金陵，想起了已经逝去的父母，还有给他温存体贴的大周后，心中百感交集，不禁潸然泪下。而小周后自然也和他的命运一样，只怕因为她的美色，她的噩运要来了。

数月后，李煜来到开封，朝觐赵匡胤，得到了一个带有极大侮辱性的封爵“违命侯”，小周后也得到了一个暗含耻辱性的封号郑国夫人。然后他们还要违心叩头谢恩，高呼万岁。为了后唐百姓，他肉袒而出城投降，以换取百姓平安，这份勇气还是值得赞赏的，有生之年李煜终于做了回有骨气的大男人。

且说宋太祖能成为历史上最为出色的皇帝之一的胸襟还是大的，在宋太祖的眼里李煜只不过是一个文人，就是不能容忍这样的人当国主。也就因为这样，在宋太祖的时候，李煜和小周后过得虽然凄凉，

但是毕竟还是活了下来。据野史说，宋太祖跟小周后还有一段暧昧故事。所以李煜才能在赵匡胤时期保住性命。

当宋太祖赵匡胤在“烛光斧影”中，在万岁殿不明不白地崩驾，他的弟弟赵光义继位称帝，改元“太平兴国（976年十二月—984年十一月）”的时候，当年十一月，宋太宗废除掉李煜的爵位，由违命侯改封为陇西郡公。“违命侯”，改封“陇西郡公”。表面上看，似乎意味着李煜身份的提高，然而事实并非如此。他常常用言语侮辱李煜，使李煜感到十分难堪。与此同时赵光义看上了小周后。

相传，太平兴国三年的元宵佳节，各命妇循例应入宫恭贺。小周后也照例到宫内去庆贺。不料小周后自元宵入宫，至正月将尽，宋太宗方才恋恋不舍放小周后出来。李煜连忙将花容憔悴的小周后迎入房中，赔着笑脸，问她因何今日方才出宫，她却一声不响，只将身体倒在床上，掩面抽泣。李后主一见料定必有事故，但见小周后正在伤心，不敢再追问，只怕更伤美人。待到夜间行将就寝，李煜悄声地向小周后细问情由。小周后终放声痛哭，大骂李煜之声远闻于墙外：“你当初只图快乐，不知求治，以致国亡家破，做了降虏，使我受此羞辱，你还要问什么？”李煜顿时什么都明白了，只得低头忍受，宛转避去，心虚得一言也不敢出口。这就是宋人王铚在《默记》中说的：“李国主小周后，随后主归朝，封郑国夫人，例随命妇入宫，每一入辄数日，而出必大泣，骂后主，声闻于外，后主多婉转避之。”

原来，小周后那日进宫，朝贺太宗及皇后，众命妇各散归。太宗却暗使太监假皇后口谕要小周后留下磋商女红，把她留在内宫。小周后信以为真，只满心欢喜在内宫候召。谁知当晚却等来急不可耐的宋太宗，逼着她先是陪宴侍酒后又要强拥她入帐侍寝。小周后被骗留宫被逼侍酒本已违意，又怎肯给那个长得又黑又肥的宋太宗玷污了自己那只属于李煜的清白之躯，是故拼死相抗。怎奈女子力弱，又酒后手软；太宗又乃一介武夫，性情正起。毫无羞耻的太宗还生怕不易得手，竟喝命数名宫女代为强抓住小周后并去其衫裙，终于公然在众宫女面前强幸了泪流满面如梨花带雨的小周后。一连半个多月中，那厮一直黏着小周后，行则并肩，寝则叠股。小周后夜夜受尽非人的折磨。

知道这一切后，李煜长叹一声，仰天流泪。优柔寡断的李煜除了逃避和忍耐之外再没有别的办法。他躲着不敢见妻子，待其心情平和后才抱紧她失声痛哭，宋人有好事者，画《熙陵幸小周后图》，图上太宗戴幞头，面黔黑而体肥，周后肢体纤弱，数宫人抱持之，周后作蹙额不胜之状。

自那之后，尝到甜头的宋太宗常以皇后之名召见小周后，然后把小周后留在宫中，多次强奸和蹂躏。之后每次回到住处，小周后虽恨李煜无能使自己受苦，但毕竟是多年恩爱夫妻且现今寄人篱下共患难，也只有认命了。小周后每次入宫归来，都要扑在李煜的怀中，向他哭诉宋太宗对她的无耻威逼和野蛮摧残。为了李煜的安全，小周后只能满足宋太宗的任何要求。从这点看来小周后已经成熟许多，她陪着李煜度过了人生最黑暗的时刻，直到为了李煜殉情而死。所以她其实不能算是一个“坏女人”，尽管她曾经不顾姐姐的病情与李煜生情，但她也是整个戏中的一个悲情角色。因为她的出现，害死了自己的亲姐姐，难道她就不苦吗？也正是因为代替了姐姐的身份，她迅速成长，最终成为一代周后。成就自己爱情的同时，也注定了悲情。面对人生的波折，她也算是个坚强的女子了。

此时的李煜渐渐失魂落魄，他在位时的宫女庆奴，在城破之时隐身民间，现在已做了宋廷镇将的妾侍，她不忘旧主，带了封信前来问候。李煜见了庆奴的信，愈觉哀感，便将心中的哀怨写在书信，其中有“此中日夕只以泪眼洗面”一句。太宗差来监视的人，暗中去报告太宗。太宗看了信，便勃然变色道：“朕对待李煜，总算仁至义尽了，他还说‘此中日夕只以泪眼洗面’，这明明是心怀怨望，才有此语。”此时赵光义已有除他之心。

直到太平兴国三年的七夕，是李煜 42 岁的生日。这半年以来也是小周后遭受奸辱的半年，经历了大喜大悲的李煜，索性这一天把自己的情绪痛快地表达出来。他在院中吟到《虞美人》：

春花秋月何时了。往事知多少？
小楼昨夜又东风。
故国不堪回首月明中。
雕栏玉砌应犹在，只是朱颜改。
问君能有几多愁？
恰似一江春水向东流。

小周后听到，走出门来对李煜说："你又在这里唱词了，现在虽然背时失势，也须略略点缀，况且隔墙有耳，你我处在荆天棘地之中，万再不可以笔墨招灾惹祸了。"李煜叹道："国亡家破，触处生愁，除了悲歌长吟，教我怎样消遣呢？"小周后道："你越说越不对了，时势如此，也只得得过且过，随遇而安，以度余生。从前的事情，劝你不必再去追念罢！今天小菜几样，薄酒一壶，且去痛饮三杯，借浇块垒。"不由分说，拖了李煜直入房内。李煜见桌上摆着几样肴馔，倒还精致，便举起杯来，一饮而尽道："今日有酒今日醉，遑顾明朝是与非，我自来汴之后，将卿的歌喉也忘记了，今日偶然填了两阕词，卿何不按谱寻声歌唱一回呢？"小周后道："我已许久不歌，喉涩得很，就是勉强歌来，也未必动听，还是畅饮几杯，不必歌罢。"李煜哪里肯依，亲自去拿了心爱的玉笛，对周氏道："烧槽琵琶，已是失去，不可复得，待我奏笛相和罢。"周氏本来不愿唱，因为李煜再三逼迫，推辞不得，便将《虞美人》一字一字依谱循声，低头整袂，轻启朱唇唱起来。李煜乘着酒兴亲自吹着玉笛相和。虽然一吹一唱，并无别的乐器，相和迭奏倒也宛转抑扬，音韵凄楚，感人肺腑。

当即就有人把这首《虞美人》传到性格暴躁的赵光义耳朵里，他勃然大怒，马上下令赐予李煜"牵机妙药"，名曰御酒，并让侍从看李煜饮了才离开。那李煜觉着活着已经受尽煎熬，索性饮了那御酒，初时并不觉得怎样，还和小周后饮酒谈笑。不料到了夜间，毒发之时忽然肢体抽搐，忽从床上跃起，大叫了一声，手脚忽拳忽曲，头或俯或仰，作牵引织机动作数十次，好似牵机一般，不能停止。小周后吓得魂飞魄散，双手抱住了李煜，哭着问他何处难受。后主李煜口不能言，只把头俯仰不休，如此的样子又数十次，忽然复倒在床上，头依小周后的怀里，已是气息全无痛苦而亡了。能死在最爱人的怀里，李煜总算不失其浪漫才子本色，勉强算死得其所。

李煜总算死了，也彻底解脱了，一代词帝，终此尔尔。

太宗知道李煜亡故，表面的工作还是做了一番，下诏赠李煜为太师，追封为“吴王”，并废朝三日，遣中使护丧，赐祭赐葬，葬于洛阳邙山，恩礼极为隆重。

眼看李煜死于非命之后，那凄美的小周后处境就更加凄凉，没了丈夫就跟没了主心骨似的。她整日不理云鬓，不思茶饭，以泪洗面。之后，太宗仍时时寻机要强召小周后入宫。小周后悲愤难禁，不怕被赐死，坚决拒绝再入宫，终日守在丈夫灵位前。太宗虽无可奈何，还是贼心不死地不断派人来做说客，威逼利诱。小周后欲以死相抗，终得暂得免再遭逼幸。短短几个月后，小周后孤苦伶仃因经不起悲苦哀愁与绝望惊惧的折磨，于当年自杀身亡，追随李煜而去，可见彼此相爱之深。一代佳人香消玉殒。

据《十国春秋》里说“小周后以后主暴殒，悲不自胜，亦薨。”

后人评说：小周后是传统女人中的女人，因为她最具古代女性悲剧的代表性。她的喜怒哀乐，都随着她爱的男人起伏变化。她的美色是男人追逐欲望的美味猎物，她是男人张扬自我的私有战利品。于是，她的故事，除却绝望，还有悲情。

第十一章

爱情与事业双赢的萧太后

她是辽景宗耶律贤的皇后，圣宗耶律隆绪母。她虚心诚恳，用人不疑，这一直为后世政治家所效法。她有男子一般的气魄，执法严明，毫不软弱，甚至“亲御戎车，指麾三军，赏罚信明，将士用命”。把北宋部队杀得尸横遍野，生擒名将杨业，几年后又与宋真宗确立“澶渊之盟”，开创了宋辽和平发展时期，在中国历史上意义重大。

情窦初开遭分离，年方二八为皇后

我国少数民族地区有一位女性统治者，她在位期间，辽朝进入了统治中原二百年间最为鼎盛的辉煌时期。在中国军事博物馆里，在历代军事家的展厅里始终悬挂着一位女军事家的画像，她就是契丹族著名的政治家、军事家和改革家，巾帼英才——萧绰，我们通常称她为萧太后。

萧绰，出生于辽穆宗应历三年（公元953年）五月。萧绰的父亲是“断腕太后”述律平的族侄，辽朝北府宰相及驸马萧思温，母亲是长公主，名吕不古，辽穆宗的姊姊。据说，萧绰的小名“燕燕”，就是来源于母亲的封号。萧绰有两个姊姊，三姊妹年纪差距颇大。

萧绰从小就聪明伶俐，办事利索，对任何事情都有种不达目的不罢休的精神，在一些琐碎的小事上也不例外。有一次，父亲萧思温看他的三个女儿扫地，萧绰扫得最为干净，高兴地说：“这女孩以后一定能成家。”萧绰的诸多举动深深赢得了她的父亲萧思温的宠爱。

年纪稍长，萧绰就喜欢上了一个汉族男子韩德让。韩德让是已经契丹化了的汉人，论家世，原本也是可以和萧家结亲的。韩氏家族是从他祖父韩知古开始入辽的。韩知古本是战争中被俘的奴隶，后来因为才华过人，受耶律阿保机和皇后述律平的重用，曾总知汉儿司二十六事，又制定契丹国仪，成为开国功臣之一，在辽一直做到中书令的高官。韩知古的儿子韩匡嗣如今是太祖庙详稳，他娶的也是后族萧氏中人，而韩德让则是韩匡嗣的第四个儿子。

这一年萧绰14岁，韩德让足足比萧绰大12岁。他举止温文尔雅，身上融合了契丹人与汉人的优点：饱读诗书的气质，没有契丹男儿的粗野；数一数二的骑射之术，又使他没有汉家男儿的文弱；斯文淡定的举止中，却又有一种隐隐的威慑之力。

可想而知，情窦初开的小姑娘萧绰，爱上才华过人、知识渊博、文武双全的成熟男子，更多的是一种爱慕。从这点分析，可以看出萧绰的心理年龄比实际年龄成熟，而且喜欢强者。韩德让会爱上萧绰更不是一件难事。他虽然醉心功业、眼高于顶，但是以萧绰那样充满活力的青春，那样炫目的美丽，那样霸道的主动告白，一个男人怎么能够抵御这样的爱情呢！韩德让也是血肉之躯，青春男子，自然是毫无抵抗地爱上了萧绰。

两人私自订下了婚姻之约。其实萧氏是契丹的后族，在耶律阿保机时期曾经立下法律：契丹的皇族只能和后族成婚。因此，辽代历史上的皇后大多为萧氏。正是因为萧氏后族与皇室有着这种姻缘关系，所以萧氏在历史上才有如此重要的地位。但是萧绰很自信，她觉得这门婚姻并非不可能，韩氏家族足以匹配后族。

然而当时萧绰还不知道，她的父亲已经将她另许他人。那是一场政变，把两人的爱情梦辗得粉碎。

当年辽开国君主耶律阿保机死后，他的三个儿子中的长子耶律倍被追封为义宗皇帝，次子即辽太宗耶律德光，第三子耶律李胡被追封为章肃皇帝。耶律德光死后，先是耶律李胡欲继位，被耶律倍的儿子耶律阮打败，耶律阮继位，是为世宗。后世宗被人杀死，又是耶律德光的儿子耶律璟继承皇位，即当时在位的穆宗。这三支后人分据三派势力，此消彼长，都有继承皇位的可能。

在这种混乱的局势下，老于政治的萧思温对女儿们的婚事各有安排。长女萧胡辇嫁给耶律德光一系的太平王罨撒葛，次女嫁给李胡一系的赵王喜隐，两个女儿出嫁之后，萧老爹又将第三个女儿萧绰许配给耶律倍一系的世宗之子耶律贤。

老萧的如意算盘打得叮当响，这样的话，不管是哪一系的人马做了皇帝，他都会有一个女儿能坐上皇后宝座，他成了逃不掉的国丈大人。

当时的皇帝辽穆宗耶律璟为人残暴好杀，嗜酒喜猎，为人多疑，皇室宗族和身边近侍不知道杀了多少。而且经常长醉不醒，辽人对于这位大白天睡觉的皇帝极为不满，称之为“睡王”。耶律璟相信巫术，取活人胆入药，炼制延命丹，弄得国内怨声载道，人人自危，国势日衰。

终于在辽应历十九年（969 年）二月他的危机来了。穆宗去黑山打猎，因为心情不顺，一日之内竟然肢解了 65 人，近侍小哥、盥人花哥及厨子辛古等六名仆役因为没有完成穆宗指派的差事，自知难逃一死，索性铤而走险，当夜在穆宗又喝得醉醺醺的时候，联手将穆宗刺死，然后逃亡。

一国之君穆宗意外去世，萧思温当机立断，一边封锁消息，一边派人秘密通知晋王耶律贤立刻飞马到灵前即位，号景宗，是为辽景宗，改元保宁。

萧思温的及时通知成就了辽景宗，君王当然感激不尽。景宗一上任，萧思温立刻手握大权，被封为北府宰相、魏王等爵位，而后一道旨意，令萧思温之女萧绰入宫为妃。这时的萧绰只有 16 岁，聪慧美丽，耶律贤慕名已久。

这个消息对萧绰和韩德让来说就是一个晴天霹雳。但是有时候政治利益高于一切，尤其是在一直相对混乱的辽国，更何况两人都不是不知世事的小儿女，正相反，他们从小到大，一直接受的是涉及权势斗争的教育。萧绰从小受的是做后妃的教育，韩德让受的是出将入相的教育，在重大政治关头，他们都只能够选择面对现实。韩德让只得娶汉人大族李氏之女，悲伤地离开了京城。

从小生活在幸福家庭的萧绰也没让父亲失望。父亲母亲之间鹣鲽情深，萧思温还经常亲手给妻子梳头画眉，羡煞旁人。这样的家庭，对于萧绰的成长自然是极有好处。让她无师自通地学会了在一个小家庭内消除矛盾、增进和谐的办法，此后她的皇家家庭，一直也比较称心如意。这在中国历朝称制的太后中，是一个罕例。

对于萧绰，辽景宗本就已经将她内定为皇后了。但是为人心计甚深，却先封其为贵妃，直到两个月后，他已经将她里外观察得很清楚了，保宁元年（公元 969 年）五月下旨，封她为睿知皇后。

 夫妻情分来之不易，又来去匆匆

萧绰入宫一年多以后，权倾朝野的北府宰相萧思温忽然被盗贼所杀，谁都知道这不可能是一桩意外。只因当年辽景宗能够即位，完全取决于老萧，他及时通知谁了，谁就是皇帝，所以其他皇家集团对他一直怀恨在心。

说说萧绰的父亲萧思温这个人，虽然饱读书史，却是一位名不副实的军人，长期担任南京留守的重任，却从来没有在后周那里靠自己的本事打过一场胜仗。唯一的一次“大胜”，其实只不过是后周世宗柴荣在战事中途重病退兵，他捡了个现成便宜而已。但是由于他是皇家贵戚，这场“胜利”仍然给他长了不少脸面。萧思温参掌国政的水平，和他带兵打仗的水平相仿佛，士大夫们都对这位只会甩儒生派头的公子哥没啥好感，认为这样的人治理国家，真是完蛋糟糕。但正因为萧思温才有了后来的辽景宗，才使得萧绰登上了历史舞台。

老萧的死使得17岁的萧绰在惊变之后迅速成熟起来，她明白只有手握大权，才能够掌握自己的命运。于是，抛开少女情怀，投入新的角色定位中。保宁三年（971年），萧绰生辽圣宗耶律隆绪，后又生三子三女。随着孩子越生越多，萧绰的权势也越来越大。辽代萧氏除了述律氏萧姓外，还有一支大家族，即审密氏萧姓。在萧绰成为皇后以后，此审密氏萧姓家族不但声势显赫，而且在联姻中不断扩展，形成了相当庞大的家族网络，对辽朝的历史产生了重大的影响。

形成自己的力量集团后，萧绰先后除去恃功骄横的飞龙使女里和南院枢密使高勋等重臣，巩固辽景宗的皇权。这固然是萧绰自己的能力，也是景宗耶律贤有意一步步栽培引导。

辽景宗耶律贤经历过童年的凶杀政变，目睹了自己的父亲世宗和祖母在一次兵变中被杀死，那就是“火神淀之乱”。他深刻地明白政

权是在血腥中确立的。这些经历令他受尽惊吓，一生都心有余悸，严重地影响了他的健康，从此得了风症。据史料记载，从他病发时的惊悸抽搐状况来看，也很像是癫痫之症。耶律贤不想自己像世宗、穆宗一样死于非命，他想活得好好的，想实现自己的政治抱负，还想安安稳稳地将皇位传给自己的儿子。

皇权的控制是一件体力活儿，它需要掌控者精力充沛，及时扼杀危险苗子，还要随时防范各种可能的出现。由此久治不愈的辽景宗心有余而力不足，常常难以处理。再加上萧绰不仅在生活上对景宗无微不至的关怀，还帮忙解决了一些朝廷上难以解决的问题，深得景宗的信任和支持。后来景宗选择相信自己儿子的母亲萧绰，他无法上朝时，军国大事大多由皇后萧绰代理。

在辽景宗引导和观察了萧绰几年之后，两人的夫妻之情在增长，信任度也在增长。于是接下来的日子里，辽景宗耶律贤逐步将皇后萧绰带到政治的前台，让群臣们慢慢熟悉皇后，渐渐适应听从皇后萧绰发号施令。萧绰明达治理，起用贤能之人，重用汉族文人，任人不疑，赏罚分明，整顿吏治，使政治走向清明，国势呈现蒸蒸日上的景象。

保宁八年（975 年），辽景宗谕史馆学士："在书写皇后言论时也应称'朕'或'予'。"这表明萧绰可代皇帝行使职权，一旦有什么意外发生，和他具有同等地位的皇后所发表的命令，等同于他的命令。萧绰主掌朝廷大权，成了实际上的"女皇"。此做法还透露了当时萧绰的命令还未得到辽国朝臣们的完全顺服。

在萧绰代夫执政的时候，辽国与中原的边境一直不安宁。辽国自太宗耶律德光入主中原不果以后，一直内乱不断，自顾不暇；尤其是穆宗执政以来，荒于朝政，国力更是衰弱。而在中原，则由后周开始逐渐成一统之势。自周世宗、宋太祖、宋太宗开始，就不断地对辽发动攻击，当时的情形一直是南攻北守，辽国处于只挨打不还手的局面。

到辽景宗继位，治国有方，国势为之一振，但是同时他所面对的对手也在日益强大。辽乾亨二年，即宋太平兴国二年（979 年），宋太宗亲率大军，灭了辽国在南方的最后一个属国北汉。尽管辽景宗和萧绰连连派出北院大王耶律奚底和南府宰相耶律沙等率大军救援，却也没能够保住北汉。一时间大家都猜，下一步肯定是要对辽发动攻击了，辽朝野大惊。当时刚刚一统天下的宋军气势正锐，情况一直是南强北弱。

如大家所料，宋太宗灭了北汉之后，紧接着就发动了对辽的攻击，企图收复后晋石敬瑭割让契丹的燕云十六州。宋大军直逼到辽国的南京（今北京）城下。当时正值辽景宗每年例行的夏捺钵（行营），文武大臣都随辽景宗行帐去了黑山，包括当时的南京留守韩匡嗣，只有韩匡嗣之子韩德让代父守城。

耶律贤和萧绰在黑山，刚刚接到北汉灭亡的消息，又接到南京被围的消息，不由大惊，立刻派耶律休哥、耶律斜轸率军救援。

韩德让日日夜夜亲自登城坚守南京城，在辽军数次败退的情况下，一边派人飞报景宗，一边调集粮草军备，并安抚百姓，稳定民心军心，为援军到来赢得宝贵的时间。

萧绰听到消息调兵遣将，千里飞援。两人仿佛心有灵犀，用的计谋都是相互接应的，昔日旧情人联手神奇地扭转了局面。宋军久攻不下，反而被耶律休哥在高梁河伏击，宋太宗全线溃败。在王承恩的保护下抢了一匹驴车逃走，狼狈无比。

南京一役，使得韩德让自此声誉鹊起，正式超越其父韩匡嗣，进入辽国中央最高决策层。

在宋，南京一役被称为高粱河之战，是由强到弱的转折点。对辽国来说这是至关重要的一战，数十年来辽国在后周、宋的攻击之下，只有招架之力，并无还手之功。而这一战，则成为辽国反败为胜的关键转折点，令整个辽国的军心民心为之振奋。当时，辽国百姓只知有萧皇后阵前杀敌，而不知后方有景宗的协助。萧皇后的威信在此时也树立起来。

此战役之后，辽景宗耶律贤的身体每况愈下，政事基本都交与萧绰掌舵。

南京一役后第三年，即乾亨四年（公元982年）九月，辽景宗耶律贤巡幸云州，猎于祥古山，崩于行宫。遗诏令："梁王隆绪嗣位，军国大事听皇后命。"就这样，辽国的统治权，正式完全交于萧绰，使她成为未加冕的"女皇"。

在内外形势交替袭来的时候，萧绰不断适应新变化，迅速成熟，其机敏应对实在令人佩服。

主少国疑时候，心计是一定要有的

辽景宗驾崩后，长子耶律隆绪12岁即位，是为辽圣宗。帝年幼，皇家重权落到了29岁的太后萧绰手里，这时的她虽然已经在事实上治理了辽国十几年，但是行政权不代表所有权，萧绰代表耶律贤发号施令人家可能听话，但是萧绰自己出来说话未必就这么灵。且不说在辽的外部，宋朝随时可能趁着这个混乱的时期来进攻辽朝，而在内部也不是那么平静的。诸王宗室200余人拥兵自重，窥视皇位已久，此时更加蠢蠢欲动，企图借着孤儿寡母执政无力，要回到原来契丹八部轮流坐庄的历史中去，对萧绰及圣宗构成了莫大的威胁。面对这种险峻的内部和外部形势，萧绰意识到必须采取果断、干脆的方略和措施才能立于不败之地，巩固统治。

她非常了解辽国从前历次改朝换代的惊险过程，辽国的皇权交接一向不规范，连成年的皇帝都有可能夜半丢了脑袋，更何况才不过12岁的小皇帝耶律隆绪。面对自己年仅12岁的长子隆绪，摄理国政的她首先想到的是主少国疑，先稳定国内局势。

全盘接手朝政的萧绰，立刻召见了景宗临死前的顾命之臣韩德让和耶律斜轸，这两位都不是外人。韩德让是萧绰的旧情人，耶律斜轸是萧绰的侄女婿，既是至亲又是心腹，这位新寡的太后在大臣耶律斜轸和韩德让面前流着眼泪说："母寡子弱，族属雄强，边防未靖，怎么办啊？”

皇帝对大臣流泪不见得有作用，而换成是一位女皇，那她的眼泪便能发挥以柔克刚的力道。看见一向成稳老练的萧绰居然也有孤立无援的小女人模样，果然这二位大臣立马表示忠心：“但信任臣等，何虑之有！”于是萧绰让耶律斜轸、韩德让参决大政，顺利地完成了景宗去世后的朝政布局，设置契丹“宫卫”，组建契丹骑兵，严肃吏治，唯才是用，收罗了不少小势力量。

萧绰还做了一个加强措施，让小皇帝耶律隆绪与耶律斜轸进行了交换弓矢鞍马的仪式，这种仪式蒙古人叫“结安答”，从此两人成为患难与共的兄弟。

耶律斜轸是耶律曷鲁的孙子，世宗、穆宗的族兄弟，景宗的族叔，圣宗同族叔祖，拥有一定威望。《辽史》上说他“性明敏，不事生产”，保宁元年（969 年），宋兵攻打北汉，萧思温推荐他为西南面招讨使，以此来节制西南面的诸军队。他不仅参加了宋辽之间的高梁河战役，还参加了宋辽的第二次大战——燕云之战。他统领着御林军并主持朝政，在维护景宗的地位和辽朝的全盛发挥了自己经邦治国的人才作用。萧绰任命他管理内政事务，尤其是严管贵族。

萧绰任命战功赫赫的耶律休哥为南京留守，负责边防军事防御的工作。此外，她还想尽办法隔离诸位大臣，不让他们接触，以杜绝他们联合起来串通谋反，以此稳定了政局。

对于韩德让，萧绰是另一种做法，她让韩德让总管宿卫事，保障圣宗母子的安全。萧绰幼时曾许配给韩德让，未履行婚约就嫁给景宗。景宗死后，萧绰认为韩德让极有政治才能，决定改嫁韩德让。当时契丹的风俗也允许如此。据史料载，耶律贤死后，她对韩德让说过：“你我曾有婚姻之约，今愿偕前盟，而当国的幼主，也就是你的儿子了。”后萧绰派人秘密毒杀韩德让的妻子。韩德让则无所顾忌地出入宫闱，出猎听政，两人都在一张桌子上吃饭，并排而坐，晚上则睡在一个帐篷里。萧绰让韩德让之前就担任圣宗的老师，此番安排用心良苦，间接导致圣宗也把韩德让视作自己的父亲来侍奉。

韩德让当然会尽心尽力地辅佐，一边护送着景宗灵柩回京，一边扶保圣宗登基。韩德让主张撤换了一批大臣。接着萧绰下令诸王不得相互宴请，要求他们无事不出门，并设法解除了他们的兵权。靠这样，圣宗和萧绰的地位才稳定下来。

统和元年（983 年），圣宗率群臣给萧绰上尊号承天皇太后。并以太后身份临朝称制，总摄国家大事，就此便开始了辽代历史上著名的“承天后摄政”时期。这样辽国内部算是相对稳定了。

萧绰主政初期，边境不安，不敢也不能松懈，她对辽国内部和外部是了如指掌的。除了农业不发达外，她还意识到其境内边远地区的一些少数民族部落纷纷要求独立。外部有高丽民族与辽朝为敌，南部的宋朝时刻都有发动战争的可能性，为此她制定了安边、抚内、整顿兵马、富国强兵的一系列政策。

为了暂时麻痹宋朝皇帝，得到休养生息的机会，萧绰故意散布谣言，指出东方的高丽才是辽朝的主要敌人，而宋朝是辽的朋友，并故意把军队调到了高丽地区，为她的内部改革和增强国力准备了时间。她任命大将耶律抹只留守东京（今辽阳），加强东京的战备工作。

统和三年（985），萧绰下令征伐高丽，这个举动吓坏了高丽国，同时麻痹了宋朝，实在是一箭双雕。但是实际上辽军根本就是按兵不动的。不久以后，萧绰便以地势低洼为由而取消了这次作战动员。

为了防止宋朝的随时进攻，萧绰主动提出与西夏和好，以此来减轻辽西部的压力，并且还不时与宋通商，规定凡是向辽朝提供粮食、铁器等物资的一概免税，此举意在为辽朝做战争准备。同时，大量从山西和河北一带购进粮食，在自己的大后方（今辽宁北镇）大量铸造兵器和军械等战争器材。萧绰时刻警惕着宋朝的进攻，她的主要的目的是在威慑各个小民族的基础上，全力地为进攻宋朝做准备，以便维持她的统治。

宋太宗赵光义也不是吃干饭的。他的大臣相继进言：“如今契丹主年幼，国事决于其母。而其母与韩德让不清不楚伤风败俗，定然招来国人痛恨，辽国肯定内乱，上下不齐心，会有谁愿听一个败坏妇德的女人指挥？正是对辽用兵的大好时机。”赵光义听说辽国孤儿寡母执政的局面，立刻觉得机会来了。他带着这种观念，发动了北伐，而这种偏见，却是致命的。

于是，宋太宗于雍熙三年（辽统和四年，公元986年）的三月，对辽国发动“雍熙北伐”，宋太宗再次派三路大军攻辽，试图收复燕云十六州。

萧绰则马上安排对策，以耶律休哥抵御东路宋军曹彬一路，又以耶律斜轸抵御西路宋军杨业一路，后亲带韩德让和儿子辽圣宗赶到南京，与耶律休哥协同作战。

五月，萧绰亲披戎装上阵，亲自到前线督战，一面率兵在正面与曹彬对阵，一面派耶律休哥包抄宋军后路，阻断水源粮道，在歧沟关东路大败宋军曹彬所部。

萧绰腾出兵力，转而对付西路宋军，在朔州击退北宋西路军潘美部，挫败了宋军的进攻，极大鼓舞了辽军的士气。宋太宗连忙下令西路军全线撤退。宋军士气低落，一路连吃败仗。

西路宋军杨业得不到后方有力的支援，最终包括杨业之子杨延玉在内的所有部属都全数战死，杨业本人也被活捉，悲愤之下绝食殉国。

萧绰下令将杨业的头颅割下，装入匣中，传送边关各地。辽军士气大振，而宋朝守军则大受打击，未曾对敌便已经失了信心，无法守住已经夺得的土地。辽国顺利地收回了所有的疆土。

历史上宋太宗的两次北伐，成就了萧绰的英名。这两次大战后，宋再无北伐之力，而辽国却开始反守为攻，由弱转强。

而此时，在辽国国内，萧绰和韩德让一边大力推行汉化，削弱部族势力，稳固皇权。

明达礼制推新政，严明中偏爱旧情人

既然萧绰对国内外的局势是了如指掌的，英明的她就决定推行新政，把别的民族好的制度和文化拿来使用。首先实行汉族的法律，重用一批汉族的知识分子以便更好地推行汉化政策，推动契丹从奴隶制向封建制的转变。但此举却遭到了契丹旧有的官僚贵族的强烈反对，叫嚣着要恢复契丹族的旧制，根本不把孤儿寡母放在眼里，继续要求各个旧族轮流坐庄执政，企图发动推翻政权的阴谋叛乱。

此时的萧绰开始发挥出她的聪明智慧。她利用汉族新贵和契丹贵族之间的矛盾，推行了“削藩强民，力行新政”的政策，削弱了契丹贵族的力量，打破了他们企图叛乱的阴谋。成功削藩后，萧绰抬出契丹远古的再生仪、柴册仪等，一再举行宗教仪式，让百姓认为萧太后的执政乃是天授神权，顺应天命，这样制造舆论效果，争取民心，深入巩固她的统治。

举行仪式那一日，萧绰穿着大红镶金的衮服，皇后冠上的金光照得人睁不开眼。她站在高高的柴殿上，举起双手，全身被绚丽夺目的阳光笼罩着。她的身上，也发出太阳一般的光芒，像是从太阳中走出来的神祇。那一刻参拜的群臣相信，太后是上天派下来执掌大辽的。所有的部落长和王室宗亲、文武大臣，对着太阳神，对着长生天，发下了效忠的誓言。

平息贵族的阴谋之后，部族叛乱也被镇压。之后萧绰便如鱼得水地大胆重用汉族文人，仿效汉族的法律来治理国家，显示了她的超强魄力和胆识，这也是契丹族在汉化过程中一个很重要的步骤，适应契丹族由奴隶制向封建制转变的社会需求。后来曾有世人评价她为“柔肩担江山，裙衩争风流”，表明作为女人在治国方面一点也不比男人差。

接受汉文化过程中，萧绰不仅自己熟读四书五经的经典著作，还

要求圣宗多了解一些汉族统治者是怎样招贤纳谏和关于唐朝兴衰的历史典籍。

公元988年，辽国正式仿唐朝制度开科取士，并且采用了中原的开科考试制度，大大提高了契丹族官吏的文化水平和修养，吸收更多的知识分子进入中央。她和一群文武人才一起整顿吏治，使自己统治下的辽国逐步走上正轨。

在农业生产方面，虽然萧绰是契丹女子，但对于中原地区的男耕女织生活十分向往。因此，她对于农业的政策也是十分开明的。她积极奖励农耕生产，鼓励开发未开发的荒蛮之地，给予穷苦人家一定的帮助和补助，并且要求不要因为狩猎和放牧而破坏了百姓的庄稼。这些积极措施大大提高了百姓从事农业生产的积极性，促进汉族与契丹族的和睦相处。在她统治的时期，辽朝基本上普及了农业生产，昔日一片荒野的不毛之地开始呈现出一派生机勃勃的景象。

一般说来，君主制的一大特点就是大臣唯君主马首是瞻，处处小心翼翼、谨慎应对，有的大臣还阿谀奉承，拍马屁。萧绰深恶痛绝这种官场上的不正之风，因此下大力气杜绝这种风气，积极鼓励臣子说真话，说实话，反对屈从，并且从自身做起，大大改善了官吏的廉政之风。当萧绰听到好的建议必定采纳，赏罚分明。

萧绰还“亲决滞狱”，制定新法，察贪酷，禁抢掠，解放奴隶，作了许多平反工作，把以前契丹人和汉人发生纠纷时重责汉人，改为契丹人和汉人同罪同罚，调整两族关系。

经过她的一系列改革，给辽国的手工业和商业的发展和兴旺争取了良好的发展空间。逐渐地百姓生活安定，安居乐业，国力强盛，国库盈余。

总结以上的政策可以看出，几乎所有的改革都是围绕着“汉化”而进行的。因为萧绰的青少年主要在燕京长大的，受到中原先进文化的影响比较大，又有契丹族的魄力和气质，因此，她能够认清时代的发展脉搏，站在时代的前沿，才有了一系列因地制宜的改革。辽朝可以说此时进入了统治中原以来二百年间的最高峰时期，而这种成就与萧绰的智谋和胆魄息息相关的，她功不可没，这成为了辽历史上最辉煌的一页。

通过战争胜利、宗教仪式和政治改革，在韩德让的辅助策划之下，萧绰在辽国建立了不可动摇的地位，两人的感情同时也到了十分圆满的地步。

在萧绰和韩德让的相处中，她并不仅仅将他视为臣下和情人，而是将他视为自己的丈夫。她不但爱他、也敬重他，她和韩德让同进同出，同饮同寝，而且两人同坐议事，同受臣下参拜。甚至接见外国使臣，也是两人同坐，而皇帝耶律隆绪反而要坐在两人下首。

虽然世人都知道萧太后与韩德让之间的情义，但这毕竟是没有名分的事情。

统和六年九月的一天，萧绰一反从前在自己宫中宴请皇亲众臣的惯例，而在韩德让的帐室中大宴群臣，并且对众人厚加赏赍，并“命众臣分朋双陆以尽欢”。

所有人都明白，这实际就是萧太后改嫁韩德让的喜宴，从此两人就算有了夫妻名分。

萧绰正式表示下嫁韩德让之后，对于韩德让的“继父”身份，辽圣宗耶律隆绪不但毫无反感，而且对韩德让有着发自内心的尊敬和父子般的感情。他每天都让自己的两个弟弟隆庆和隆佑去向韩德让问候起居。韩德让如果离京外出返回，两位亲王也要去迎接，问安拜见。

纵观整个辽朝始终，韩德让在萧太后的宠幸之下青云直上，官职晋升到前无古人后无来者的程度。在辽国，因为民族性质分为南北二府，北院枢密使由契丹人出任，南院枢密使由汉人出任。韩德让身兼南北，成为辽国权力最大的实权人物，他是辽国百年来唯一的一个。

都这样了萧绰犹不满足，又赐韩德让皇族姓氏耶律，赐名隆运，封晋王，隶属季父房，圣宗从此得称韩德让为亲叔叔了。如此，韩德让像辽国历代皇帝和摄政太后一样，拥有自己私人的斡鲁朵（宫帐）、属城，万人卫队，这待遇直逼辽国的太上皇。据史料记载：“德让无子，初以圣宗子耶律宗业为嗣；又无子，以魏王贴不（宗范）子耶鲁为嗣；天祚立，以皇子敖鲁斡为嗣。”意思是说因为韩德让无子，于是规定皇室每一代都贡献一个亲王作为韩德让的后嗣。

萧绰对韩德让好到这个份儿上，契丹贵族内部也不是没有意见的。有些人更以韩德让“非我族类”为由，坚决反对太后对他的宠信，甚至散布一些韩德让不忠于太后和辽国的谣言。萧绰面对所有的挑拨和挑衅，都不为所动，对韩德让始终如一。众人也就不了了之。

其实，萧绰对韩德让这般优待，除了私情，还是有自己的政治目的的。一方面应对辽朝内部的权利斗争，需要有一个强有力的支持，另一方面一个很重要的原因就是契丹民族是少数民族，为了适应不断汉化的趋势，需要一个本身有中原文化素养的并且是汉族血统的汉人，能与萧绰志同道合，来协助她，而韩德让无疑是一个合适的人选，他也没有让她失望。

据史料说韩德让：“在统和年间，位兼将相，其克敌制胜，尽贤辅国，功业茂矣。”可见他在对外战争和内部建设上做出的突出贡献。他本人也是谦虚英勇，并没有因萧绰赋予他的权力而作威作福，飞扬跋扈，他基本上以国家的利益为重，顾全大局，忠心报国。所以说，萧太后的不朽政绩中有韩德让的一份功劳。

但有一事暴露了萧绰对韩德让的严重偏心。涿州刺史耶律虎古，因对韩德让无礼，韩德让竟然当庭将耶律虎古击死。一向以执政严明，在国内推行杀人偿命制度的萧绰眼睛一闭，硬是就当没看见。可同样，大将胡里室在马球赛上将韩德让撞下马，萧绰大怒，立刻就将胡里室斩首示众。这两件事加起来说明皇权在上，谁都不可能做到完全公正。

岁月不停留，到统和二十七年（公元 1009 年）的十一月，萧绰为儿子举行了契丹传统的“柴册礼”，将皇权交还给耶律隆绪，结束了她在辽景宗、辽圣宗年间四十余年的“摄政女皇”生涯，她决定去南京修建宫殿，安享晚年。不幸的是，就在南行的途中，她染上了疾病。

十二月初，她逝于行宫，终年57岁，封谥号为“圣神宣献皇后”，隆重安葬于辽乾陵。

萧绰之死对晚年的韩德让来说是沉重的打击，一年多之后，韩德让郁郁而终，享年71岁。辽圣宗耶律隆绪为继父举行了隆重的葬礼，一切规制都与母亲一样，随后将他安葬在母亲的身边。从此这对有情有所作为的历史人物退出历史的舞台。

中国历代皇后、太后中，也有临朝天下、建功立业者，但难免夫妻反目，母子相争；或者也有夫妻恩爱、儿孙孝顺者，却难免三从四德，锁于深宫。而千古以来能够全面收获功业、家庭、爱情之圆满者，却唯有萧绰一人。

骨肉相残的萧氏三姐妹

萧绰曾经侍奉景宗十三年，景宗死后又辅佐儿子圣宗二十七年。她在位的这几十年，不仅采取了辽国由奴隶制向封建制转变过程中的一系列的汉化措施，还解决了悬而未决的战争问题。她一生诸多丰功伟绩，但是在她统治时期也有过骨肉相残的事情。

萧绰一共姐妹三个，她们的父亲老萧把她们分别嫁给三个有可能成王的亲王，这样无论谁称王他都是国丈，但是还有一个结局，就是有一个称王，那么就会与另外两个亲王成为政敌，在混乱的辽国，这是你死我活的事，萧家三姐们就自然被牵扯其中。

这一天迟早都会到来。先说萧家二姐，她嫁给赵王喜隐为妃，而喜隐早在景宗时数次谋逆。第一次萧绰看在姐妹情分上放过了喜隐，只是小惩一番；第二次又造反，于是将喜隐囚禁了；第三次再造反，当时正值景宗末年，危机四伏之际，萧绰不能再留祸患，终将喜隐处死。

然而萧家二姐不干了，对妹妹怀恨在心，她身旁又少不得一些也恨萧绰的贵族，他们再怂恿一下，于是萧家二姐下了决心，借着以姐妹之情举行家宴之时，打算将萧绰毒死。不料被发现，萧绰终于下令处死二姐。

萧绰的大姐萧胡辇，又称作呼辇，她对萧绰的影响很大。呼辇大胆泼辣，能征善战，敢爱敢恨，是个爱憎分明的人。她对萧绰对外亲自征战，对内毫不畏惧守旧大臣的威胁有非常重要的影响力。

大姐萧胡辇跟萧绰，倒是并没有出现像二姐那样的政治敌对，但是也没有好结果。在父亲的安排下，萧胡辇嫁给了穆宗的弟弟太平王罨撒葛，景宗继位之后，为了稳住局势，封罨撒葛为齐王，萧胡辇自封为齐妃。但是罨撒葛不久就去世了，新寡的萧胡辇被封为皇太妃。辽国的女人，对于守寡的概念并没有像中原人那样悲惨，萧胡辇的生活依然是该怎么过怎么过。

萧胡辇接手了罨撒葛的旧部，公元 994 年，以皇太妃的身份率领着永兴宫军 3 万大军屯兵驻扎在西鄙驴驹儿河这个地方，管辖着西北路乌古诸部，运用讨抚并用的方法安抚了西域，为萧绰进一步攻打宋朝做了充足的后方准备。萧胡辇权柄在手，呼风唤雨，宛若西北女皇，快意得很。之后，一个叫挞览阿钵的奴隶，年轻英俊，成为她的新宠。于是不顾自己是太后姐姐的身份和奴隶达览阿钵的身份之地位悬殊，而毅然决定下嫁于他。这在某种程度上对于萧绰勇敢的追求与韩德让的感情应该不无某种关系。当萧绰听到姐姐说："愿嫁番奴为妻。"便把那个在她看来不怀好意、野心勃勃的挞览阿钵重打一顿，囚禁起来。不料这次萧胡辇是动了真情了，她死心塌地，只要这一个，对萧绰安排的人连看也不看。一年以后，萧绰终于让步，将挞览阿钵还给萧胡辇。

但是挞览阿钵本来就是一个野心勃勃的人，经此一番挫折，更是怀恨在心，终于怂恿萧胡辇谋叛，自立一国。他的逻辑很简单，萧绰的情人韩德让可以做上辽国的太上皇，那他皇太妃的情人好歹也应该做上一国之主。但他也不想想，韩德让的英勇与才华，怎他一个只有鲁莽没有智谋的奴隶能比。萧绰大姐的这场叛乱没有意外地被平定了，挞览阿钵先被诛杀，圣宗统和二十四年（1006 年），萧胡辇因为谋反被囚禁，一年后死去。

萧家三姐们只剩萧绰一人，这种家世和环境对造就萧太后的性格和意志及对她以后制定和执行决策自然产生了很大的影响。这大约也算是萧绰完美人生中的遗憾吧。

姐妹互相厮杀，权力斗争中最冷漠的莫过于此，萧太后都经历了。

 萧太后并非传说中的母夜叉

萧绰的形象对平民百姓来说其实并不陌生，她就是《杨家将》里面杀伐独断的萧太后。

萧绰执政时，曾在宋太宗时大破宋军，又在宋真宗时订立和约，宋朝需向辽朝缴纳大量财帛。但在传统父权思维，及汉族对少数民族政权偏颇的史观，甚至是阿 Q 精神的影响下，民间流行的戏曲小说，如 17 世纪开始流行的《杨家府演义》，将萧太后描写得昏庸短视，把女儿嫁给敌将，最后甚至编造出宋灭辽，萧太后羞愧自尽，被宋朝降格为妃安葬的情节。尽管演义完全歪曲史实，其中的情节却在数百年来已深植民间。

话说，一辈子叱咤风云，也总会有老的时候，退出政治舞台之前，萧绰还想干最后一件事，这就是“澶渊之盟”。

公元 1004 年，深秋闰九月，萧绰联手韩德让，领着辽圣宗耶律隆绪，率辽国精锐部队 20 万南下攻宋，军队一路推进，避实击虚，绕过宋军固守的城邑，长驱直入，到达澶州城，直逼百里外的东京汴梁城。北宋朝廷得此消息一片混乱，大臣们主张迁都。唯有宰相寇准鼓励宋真宗御驾亲征，激励士气。

当宋真宗的车驾出现在澶州前线时，士兵高呼“万岁”，绵延不绝，声震数十里，很快就集结起数十万之多的援军与辽军对抗。军情开始转向对辽不利，辽国名将萧挞凛在察看地形时，被宋军用弩射中身亡，

辽军士气大受影响。萧绰审时度势，及时决定阵前议和。宋真宗畏战，在澶州城下，与辽国达成“澶渊之盟”。

“澶渊之盟”的大致内容是：宋国每年输银十万两、绢二十万匹给辽国。宋辽互市。辽兵北撤，退出所占的十几个城池。

实际上这是一个以“助军银”为名使北宋付出战争赔偿，而辽国却在政治和经济上都得到更多好处的不平等条约。这次军事行动与和约签订的胜利，充分显示了萧太后卓越的政治、军事、外交才能。

自“澶渊之盟”后，契丹与宋百余年无较大冲突。两国各自发展经济去了。萧绰给契丹子孙后代创下了和平的外部环境。

第十二章

清朝皇族的捍卫者——孝庄

她聪明睿智、颇有谋略，一生经历了清初三朝动荡政局的变化，关键时期，扶大厦于将倾、挽狂澜于既倒，精心扶立两个幼年皇帝主政，对大清王朝的建立及其统一全国的伟业起了重大作用。

博尔济吉特氏的三位福晋

作为明末清初乱世风云中的重要人物，孝庄文皇后和她不平凡的一生却鲜见详细的正史记载，那段岁月也一度成为影视剧戏说的“重灾区”。流传于民间各种版本的野史，当代与敬畏绝缘的戏说，都为这上承后金两大汗之征战基业，下启入关后清王朝十世帝王社稷江山的一代女杰蒙上了传奇的色彩。

孝庄文皇后，生于万历四十一年二月（1613 年 3 月），姓博尔济吉特氏，名布木布泰（亦作本布泰），蒙古科尔沁部（今通辽）贝勒寨桑之次女。12 岁时赴后金盛京嫁与太宗皇太极之前，她一直生活在家乡的草原。在那片辽阔的天地之间成长，她继承了蒙古人的豪迈性格，这一特性在她日后踏足政坛的岁月里发挥了强大的作用。甚至可以说，清初入关后一统天下，稳定朝政，开启康乾盛世的最大功臣即孝庄，而她对于当时天下，以及爱新觉罗皇族内部的稳定所进行的努力，也是历史上同样权倾一时的武则天和慈禧太后所无法比拟的——前者虽荣登九五之尊，但基本败了李唐王朝的气数，晚年朝野一片狼藉，朝廷日渐失去对全国和社会的管理能力；后者虽是近代史上最有影响力的女政治家，但其对历史发展目标的短视和对权力的贪恋最终将清王朝送入了历史的坟墓。武则天与慈禧太后从政也一贯以强横形象示人，孝庄文皇后则收敛锋芒，以沉稳的姿态和谨慎的处事诠释了何谓“母仪天下”。

后金天命十年二月初二（1625 年），12 岁的博尔济吉特氏（孝庄）在兄长吴克善的陪护下来到盛京，嫁与战功赫赫的四大贝勒之一皇太极。当时随父兄与明王朝征战多年的皇太极已逾 34 岁，并且，其正室孝端文皇后乃孝庄的姑姑，名哲哲，位列孝庄在内的五福晋之首。论辈分，孝庄算是嫁给了自己的姑父。

在汉人看来，如此婚姻实属有违人伦，但后金诸部仍处从原始社会游猎民族向封建社会进化的转型期，并未受到多少汉化，亦不会有人指摘；再者，满蒙联姻属既定国策，事关大局，满洲宫廷后宫女子大部分来自蒙古诸部。满蒙联姻主因在于蒙古各部分裂，较弱的部落若不想被其他强邻吞并，势必要与强势的建州女真结盟。蒙古族曾经是个战无不胜的民族，但他们靠杀伐而得的帝国不到百年就衰亡了。蒙古分化成为漠南、漠北和漠西三大块。孝庄所在的科尔沁部落是在漠南东边的一个分支。科尔沁部落不善打仗，偏偏强邻又多。东有大金、西有察哈尔，再加上南方的大明朝，哪一个都得罪不起，唯一的生存之道就是依附于建州女真。更深层次的原因是，科尔沁部的首领认为仅靠自己部落的男子汉是难以带领民族重新崛起的，唯一的办法是改变人种。所以，他们才心甘情愿地将部落里所有美女都嫁给建州女真，让满州人的血液里流淌着一半蒙古人的血，再由满蒙联合收复被汉族人夺去的江山。科尔沁部落的每个女人都是带着这样的目的出嫁的。

科尔沁部贝勒寨桑家族有三位被册封五宫后妃（即五福晋），除孝庄姑姑外，孝庄的姐姐被封敏惠恭和元妃，即东宫的宸妃。而孝庄则被封为次西宫永福宫庄妃，位列五福晋之末。天命十年来到盛京宫中的孝庄，直至皇太极驾崩，地位始终没有那么显赫。这其中的原因在于，姑姑哲哲自始至终也未能为皇太极生个皇子，这才有了庄妃进宫。而庄妃进宫后一连生了三个女儿，直到“婚后”十三年（崇德三年）才得一子，而庄妃的姐姐在她之后进宫，没多久就为皇太极生了个皇八子，自然讨得皇太极的欢喜。因此，位列其姑姑之下的姐姐——宸妃随之成为统摄后宫的第一人。

宸妃，谥号敏惠恭和元妃，博尔济吉特氏，名海兰珠，生于明万历三十七年（1609 年），比庄妃大 4 岁。宸妃也是被兄长吴克善送到盛京的，但比庄妃晚了 9 年（天聪八年，1634 年）。此时的宸妃已 26 岁，但深得皇太极宠爱，皇太极封她为“东宫大福晋”，仅次于皇后，位居四妃之首。所居东宫赐名为“关雎宫”，取自《诗经》中“关关雎鸠，在河之洲，窈窕淑女，君子好逑”诗句。由此可见，皇太极当时在五福晋中最宠宸妃，而宸妃嫁与皇太极后为他生下了皇八子。皇太极喜不自胜，特为此颁布了清第一道大赦令。然而此子福薄，不出半年便夭折，甚至未能起名。此后宸妃沉入悲痛，积郁成疾。崇德六年（1641 年）卒，时年 33 岁。皇太极在前线听闻噩耗，火速赶回盛京，而宸妃已死去多时。此后皇太极精神日渐恍惚，神威不再。宸妃去世后两年（崇德八年，1643 年），皇太极亦卒于清宁宫。

话说庄妃虽然进宫比宸妃早，且并未获得皇太极对宸妃那般宠爱，但许是因为如此，用才干说话成了她证明自己的方式。劝降洪承畴不过小试牛刀，抚养并辅佐顺治、康熙二帝展示了她绝非玩弄权术的泛泛之辈。

庄妃见证了皇太极由贝勒继承汗位，继而加强集权，最终称帝的岁月。在庄妃入宫的次年八月，努尔哈赤病逝在叆鸡堡（今沈阳市城南大爱金村）。随后的四大贝勒争汗位一事，多少让孝庄见识到了皇族明争暗斗的残酷。这次汗位易主几经波折，四大贝勒除皇太极外的另外三位——代善、阿敏、莽古尔泰与皇太极为夺汗位展开了明争暗斗，乌拉纳喇氏所生的多尔衮也在人选之中。努尔哈赤生前曾意将汗位传与长子褚英，后又有意传于次子代善，但均无果而终。亦有说法称有努尔哈赤的从弟向他举荐皇太极。努尔哈赤至归天之日也没有明确指定由哪位贝勒继位，亦只嘱谕众贝勒互相辅佐，勿相残。后又说四大贝勒“按月分直”，轮流当家，始终没有确定唯一的继承人。

在诸贝勒中，次子代善与八子皇太极是竞争最激烈的两位继承人，两人争功萨尔浒大战、辽沈大战，一度不分上下。而诸贝勒大臣倾向代善为嗣，同时也有舆论称皇太极“心怀弑兄之计”。天命十一年九月一日，皇太极继位，称天聪汗，第二年改元天聪（1627 年），是为天聪元年。此番汗位之争没有日后康熙晚年九王夺嫡的惨烈，几位贝勒亦并未有人送掉性命，只是努尔哈赤死后，皇太极继位为汗当日，多尔衮的母亲乌拉纳喇氏被众贝勒以“太祖遗命”相逼殉夫陪葬，卒年仅 37 岁。有说她为大妃，“有机变”，欲立其子多尔衮为汗，而被赐殉夫的理由是“心怀嫉妒”。更有甚者，还有四大贝勒之首的代善与这位多尔衮生母之间不清不白的传闻，甚至传到了努尔哈赤耳中。受此牵连，代善提前淡出了汗位的竞争。

因为这一层关系，乌拉纳喇氏所生的多尔衮及其兄弟所属的正、镶白旗部均受皇太极以及其他三大贝勒的排挤。多尔衮日后称皇太极“原系夺立”，系与这段恩怨有关。

天聪十年（1636 年）四月十一日，皇太极举行登基大典，祭告天地，受“宽温仁圣皇帝”尊号，建国号大清，改元崇德，即天聪十年为崇德元年。其父努尔哈赤追尊为太祖高皇帝。

随着皇太极的风生水起，多尔衮并未从此一蹶不振，相反，皇太极给予了他很多建功立业的机会，并且日加器重和信任这位年轻的贝勒。意气风发的多尔衮也在伺机复仇，培植羽翼，甚至觊觎权柄。随着时间推移，多尔衮与皇太极之间的微妙关系加入进来另一个重要角色，即庄妃。

在众多戏说的小说和影视剧中，皇太极、多尔衮和庄妃之间的关系受野史影响被描绘成了“三角关系”。金庸的长篇小说《碧血剑》第十四回“剑光崇政殿烛影昭阳宫”中，袁承志夜闯盛京皇太极寝宫，偶遇多尔衮私通贵妃被皇太极觉察，躲在橱子中的多尔衮刺死了皇太极的情景，便是受到这段野史的启发。曾热播一时的电视剧《孝庄秘史》亦在这段野史上大做文章，与皇太极、多尔衮的情感纠葛以及流传于野史中的孝庄小名“大玉儿”也为观众津津乐道。但孝庄从五福晋的庄妃到辅佐三朝皇帝（太宗皇太极、世祖福临、圣祖玄烨）的太皇太后的政治才能亦在剧中得到了体现。

侍奉过皇太极的三位博尔济吉特氏，一位是年长位尊的姑姑，一位是最得宠的姐姐，而庄妃，即孝庄，是地位最低的一个。然而同为科尔沁部贝勒寨桑家族的女子，共同侍奉皇太极的她们，并没有因为地位高低，或是否得宠而互相敌对。本着振兴部落的重要使命，姑姑、姐姐和妹妹三人把婚姻献给了满蒙两族结盟，而无关爱情。为此奉献所体现出的女性的坚忍刚强，尤其体现在孝庄七十多年的人生中。

风口浪尖的皇子之母

皇太极在位时，庄妃为他育有一子三女。天聪三年，庄妃生皇四女雅图，即固伦雍穆公主，嫁卓礼克图亲王吴克善之第三子，即庄妃的外甥弼尔塔哈尔；天聪六年，庄妃生皇五女阿图，即固伦淑慧公主，先嫁喀尔喀蒙古巴约特部额驸博尔济吉特氏恩格德尔之子索尔哈。不幸的是索尔哈在婚后不久于顺治初年病逝，17 岁的阿图格格又被孝庄指认嫁给外藩蒙古巴林部辅国公博尔济吉特氏色布腾；天聪七年，庄妃生皇七女，即固伦端献公主，嫁满洲镶黄旗喇玛思。三位皇女均生于皇太极称帝之前，都走上了和生母孝庄同样的命运——满蒙联姻，均嫁给蒙古各部落的贵族，有的嫁与亲戚胞兄，有的嫁给年长十多岁的部落要人。其中阿图格格更是经历了改嫁，两度守寡。后一任夫君色布腾去世时，阿图格格亦不过三十出头。这一命运轨迹同样也映射在孝庄自己身上——崇德八年（1643 年）皇太极暴毙，孝庄虚岁 32 岁；顺治七年（1650 年），多尔衮病逝时，孝庄也不过近 40 岁。博尔济吉特氏的女人似乎都命中注定无法和男人尽享长久的天伦之乐。把女性的爱倾注在子女后人身上，是唯一的情感寄托。

皇太极称帝后，崇德三年（1638 年），庄妃为皇太极生下皇九子福临。此前一连生了三个女儿的庄妃，在姐姐宸妃所生皇八子夭折之后诞下福临，算是抚慰了皇太极的丧子之痛。然而在确立福临登基之前的几年里，就如庄妃被皇太极忽视了一般，她所生的小福临也是皇位竞争的局外人。

努尔哈赤临终时曾有遗诏，规定皇位的继承要满洲贵族来讨论。当时主要有七个人的意见举足轻重：四个亲王——礼亲王代善、郑亲

王济尔哈朗、睿亲王多尔衮、肃亲王豪格；还有三位郡王——英郡王阿济格、豫郡王多铎和颖郡王阿达礼。当时，最有希望夺得大位的是肃亲王豪格和睿亲王多尔衮。

肃亲王豪格为皇太极长子，年方35岁，比皇叔多尔衮还年长3岁，正值壮年，人才出众，史称他“容貌不凡，有弓马才”“英毅，多智略”，久经战阵，屡获军功，与其他诸皇子横向比较，各方面都是非常突出的人才。此外，皇太极生前亲掌的正黄、镶黄和正蓝三旗大臣均力挺豪格继位，尤其两黄旗贝勒大臣更是誓死效忠。

睿亲王多尔衮与豪格相比，身为努尔哈赤第十四子，同时是皇太极之弟，又比豪格年轻3岁，地位和年龄均更显优势；并且，据史载，努尔哈赤曾留下遗言，“九王子（多尔衮）当立而年幼，由代善摄位。”在参与皇位继承人讨论的满洲贵族七王中，多尔衮兄弟占了三个席位。与这些舆论方面的支持相比，多尔衮多次统军出征，屡立大功，更是为其荣登九五之尊的条件锦上添花。

与受人瞩目的皇兄和皇叔相比，年幼的福临实在没有任何可以拿出来与之竞争的条件。在清初乱世，满洲贵族以战功为资本角逐权力高位，因此更不可能有人考虑推选尚且不谙世事的福临继位。直到皇太极驾崩清宁宫，福临也没有半点与皇位继承人结缘的预兆。然而就是这个才五六岁的福临，竟然福从天降，阴差阳错地成了新的大清皇帝。

从豪格与多尔衮的支持势力对比来看，豪格有正黄、镶黄和正蓝三旗的支持，多尔衮有正白、镶白两旗的支持。决定两人的命运，其余三旗——代善父子掌管的正红和镶红两旗、济尔哈朗掌管的镶蓝旗——的意见就至关重要。然而豪格派势力率先发难，两黄旗大臣在大清门盟誓，拥护豪格继承皇位，并部署两黄旗巴牙喇（即护军营，为禁军中护卫皇帝的部队）张弓挟矢，环卫崇政殿。图尔格、遏必隆又传令其牛录下的护军，备好甲胄弓矢，护卫大清门。议商皇位继承人的贵族会议在崇政殿的东庑殿举行，由年纪最长、地位最高的礼亲王代善主持。黄旗索尼和鄂拜首先倡言“立皇子”，多尔衮以其资历不够，令他们退下。索尼和鄂拜虽然退出，但两黄旗巴牙喇包围了宫殿。两黄旗暂时占了上风。但两白旗并不示弱，豫郡王多铎、英郡王阿济格弟兄发言，力劝多尔衮即帝位。多尔衮见形势紧张，正在犹豫。豫郡王多铎再三怂恿多尔衮，又搬出由代善继位来刺激多尔衮。代善以年迈推辞，提出豪格为“帝之长子，当承大统”。豪格得势便乘胜追击，假意谦辞，称无意登基，其实心里已做好接受继位的准备。两白旗表示不让步，两黄旗贵族甚至把佩剑示于胸前，形势一度剑拔弩张。

代善此时见势不对，借年老不宜预政之由离席。商议也陷入僵局。紧要关头，表面憨厚而内心机敏的郑亲王济尔哈朗，提出一个折中方案，让既是皇子又不是豪格的福临继位。

此时，多尔衮正思量，他深知倘若自己强行继位，势必引起两白旗与两黄旗火并，其后果必然是两败俱伤；若让豪格登极，自己既不甘心，又怕遭到豪格报复。如果让年幼的福临继位，则可收到一石三鸟之利——打击豪格锐气，自己摄政幼帝，同时避免内讧。权衡利弊之后，多尔衮表示赞成由皇子继位，皇子当中，豪格已提出他不继位，便请福临继位。福临年幼，由郑亲王济尔哈朗和睿亲王多尔衮辅政。如此结果，即便是豪格也不便反对。鬼使神差地，完全不在考虑范围内的福临就赶鸭子上架地坐上了皇帝的宝座，而福临之母，庄妃也名正言顺地成为皇太后。虽经历了三十丧夫而守寡的沉痛，但庄妃很快就迎来了双喜临门的新生活——儿子称帝，自己升格为皇太后，在外人看来实在是“什么叫惊喜”的最佳答案。但面对孝庄的问题也同样严峻：辅政的是皇太极的胞弟多尔衮，福临是傀儡，瞎子都知晓得一清二楚，若不与权倾朝野的多尔衮处好关系，他们母子都将凶多吉少。

就是在这样的局势的影响下，后世关于“太后下嫁”的各种传说就有了产生的理由，并且，这一传说甚至位列清初四大悬案之一。大部分戏说清初历史的影视剧也多把目光投向了与多尔衮关系暧昧不清的孝庄。

让豪格成为福临的可靠后盾，拥戴他的两黄旗也会一同支持福临。

但多尔衮谋略心计更胜霸气外露、好斗勇猛的豪格，只怕此人挟天子以令诸侯，慢慢地翦除豪格等人的势力。

果不其然，多尔衮宣誓辅政之后，一步一步地将朝政大权掌握在自己的手中。首先，他取消了军国大事由八旗贝勒共议的制度，而由两位摄政王决断。这样一来，二位摄政王就凌驾于诸亲王、郡王、贝勒之上；其次，谕告各衙门办理的事务，有需要向睿、郑二王报告的，都先向睿亲王汇报。建立此机制后，多尔衮实际上成了“首席摄政王”，从而更便利地独揽大权；紧接着，他开始分化黄旗。顺治元年（1644年）四月初一日，多尔衮利用都统何洛会等告讦豪格，把豪格定罪幽禁，以此罪名将豪格进行降罚。对像索尼这样豪格的两黄旗亲信，或处以死刑，或籍没家产，或贬官远放。而对首先告讦者，给予升官晋爵。这就严重地分化、削弱了两黄旗；最后，多尔衮就开始收拾自己最大的对手——豪格。

豪格的存在，对于多尔衮来说，是最大的政治威胁。尽管豪格被废降罚，但在清军入关用人之际，还是让豪格随军从征。豪格作战勇敢，立下大功。顺治在北京登极，分封诸王大臣，复封豪格为和硕肃亲王。不久，派豪格西征。豪格下西安，平陕西。又击败大西军，毙张献忠。然而建功立业得越勤，豪格离厄运越近。顺治五年（1648年）二月，豪格凯旋归京，即被告讦。多尔衮借此又将豪格定罪，下狱。是年三月，豪格猝死，年仅39岁。关于豪格之死还存在其他说法：一说豪格带大军凯旋时，在卢沟桥设宴，宴上被人用弓弦给勒死；另一种说法，称豪格凯旋时被多尔衮设伏兵给杀了。豪格死后，多尔衮霸占了豪格的妃子作为自己的福晋。有说法，娶寡妇进门不吉利，早晚横死。虽然这说法并不算灵，但在多尔衮身上应验了。虽未生前遭灾，但死后的境遇却算是他多行不义的报应了。此为后话。

与多尔衮共同辅政的郑亲王济尔哈朗也没落得好下场，很快遭到了贬斥。经过一番经营，多尔衮真正做到了大权独揽，小皇帝福临也真正成了孤立无援。多尔衮的尊号从“辅政王”到“叔父摄政王”到“皇叔父摄政王”，顺治五年再尊为“皇父摄政王”，成了名义上的“太上皇”，实际上的皇帝。在这样的境遇下，孝庄清楚如果没有任何行动的话，自己很可能会步豪格和济尔哈朗的后尘。而小皇帝的处境将危如累卵，只有仰人鼻息，任人摆布。她们母子是不会任人宰割的，只有让福临，年幼的顺治皇帝意识到自己和母后的境遇，尽早成才，夺回大权，才能走出多尔衮的阴影，还爱新觉罗皇室的尊严。此时孝庄联同姑姑孝端皇太后牵制多尔衮，给予自己母子喘息之机。在教导小皇帝时，有先帝为参照，对于福临，孝庄的要求无疑非常严苛。而为了避免多尔衮发难，与多尔衮修好关系是不可避免的，这种局面恰恰为孝庄太后下嫁多尔衮这一传说提供了佐证。

福临从小贪玩，贪玩是孩子的天性，因此孝庄对福临的管教也随之严厉。史中关于顺治皇帝年幼时和孝庄太后的关系，仅有少得可怜的几十字记述。但从福临日后一再与孝庄的抗争，尤其是在董鄂妃命运的定夺之间的矛盾，可以窥探出福临和孝庄之间的不睦。

与多尔衮之间的历史悬案

迎娶寡妇再加上亲族乱伦，满洲贵族内部的行为一直为汉族士大夫所不齿。三贝勒莽古尔泰死后，他的妻子分别由侄子豪格与岳托娶去做了夫人；努尔哈赤的第十个儿子德格类死后，其妻子又嫁给了德格类的弟弟阿济格；豪格死后，除了多尔衮迎娶了他的一位夫人之外，他的另外一位夫人则嫁给了多尔衮的哥哥阿济格。这些堂堂正正地记载在清代官方史书中的，只不过是一种与汉民族农耕文化具有重大差异的文化现象而已。

多尔衮杀豪格之后不久，于顺治七年迎娶了豪格的夫人。娶寡妇进门不吉利着实在他身上应验了，自松锦前线一战后，多尔衮本就不大健康的身体日渐衰弱，甚至连生育也不能。和豪格遗孀婚后没多久也跟着豪格去阴间报到了。

多尔衮得势期间的孝庄，一直关注着多尔衮的一举一动。就他迎娶豪格夫人一事，大部分人会认为这是在豪格身死后，多尔衮继续报复他的对手。然而作为政敌，多尔衮与豪格并未仇恨到那种死后夺人妻而后快的地步。做给活人看倒是很有可能。那么这一娶寡妇的戏是做给谁人看？

再看多尔衮自己死了以后，顺治皇帝，或者说，孝庄太后是怎么处置他的。

顺治七年（1650年）十二月，“皇父摄政王”多尔衮死于喀喇城。第二年正月，顺治亲政。二月，顺治皇帝宣布多尔衮十大罪状。籍其家产，罢其封爵，撤其庙享，诛其党羽。不仅如此，传教士卫匡国《鞑靼战记》一书记载说：“据传多尔衮的坟被挖了，多尔衮的尸体被抛弃荒野，还用棍子打多尔衮的尸体，用鞭子来鞭尸。更有甚者，把他的头割下来，令他身首异地。”如此对待已死的多尔衮，单单说是按照律法惩处令人难以信服——哪有这么怨气的惩罚？恐怕除了顺治，抑或孝庄与多尔衮有不共戴天的仇恨外，再无更合情合理的解释。

“太后下嫁说”支持了这一解释。或许在孝庄看来，以皇太后之尊，下嫁一摄政王，无疑降尊为妃，而这又是为了权衡延续皇太极的亲嫡而做出的无奈之举，自是对多尔衮大有恨意。但是，这就说明孝庄真的与多尔衮成婚了吗？

在史学界，对于孝庄与多尔衮成亲之说主要有三种解释：一说为二人私通；一说为孝庄报恩于多尔衮；又一说是为孝庄保皇。

私通之说认为，孝庄与多尔衮在入关之前就相识，且二人年纪相若（多尔衮比孝庄年长不到一岁）。后孝庄被皇太极娶入宫中，位居五福晋中的最末席，皇太极最宠幸的是她的姐姐海兰珠（宸妃）。于是，孝庄与多尔衮私下就有了暧昧的关系。

报恩之说认为，皇太极驾崩后，皇位的争夺非常激烈，多尔衮当时权倾朝野，但最终他没有夺取皇位，而是选择了当摄政王，辅佐孝庄的儿子福临为帝，孝庄为了报恩，下嫁多尔衮。

保皇之说认为，多尔衮在清朝入关时立下大功，声威极盛，孝庄的儿子顺治帝幼年继位，根基不稳，多尔衮有夺取皇位之心，为了拉拢多尔衮，保住顺治的皇位，孝庄下嫁多尔衮。

三种说法中，私通一说并非没有根据。《孝庄秘史》里更渲染成两人从小相识，近乎青梅竹马。实际上两人直到孝庄入宫后的一段岁月，也没有作家臆想的那般走得近，毕竟二人各自成婚，多尔衮在外征战，基本无暇顾及儿女情长；孝庄的任务是为皇太极生皇子，更不会想着去和多尔衮长相厮守。但是多尔衮和多铎兄弟年幼丧母（陪葬努尔哈赤），皇太极这位年长的贝勒，未来的皇兄负责抚养他们。在满洲人尚未全面施行汉人礼节的岁月，多尔衮与当时的庄妃会时常有照面的机会，然而并不得宠的庄妃是否会与多尔衮私通，这就有了太多脱离历史背景的臆想。毕竟思想单纯的庄妃是不会有过多的对感情的大胆追求，那只会是现代人的想法。而多尔衮即使再胆大包天，也不会与皇兄的妃子私通，惹来杀头之祸。

报恩一说是三种假说里最不可信的。多尔衮的行为犹如司马昭之心，路人皆知，但多尔衮大权在握，群臣敢怒不敢言罢了。即便济尔哈朗这样绝不轻易动怒的人也会不齿多尔衮得寸进尺的作为，心如明镜的孝庄又怎能因为多尔衮没有明目张胆地篡夺福临的皇位而对他心存感恩？

保皇一说相对其他两种说法更能站得住脚。毕竟，孝庄为皇太极、福临、玄烨祖孙三代付出的辛劳说明了一切，就差发出“生是皇族的人，死是皇族的鬼”的誓言了。无论是否下嫁多尔衮，就算是给人造成和多尔衮统一战线甚至暧昧的假象，也在所不惜。但这些说法终究不够支持孝庄与多尔衮成婚的论点。

相关的史料又是怎么说的呢？关于“太后下嫁”悬案，其传言的源头是顺治七年南明遗老，诗人张煌言（号苍水）的一篇《建夷宫词》。诗中写道：

上寿觞为合卺尊，慈宁宫里烂盈门。

春官昨进新仪注，大礼恭逢太后婚。

节选的部分大意是，上寿觞乃指寿酒，而合卺尊这一尊贵酒器多出于喜酒喜宴，寿酒喜酒合一，疑孝庄生日时或者整生日时；“春官”遂为礼部的别称，礼部昨进新仪注，以期事古所未有。慈宁宫为孝养老皇后妃之宫，身为太后的孝庄便居于此。身为孀居之人，府上居然大办喜事，寿酒尚可理解，喜酒那除了大婚，还能是别的什么？字里行间写得很清楚：大礼恭逢太后婚。这意思明摆着就是说太后孝庄和某人成婚了。和谁？胆敢和太后“喜结连理”的，也只有多尔衮符合这个条件。

可是这里有一问题，或许是张煌言怒气正盛，着实把李自成火烧慈宁宫的事给忘了。直到顺治十年，慈宁宫才被修葺完工，即便多尔衮和孝庄大婚无疑，那也没可能在瓦砾废墟中办宴吧。

且说张煌言身为南明遗老，对于满洲人自然是仇深似海，《建夷宫词》全篇每个字都渗透出对清廷的讥讽和不满。太后成婚这种事，在满洲人看来无非是再平常不过的改嫁而已，而在程朱理学根深蒂固的明朝汉人眼里，改嫁本就难以理解，族中乱伦更是有违人伦，和动物野兽没什么分别。虽然此诗明显是为了发泄愤恨而作，但其中影射的一些意象却让人浮想联翩，太后下嫁的传说因而不胫而走。直到辛亥革命，清廷大势已去，民国时代关于这段遥远历史的可疑细节被无限放大，引发更多的争论。

民国五年（1916年），上海中华书局印行小横香室主人所著的《清朝野史大观》，该书收录“清宫遗闻”“清朝史料”“清人逸事”“清朝艺苑”“清代述异”共五辑，书中涉及清代社会各阶层人物，上至帝王将相，下至贩夫走卒，由清代150余种笔记野史辑录而成。其中有《太后下嫁摄政王》《太后下嫁贺诏》《太后下嫁后之礼制》三条专记太后下嫁之事，并评价说这是“中国有史以来所未有也”。

民国六年（1917 年）五月，上海会文堂书局出版蔡东藩的《清史通俗演义》，其第十八回目《创新仪太后联婚，报宿怨中宫易位》的上半回，说的就是“太后下嫁”。

民国八年（1919 年）《多尔衮轶事》出版，作者署名“古稀老人”。书中的《太后下嫁》条，谈到顺治皇帝在多尔衮摄政下“危如累卵”，太后认为“非有羁縻而挟持之，不足以奠宗社于泰山之安，故宁牺牲一人，以成大业”。而多尔衮“涎太后之色”，常入宫禁。太后为了“卫我母子”，“两人对天立誓，各刺臂作血书，互执一书”，以为凭证。特别是书中安排太后诈崩，在举行隆重丧礼后，再以皇帝乳母身份嫁给多尔衮，故事曲折，引人入胜。

民国三十七年（1948 年）九月，王浩沅的《清宫十三朝》（又名《清宫秘史》）由文业书局出版，书中描述多尔衮与皇太后相恋事，如《种情根巧救小玉，偿夙愿亲王大婚》《槐树荫中窥嫂浴，荷花池上捺叔腮》《香衾卧娇艳经略降清，宫内候兄安亲王戏嫂》《建新仪摄政娶太后，名打猎姊妹嫁亲王》等，而布木布泰名“大玉儿”、其妹名“小玉儿”，则属于是王浩沅的杜撰。但日后多尔衮的“大玉儿”“小玉儿”被广为流传，《孝庄秘史》里的称呼便是由此得来。

总之，太后下嫁之事，野史流布，遍及民间。

然而流言再泛滥，终究没有成为确定的事实。清宫不是娱乐圈，男女一起露个面就传出真真假假的绯闻。同样是在这些举证中，有很多疑点反而支持太后未下嫁多尔衮的观点。

成婚一事，最大的阻力就会来自孝庄的姑姑，孝端皇太后。嫁与摄政王，就等于把皇帝的妃子随便嫁与别人，实在败坏皇家体统，这点皇太后断然不能接受，孝庄自己也不会。而在多尔衮这一方考虑，迎娶皇兄遗孀，只会给宫廷内外的舆论造成多尔衮无法无天、横行霸道的恶劣影响，在政敌林立的局势下倒行逆施，只会给人把柄，加速自己的灭亡。到那时不等自己身死，活着就要脑袋搬家了。

多尔衮死后追罪，曾有一条罪状，称他“亲到皇宫内院”。这条罪状在《清世祖实录》中被删改，而在蒋良骐的《东华录》里保留下来，为“太后下嫁”传言提供佐证的朝鲜《李朝大王实录》也有相同的记载。《清世祖实录》作为官方材料，如此丑闻必定要有所隐瞒。然而就是这一条罪状说明了问题：如果真是孝庄下嫁给多尔衮，那作为夫君的多尔衮又为何亲到皇宫内院呢？既然已经名正言顺成立夫妻，还要分居的话实在有违常理。那只能说明孝庄并未下嫁于多尔衮，否则他理应住进皇宫，而不至于这么来回走动了。另外，“亲到皇宫内院”的地址也有疑点，因为多尔衮和孝庄都经历了从盛京（沈阳）迁都燕京（北京），那么多尔衮是早年在盛京时多次亲到皇宫内院，还是后来的燕京？如果是在盛京，那么下嫁一说更是站不住脚了。

虽然史家普遍倾向“太后下嫁”没有这一回事，但还是推测认为，孝庄太后与多尔衮也许存在暧昧关系。《东华录》所谓多尔衮“亲到皇宫内院”云云，反映的可能是指孝庄与多尔衮相恋的事实。孝庄太后与睿王多尔衮关系暧昧的难以确定，又为多尔衮与孝庄之间关系的悬案增添了新的谜团。

不妨这样假设：孝庄曾经与多尔衮似有似无地有过一段交往，没有太过亲近太过明目张胆。而多尔衮在与豪格争夺皇位时听取济尔哈朗的提议时，也不禁想到此举必会为自己身后带来恶名。何况自己若真做了皇帝，没有生育能力的他倘若没有子嗣继承，这皇帝做得也没有任何意义。不妨念在旧情，为孤儿寡母的孝庄母子送个人情，然后让自己作摄政王，一方面权力在握，一方面也能让孝庄太后感激自己的用心。然而孝庄实在太了解多尔衮的为人，加之这层暧昧关系已经隐约影响到了她的尊严和皇室的声誉，除之而后快的决心便不难下了。

母子间的冷战

孝庄与其子顺治皇帝之间的关系也如同她与多尔衮之间一样扑朔

迷离。孝庄怎么也没有想到，这位既有天命注定，又有三分侥幸登上皇座，进而成为满洲入关后第一位清朝皇帝的儿子，竟然在懂事之后一直与她进行着冷战。直至顺治最后十余年，两人的关系如同慈禧与光绪一般，为他们自己留下了难以抚平的恩怨，也为后人留下了更多难解的谜团。

统治万民的天子都爱拿“君命天授”说事，大抵就是说“不是我本人想当这个皇帝”。一般情况下这样说话的都是带着虚伪的感情色彩，哪个成年皇帝不是靠权谋和杀戮登上九五之尊的宝座？然而这种话用到福临身上倒是合情合理，一个小孩子，恐怕连尿床的毛病都没改，就突然被推上了帝位，那可真是身不由己。站在这位儿童皇帝身后发号施令，挟天子以令诸侯的，正是睿亲王多尔衮，有了皇帝在手，多尔衮看准了明起义军攻陷燕京，逼得明朝皇帝崇祯自缢，中原大乱的良机，挥师入关。被起义军首领李自成麾下的将领刘宗敏抢了爱妾陈圆圆的明将吴三桂索性引狼入室，清军杀入山海关，起义军节节败退，刚作了大顺皇帝没多久的李自成被迫退出京城，清军在后一路穷追不舍。小皇帝福临就这样在满洲勇士的拥戴下，坐上了紫禁城的皇座，李自成离去时日不长，尚留余温。

插入一段说说吴三桂和李自成。貌似无论民间还是官方都认可了吴三桂“冲冠一怒为红颜”的说法，这个在清初甚至日后的书生笔下以及小说家口中都被反复诠释。然而就当时的形势而言，即便没有刘宗敏色胆包天强掳陈圆圆，以吴三桂那般聪明，是清楚自己无论是投靠李自成还是为皇帝已死的大明殉国都是赔本买卖（最初闯军进京，为保父亲吴襄和其他家属，吴有过归顺考虑），识时务者为俊杰，有范文程、张存仁、孔有德、耿仲明、尚可喜、祖大寿、宁完我、洪承畴等先例，更印证明朝朱氏大势已去，索性一不做二不休，归顺满洲，管他皇帝是汉人还是旗人，倘若追击匪军有功，一官半职都是小的，封王晋爵都指日可待。当然，陈圆圆被夺，更是促使了他断了和闯军合作的念头，彻底将筹码押到满清那一边。

在考虑降清时，吴三桂也考虑到了降清后的舆论后果。毕竟自己的舅父祖大寿已经被朝野内外骂得不成样子，自己的部队一直在和清兵交战，投降后也不太可能听命于他。这么做万一有闪失，只怕再无回头之路；其次，皇太极在位时曾多次招降，均被吴三桂拒绝，今次主动投降，唐突不说，清廷也会有所顾虑。为了试探这笔买卖能否做成，吴三桂先在和李自成决裂之后制造了他和清兵联合入犯的假军情，以试探包括李自成政权在内的各阶层的反应（据《清世祖实录》，顺治元年三月并无清军攻打山海关事。因此可认为，此为吴三桂制造的假军情）其后，又到处散发传单，大造复辟舆论，宣扬“周命未改，汉德可思”“试看赤县之归心，仍是朱家之正统”，并煽动在京的士绅官僚为崇祯帝服丧。在确知事态对自己有利后，四月初十左右，吴三桂才开始了他的联清击李计划的实施。

金庸小说《鹿鼎记》中戏说陈圆圆被李自成强占，实际上李自成进京后入宫将宫女窦美仪封为自己的妃子，和事实有所出入。相比之下，作为属下的刘宗敏倒很识货，劫去了号称苏州名妓的陈圆圆。但当时，李自成知吴三桂手握重兵，大有用处，有劝降之意，刘宗敏闹出这么一档子事，无论是李自成还是刘本人都遭到了灭顶之灾。而吴三桂，虽然引清兵入关，追杀起义军，但自己落下个汉奸罪名。后人评价历史，大都在痛斥吴三桂、同情李自成的同时，捎带妖魔化陈圆圆，完全无法为命运做主的陈圆圆就此成了汉人江山沦陷的替罪羊。人言之不公，历史之无情，都是她个人的悲剧根源。而作为男人，将失败归罪于女流，推脱自己贪欲和色胆的罪责，不做深刻反思，这才是耻辱所在。

李自成则做得更为荒唐。明末官吏腐败，灾荒连年，流民遍地，李自成作为绿林好汉起事，壮大队伍用的就是“要吃粮找闯王，闯王来了不纳粮”这样具有诱惑力的口号和承诺，最初他的确这么做了，但随着军威日隆，胜利在望，内心的阴暗面也随之暴露。进京之后，李自成和闯军还算保持了良好的军纪。但在李自成入住紫禁城后，不出十日（崇祯十四年三月二十七日），闯军，或者说大顺军就开始了对京城百姓的恐怖劫掠。拷掠明官，四处抄家，规定助饷额为“中堂十万，部院京堂锦衣七万或五万三万，道科吏部五万三万，翰林三万二万一万，部属而下则各以千计”（《明史·李自成传》），刘宗敏制作了五千具夹棍，“木皆生棱，用钉相连，以夹人无不骨碎”。城中恐怖气氛逐渐凝重，人心惶惶，“凡拷夹百官，大抵家资万金者，过逼二三万，数稍不满，再行严比，夹打炮烙，备极惨毒，不死不休”，谈迁所著《枣林杂俎》称死者有1600余人。李自成手下士卒抢掠，臣将骄奢，“杀人无虚日，大抵兵丁掠抢民财者也”。四月十四日，西长安街出现告示：“明朝天数未尽，人思效忠，定于本月二十日立东宫为皇帝，改元义兴元年。”而此时，李自成和他的部下延续了历史上所有失败起义军和夺权者的错误，用恐怖换来的归心，实在不靠谱。即便满清入关，后世汉人书生所缅怀的，也只是前朝大明，李自成不过是扰乱天下的盗匪，与满洲人一道为书生义士所不齿。

如此舆论压力下，铲平李自成对于多尔衮而言，实在是轻而易举。第一，大顺军军心涣散，实力上绝非满洲勇士敌手；第二，人心失尽，况且明朝遗老尚存，江南仍属明朝，闯军无论逃到哪里，也拉不来援军救护。在这关头，吴三桂送来的降书更是给多尔衮吃了定心丸，原本大计要进军中原，这边厢吴三桂主动邀请自己进山海关，无疑是提供了大大的方便。多尔衮因此迅速复信吴三桂，告以共捐前嫌，许诺“封以故土，晋为藩王”“世世子孙，长享富贵”。吴三桂为等待清兵入关，假降李自成，当李自成信以为真，前来山海关，然而不想关门那边等待他的，是多尔衮率领的满洲大军。

然而多尔衮城府极深，狡猾多疑，由于吴三桂之前曾大造舆论争取明朝旧臣支持，他怀疑吴三桂并没有彻底归属于自己的意思。于是便驻军关前，试探虚实。吴三桂也明白，倘若自己不做出进一步让步，多尔衮便会坐山观虎斗，看着自己被李自成剿灭。于是吴三桂再次让步，剃发归顺清朝，割让包括北京在内的黄河以北的大片领土。同时，吴三桂也提出了“毋伤百姓，毋犯陵寝，访东宫及二王所在，立之南京”，作为允许清兵入关的条件。多尔衮同意了他的条件，在多尔衮看来，朱氏残余势力几无威胁，收拾掉他们是早晚的事。先把当前的李自成消灭再议。于是，清兵与吴军联手围剿李自成，大战一片石，史称“石河大战”。吴三桂正面与闯军交锋，清兵从闯军背后突袭。闯军损失惨重，李自成带残部撤离，途中将吴三桂的父亲吴襄和吴的家属全部杀死。然而此时，李自成仍念念不忘自己要当皇帝，战败后居然返回北京，草草即位于武英殿，次日又仓皇撤离北京，率军西行归陕。崇祯十四年五月二日（1644年），进入北京的满洲大军接管了紫禁城的“产权”，正式宣布清王朝迁都北京。

多尔衮占领北京之后，严禁抢掠，停止剃发，为明崇祯帝朱由检发丧，博得了汉族士绅的好感，然后迎请顺治小皇帝赴京登基，很快稳定了占领区内的局势，在顺治元年开国大典上得到表彰，不仅给他树碑立传，还赐他大量金银牲畜和衣物，并封他为叔父摄政王，确立了他不同于其他任何王公贵族的显赫地位。不爱他人只爱权的多尔衮，利用皇兄皇太极的信任，平步青云，直至觊觎权柄，还要在名义上占皇兄之妻（孝庄）的便宜，更杀人无数，而脚下已枯的万骨，把他送到了权力的巅峰。而他也进一步将天下所有不归顺清廷，或者说是他个人的势力一一剿灭。

多尔衮在李自成兵败后，封吴三桂为平西王。而他挥师南下的大计也随之开始。顺治二年（1645年），多尔衮的兄弟多铎率军一路南下，分兵亳州、徐州两路，向南推进，迅速占领了徐州、亳州、盱眙，并乘势下淮安，夺泗州，渡淮河。此后在扬州遭遇了入关以来第一次坚决的抵抗，遂以屠城恐吓汉人及南明朝廷，史称“扬州十日”。六月，又下剃发令，令十天之内，全国百姓一律剃头，“留头不留发，留发不留头”。汉民不从，纷纷反抗。反抗剃发令在嘉定尤为顽强激烈。清兵又分别于同年六月十三日、六月十四日、八月十六日三次在嘉定屠城。史称“嘉定三屠”。经这几次暴行，清廷与汉民之间的矛盾已势如水火，而失去了朝廷的后盾，汉民也无力抵抗清廷的连番镇压。而在这一系列人寰惨剧背后的主使者，便是多尔衮。

因为多尔衮的倒行逆施，天下不仅没有迎来久违的太平，各地汉族的反清势力如星火燎原。虽然清廷出兵一一镇压下来，但战乱依旧没有停止的迹象。多尔衮的“六大弊政”（剃发、易服、圈地、占房、抢掠汉人为奴、逃人法）也让满人与汉人之间的关系日趋紧张，直到他离世，留下一个烂摊子给自己的皇侄福临。

顺治七年十二月初九（1650 年），一代枭雄多尔衮病死喀喇城。消息传到京城，福临下诏为他举行国丧，“中外丧仪，合依帝礼”。国丧之后，他被追尊为“懋德修道广业定功安民立政诚敬义皇帝”，庙号成宗。多尔衮生前与帝位无缘，但死后总算有了个名号。顺治八年正月十九日，又将多尔衮夫妇同祔于太庙，二十六日，福临正式颁诏，将尊多尔衮夫妇为义皇帝、义皇后之事并同祔庙享之事公之于众。然而好景不长，多尔衮死后不久，其政敌便纷纷出来翻案，揭发他的大逆之罪，首先议了阿济格的罪，然后恢复两黄旗贵族的地位，提升两红旗的满达海、瓦克达、杰书、罗可铎等。白旗大臣苏克萨哈等见势头不对，也纷纷倒戈。在这种形势下，孝庄意识到消灭多尔衮势力的时机到了，要飞扬跋扈不把他们母子放在眼里的多尔衮死后还债。之前追尊多尔衮为义皇帝，也不过是隐晦地斥责多尔衮篡夺实权（而非皇位）罢了。

很快，多尔衮一派的先兴罗什等五人入狱，顺治正式宣布多尔衮罪状，追夺一切封典，毁墓掘尸。接着，又接连处罚了刚林、巴哈纳、冷僧机、谭泰、拜尹图等。多尔衮多年培植的势力顷刻瓦解。

顺治帝虽然得到了亲政的机会，但对于他而言，心情绝不是欣喜，更多的艰难在等着他。为加强皇权，他废除了诸王贝勒管理各部事务的旧例，又采取了停止圈地，放宽逃人法等一系列缓和民族矛盾的措施。只是在镇压南明残余势力和明末起义军方面，孝庄母子的手段一点儿没有松懈。由于对中原文化心存向往，顺治帝采取了一系列措施，遣官祭祀岳镇海渎、帝王陵寝、先师孔子阙里，定元旦、冬至、皇帝万寿为三大节及其仪注；定诸陵坛庙祀典，诏明神宗陵如其他十二陵，按时致祭，设守陵户。命修缮祖陵，设守陵户，定祭礼。复朝日、夕月礼。定皇后大婚仪及皇后仪仗制；定朝仪，改承天门为天安门。建朝日坛于朝阳门外，夕月坛于阜成门外；定顺天府乡试满洲、蒙古为一榜，汉军、汉人为一榜，会试、殿试如之，并大修乾清宫、景仁宫、承乾宫、永寿宫，遣官告祭天地、太庙等。大体上，除军事上以八旗制度为其根本之外，其余几乎全部沿袭了明朝的制度设计。

多尔衮率大军入关时，一再宣称自己的天下是得自李自成，而不是夺明朝之天下。却在顺治三年，以顺治皇帝的名义，将朱元璋的《洪武宝训》颁行天下，直截了当地自认为是明朝的继承人，将与天下共同遵守大明祖训。这是中国历史上改朝换代时从未有过的景象，在很大程度上，起到了收拾人心的功效。然多尔衮这个措施也直接影响到了小皇帝福临的日常生活。譬如，按照大明祖制，皇家子女出生后，不能由亲生母亲抚养，要交由宫中女官、乳母、宫女、太监和师傅们养育辅导。到北京后，孝庄皇太后住进了慈宁宫，7岁的福临大约是住在位育宫，他只能和母亲分开来自己单独住。福临尚属孩童，肯定会思念母亲。而孝庄亦牵挂皇子，或许这一点也是孝庄对多尔衮积怨的原因之一。

刚刚亲政的顺治帝年仅十三，还不大可能如传说的那样，对母亲和多尔衮之间的一些不明不白的传言有强烈的憎恨。只能说多尔衮死后先赏后罚的这出戏的真正导演，是孝庄，而剧组就是那些被多尔衮打压的大臣们：济尔哈朗、索尼、鳌拜、图赖、苏克萨哈、詹岱、穆齐伦……导演这一清算的孝庄出招辣手，亦证明了她意识到多尔衮的所作所为必将使他们母子之间的关系在日后会逐渐疏远。

在坚持清入关前的制度还是学习汉人文化制度这一抉择上，亲政后的顺治帝与孝庄之间就产生了分歧。顺治帝刚开始懂事，正逢多尔衮推行继承明制，对于入关前清朝的那套老制度是没有多少概念的；

而孝庄以自己的身份而言，在坚持传统方面是她必然的使命和选择，即便她也接触了一些汉人文化，但在这方面还是表现保守。政见分歧，除了上述缘由，顺治帝强烈的叛逆心理也是其抵触孝庄的原因。毕竟即便是和孝庄在一起的日子，得到的也是严厉多于温情的所谓母爱。而孝庄自己或许也没意识到，她的所有关心，只会让皇帝儿子愈加恨她这个母亲。而这一切矛盾在顺治婚姻问题上更加激化。本已因从政不顺的皇帝连婚姻也被强势母亲干涉，更要郁郁寡欢，恨意愈深。可以说，孝庄的这种所谓关心，直接害死了自己唯一的儿子。

顺治之死与遗诏谜团

顺治十八年（1661 年）正月初六的深夜子时，深宫里传出了一个令人震惊的消息：年仅 24 岁的顺治皇帝在养心殿驾崩。就在顺治帝驾崩后的第三天，不满 8 岁的皇三子玄烨登基，是为康熙帝。皇宫很快恢复了平静，但令人疑惑的是，24 岁的顺治帝，虽然郁郁寡欢，但身体依旧强健，并未有过疾病缠身，为何突然罹病，且不治而亡？关于顺治帝之死，《清世祖实录》中的记载异常简短，“丁巳，夜，子刻，上崩于养心殿。”为何关乎生死的大事，以寥寥数字敷衍了事，甚至对死因只字未提？

作为记录顺治帝生平最权威的档案，《清世祖实录》中有一段关于顺治帝死前的最后记录。顺治帝患病是在顺治十八年正月初二，到初六顺治帝已经是病入膏肓。《清世祖实录》中用了二百多字记载了顺治帝死前的活动，而描述他的死亡却仅 11 个字，只交代了时间与地点，除此之外再也找不到任何的线索。不仅如此，清朝皇室家谱《玉牒》中也仅仅只是记录了顺治帝驾崩的时间，对于死因依然是避而不谈。

同样让人费解的，是顺治帝临死之前留下的遗诏。在整篇遗诏中，顺治帝开列了多达 14 条的“朕之罪”。为何顺治帝弥留之际会对自己平生所为如此内疚自责？这样的自责似乎很不符合一代天子离开人世时最后的心情。相传，顺治帝迷恋上了一位江南名妓董小宛，进而封她为董鄂妃。孝庄对此极为不满，因此设计害死了董小宛。然而就在她死后刚过百天，宫中传出顺治帝驾崩的消息。短短百日里，贵妃去世，天子驾崩，怎么这一切如此巧合？

然而，传说终究与史实有较大出入。董鄂妃并非董小宛，她也并非是孝庄设计害死的。董小宛的丈夫——冒辟疆在《影梅庵忆语》中详细追忆了自己和董小宛的相识：己卯初夏，他和董小宛第一次见面。己卯——明崇祯十二年，这一年董小宛 16 岁，而顺治才两岁。并且，董鄂妃是因自己的孩子夭折，悲痛不已，因伤成疾而去世的。

到底董鄂妃是不是董小宛呢？经史学家多年考证，认为她们根本就是两个人。

历史上董小宛确有其人，她生于明朝天启四年（1624 年），名白，字青莲，后来成为秦淮一带的名妓。她 19 岁从良，嫁给江南才子冒襄（字辟疆）为妾。二人感情真挚，相敬如宾。清军南下时，为避战乱，夫妻二人颠沛流离，相依为命达九年之久，董小宛终因劳累过度，于顺治八年（1651 年）病死，年仅 28 岁，葬于影梅庵，当时名人赠吊的挽诗很多。顺治帝出生时，董小宛已 15 岁；董小宛死时，顺治帝也不过 14 岁。孝献皇后，即董鄂妃是顺治十三年入宫的，那时董小宛已死 5 年。显而易见，董小宛绝不可能是董鄂妃。

历史上真实的孝献端敬皇后董鄂氏，即董鄂妃，本是顺治朝内大臣鄂硕之女。她 18 岁时入宫。顺治十五年生皇四子荣亲王，不久爱子病逝，董鄂妃十分伤心悲痛，身体每况愈下，终于顺治七年八月病逝，时年 22 岁。入宫后，董鄂妃因其美貌和贤良，颇得顺治帝宠爱，入宫一个月就晋封为皇贵妃，死后三天就被追封为皇后。

顺着这几条线索，不免让人联想到《鹿鼎记》戏说的情节：顺治帝因董鄂妃之死，万念俱灰，退位出家。与顺治帝出家相关的传说，亦都与这位董鄂妃联系紧密。

明末清初著名诗人吴伟业（字梅村）曾写下一首《清凉山赞佛诗》。诗中写道："陛下寿万年，妾命如尘埃。愿共南山椁，长奉西宫杯。"顺治帝与董小宛的故事传得沸沸扬扬，人们不免猜想，吴梅村在诗中所写的陛下，会不会就是顺治帝？此外，诗中还写道："可怜千里草，萎落无颜色。"千里草——草下千里重叠，这分明是个董字。于是，人们更加确信诗中的妾，指的就是董小宛。而陛下，无疑就是深爱着董小宛的顺治帝。反复研读吴梅村的诗句，人们对其中的一句诗，百思不得其解："八极何茫茫，曰往清凉山。"据《吴梅村笔记》记载，诗中的清凉山，指的就是佛教圣地五台山，顺治帝生前从未到过五台山，为何诗中会说顺治帝"曰往清凉山"？

据《起居注》记载，康熙帝即位后不久，孝庄曾多次带他上五台山礼佛。此类活动本可以在京城举行，可他们偏偏不远千里去五台山，仿佛是为了见在那里的某个人。如此迹象，似乎暗示顺治帝在五台山出家修行。并且，两百多年后的庚子之变（1900 年）时，八国联军入京，慈禧太后带着光绪帝"西狩"路过山西，当地官员要接待她，就从五台山的寺庙里借了一些生活用具。有人说那些用具跟宫廷用具相似，很可能是顺治当年用过的。但虽然流言甚多，却没有哪个是直接有力的证据证明顺治帝出家的，尤其是在五台山。不过，顺治帝的确与佛结缘，甚至差一点儿就出家为僧了。

根据清宫内国史院满文档案记载，顺治帝 14 岁那年在遵化打猎时，认识了一位在山洞内静修的法师。自那以后，顺治帝就与佛祖结下不解之缘。顺治十四年，20 岁的顺治帝在京师海会寺，同高僧性聪（即憨璞）见面。性聪对佛法的阐释深深触动了顺治帝。从此，顺治帝对佛教产生了浓厚的兴趣。顺治崇佛已久，而且早有出家之意，董鄂妃死后，他曾经一度伤心欲绝，无心朝政。或许，病逝于养心殿也许仅仅是个对外托词，顺治帝并没有死，而是遁入空门削发为僧了。

据僧人传记《续指月录》记载，爱妃辞世，顺治帝万念俱灰，决心遁入空门。顺治十七年十月，高僧卯溪森为顺治在万善殿举行了皈依佛门的净发仪式，然而之后的记载却将故事引向了出人意料的结局。顺治皇帝剃光了头发要出家了，这个消息激怒了孝庄，她火速叫人把卯溪森的师傅——玉林锈召回京城。玉林锈到北京后，听说弟子卯溪森为顺治剃发，当即叫人架起柴堆，要烧死卯溪森。顺治得知这件事情后，无奈之下只好决定蓄发留俗，不再出家。

如果将这些细节综合起来，顺治帝死亡之谜似乎可以还原成这样的一个过程：董鄂妃痛失爱子心焦而死，顺治帝心灰意冷之下，出家为僧。而孝庄唯恐此事为天下人所知，于是便假借顺治帝之名，伪造遗诏。遗诏中的种种自责，无疑也是孝庄强加给顺治帝莫须有的罪名。但若是孝庄强加这些自责给顺治帝，只会是在顺治帝人未死的前提下才能忍心做出的，否则诽谤一个已死的皇帝，还是自己的亲儿子，未免太过令人齿冷。

那么，顺治帝还是真的驾崩了？

顺治朝的翰林院学士王熙的《自撰年谱》中有关于遗诏撰拟的记载。其中写道，在王熙应召进入养心殿以后，病榻上的顺治帝对他说自己得了痘症，恐时日不多矣。所谓的痘症，就是天花，顺治帝从患病到驾崩，只有5天的时间。如此症状与天花病极为相似。那顺治帝会不会就是因天花病死去的？既然顺治帝罹患天花去世，本应该属于正常死亡。然而清宫档案却对皇帝驾崩这一重大事件描述得如此轻描淡写，甚至连死因也只字未提，难道顺治帝死亡的背后还隐藏着讳莫如深的秘密？

顺治年间，天花成了威胁爱新觉罗家族成员的大敌。顺治六年三月，“扬州十日”的执行者、多尔衮的弟弟多铎死于天花。作为一种传染病，痘症幽灵令宫中人人自危。董鄂妃虽然据说因伤心过度而病死，但根据其死后火化看来，她很有可能也患上了天花，而顺治帝也因她染病。顺治帝死后，董鄂妃也遭到了类似多尔衮一般的身后清算：神牌不进太庙，不系世祖谥，祭祀降格，死后没有推恩外戚，丧仪未列入《大清会典事例》等。这样的结果，主要是孝庄不满顺治帝独爱她一人，因为董鄂妃，顺治帝就曾两次废后，而那两位皇后却都是孝庄的侄女和侄孙女。因此，皇亲国戚也更不满意顺治帝给她的皇后桂冠，觉得名不正言不顺。人心不服，董鄂妃备受冷落也就很自然了。而董鄂妃将天花传染给顺治帝的可能性，也是招致孝庄对她痛恨的原因。

顺治帝 14 岁那年的冬天，为躲避天花去往遵化，而遵化也成为日后清东陵的选址，顺治帝便下葬于此。一代天子，竟为天花所迫，不得不离开皇宫，将自己放逐于北方的寒山冻水之间。对于天花，当时的人们几乎是谈之色变。为避免引起朝野恐慌，清朝正史中或许有意隐去了顺治死于天花的实情，也是在情理之中。并且，顺治年间，一个叫张辰的官员在个人笔记中记载，正月初七这一天，朝廷传谕民间不许炒豆，不许点灯，不许倒垃圾。这些禁忌只有在皇帝“出痘”的情况下才会出现，因此，史学专家们更加确信顺治帝就是因天花而死的。

天花发病初期，体温急剧上升，之后便是神思昏沉，不省人事。从天花的病症推断，顺治临死前根本不可能神志清醒，因而根本不可能亲自口授遗诏。那王熙在《自撰年谱》中所记载的，顺治临死前口授遗诏，开列自己的 14 条罪状，甚至在很短的时间内解决谁来继位和辅政大臣两大难题，这些事情又究竟该如何解释呢？

1992 年，一个普通的下午，居住在厦门的郑成功的后代郑万龄在家中整理父亲留下的遗物，其中有不少和先族相关的书籍。在整理的过程中，一本书吸引了郑万龄的注意——一本名为《延平王起义实录》的手抄本。这本书以日记的形式记载了郑成功的戎马生涯，其中更是提供了另一个版本的顺治帝之死的说法，令人瞠目。2004 年 4 月 20 日，《厦门晚报》的头条新闻——顺治被郑成功毙于厦门，吸引了无数的目光。而这个惊人的消息就是来自《延平王起义实录》的一段记载：有人密报郑成功，高崎之战中，顺治帝战船在厦门思明港被炮击沉，清军将领达素不敢对外公布这个消息。而达素之死也存在颇多疑点。《延平王起义实录》中称，顺治被炮毙后，达素畏罪自杀。在今人研究郑成功的另一部重要史料——《海上见闻录》中，也有类似的记载，十月清廷调达素回京问罪，达素在省吞金而死。如果这个记载属实，那究竟是什么原因，逼迫达素选择了这条不归路？

此外，手抄本上还有一段关于郑芝龙被害内幕的文字，其中再次提到顺治帝死因：太师郑芝龙降清后，屡次写信劝儿子郑成功投降都以失败告终，但顺治帝并未将他治罪。顺治帝被炮毙于厦门后，辅臣苏克萨哈与郑芝龙有仇，向康熙帝建议道："郑成功杀了先帝，皇上难道就不处死他的父亲吗？"康熙帝采纳了他的意见，不久后，郑芝龙就被处死。

民间传说也有提到，明末清初，郑成功据岛抗清，顺治帝御驾亲征，来到厦门。郑成功的部队沿岸与清军激战。就在这一次的激战中，顺治帝被郑成功炮轰而死。港中江鱼因食皇帝肉而形变，成了无鳔江鱼。如今这个笼罩着浓郁的神秘色彩的传说，在人们的口口相传中已经变得模糊不清，顺治皇帝真的死在厦门海战当中了吗？

清史专家何龄修仔细研究了厦门文史专家提供的种种史料，对此提出了质疑。在记录郑成功事迹的《先王实录》里边没有这种说法。而且郑成功本人在出兵恢复台湾之前的讲话中，也只提到去年打败达素，并没有说打死了顺治。不仅如此，南明大臣张煌言在给永历皇帝的所有奏报中，也从来就没有提过顺治被郑成功炮毙。此外，清军与郑成功的部队激烈交战是在五月，那顺治战死的话，不能超过五月，因为五月以后无战事。而到了第二年，亦即顺治十八年正月，新帝康熙才即位，这也就意味着皇位虚悬半年，权力真空必将导致政治混乱，这种情况在极权统治的封建王朝根本不可能发生。

将各种可能的说法结合一下做个假设——董鄂妃一死，顺治帝万念俱灰，剃度出家。出于维护皇室声誉，以及保护顺治帝不被反清帮会组织暗杀的目的，孝庄拟旨昭告天下，说顺治帝染疾不治而亡。虽然无法查证其可信度，但这样的解释多少是合理的。

顺治帝生死之谜直至今日依旧未能解开，不同的说法，互相矛盾的猜测，都让这位早早淡出了政治甚至历史舞台的皇帝充满了悲剧和神秘色彩。而其母孝庄在这其中扮演的角色，也让人感到遗憾——只消孝庄做得再过分点，就堪比慈禧对光绪帝所作所为了。五十失子，孝庄固然悲伤。在教育儿子方面，至少在顺治婚姻问题上，孝庄做得并不好。也许正因为如此，她把更多的精力投入到年幼的皇孙身上。

祖孙携手：开启康乾盛世

康熙帝，名爱新觉罗·玄烨，生于顺治十一年三月十八日。其母佟佳氏，乃镶黄旗主佟图赖之女，幼年入宫，先于董鄂妃。然而佟佳氏并不得顺治帝宠爱，几被冷落，玄烨出生后，亦不能与皇子共同生活。顺治帝崩后不到一年，佟佳氏也撒手人寰，卒年24岁。于小玄烨而言，在他印象里双亲的身影是模糊的，陌生的，抚养他的是做祖母的孝庄皇太后。

清初，北京地区流行天花病，从北方来的满族人染病死亡率极高。为此，官府曾派出“查痘章京”，查到发病生痘的病人，一律驱赶离城20里，以防蔓延。与父顺治帝一样，小玄烨在天花肆虐宫中的岁月里也没能幸免，感染了天花，不能留在皇宫，遂由保姆、太监陪伴，迁移到与皇宫一水之隔的北长街居住，称为“避痘所”。“避痘所”是位于北长街路东的一间宅院，斜对面是万寿兴隆寺。《圣祖廷训格言》记载康熙晚年曾说：“朕幼年时未经出痘，令保姆护视于紫禁城外，父母膝下未得一日承欢，此朕六十年来抱歉之处。”躲过天花之劫，幼小的康熙帝进了紫禁城，但天花的阴影一刻也没离去。灰色的宫中“避痘”岁月，像是一场噩梦。由于天花连年爆发，深宫中也常常一夕三惊。这些惊恐与动荡的灰暗记忆填满了康熙幼年的梦。

然而正是天花改变了玄烨的命运。在选择储君的态度上，顺治帝一直看好次子福全，想立为太子，而孝庄则更倾向于立玄烨。双方意见相持不下，只好求助于第三者的仲裁。这个第三者，是在宫中当差

的西洋传教士汤若望。汤若望在清宫服务多年，官至一品。他与顺治帝及孝庄之间长期保持着某种亲密关系，顺治帝曾尊称他为“玛法”，满语翻译过来就是“爷爷”。

理智的西洋传教士汤若望很快就帮孝庄和顺治帝下定了决心：立皇三子玄烨为太子。理由简单而充分——玄烨已出过天花，对这种可怕的疾病有终身免疫力。于是，天花让康熙登上了金銮宝座。

顺治十八年（1661）正月初九日，顺治皇帝病逝后的第三天，一个不满8岁的小孩一身孝服坐在了紫禁城金銮殿的宝座中，成为新一代少年天子，这个叫玄烨的小孩，就是康熙帝。

隆重的登基大典有条不紊地进行着，此时，站在前面的文武大臣，依稀会发现小皇帝的脸上竟然有几粒稀疏的麻子。也许他们没有想到，正是因为这几粒麻子，小皇帝才能够坐上今天的龙椅。

玄烨8岁即位，10岁时生母佟佳氏亡故，照看他的是祖母孝庄，祖孙二人感情十分融洽。康熙8岁丧父，10岁丧母，因此对祖母有特殊的感情。一次，孝庄去五台山礼佛，康熙备下八人抬暖轿一乘。因考虑到轿夫行走山路不便，孝庄坚持乘车上山。康熙暗中令轿夫随车后行。由于山路颠簸，乘车实在不稳，孝庄面露难色。这时康熙命轿前行，来到祖母面前。孝庄大为感动，抚着孙儿的背赞叹说：“车轿细事，且道途之间，汝诚意无不恳到，实为大孝。”

孝庄不但关心他的起居，而且对他的言语举动，都立下规矩，严格要求，稍有逾越，则严厉批评。在她的教导下，玄烨健康成长，一个未来杰出帝王的特质和才具，在少年时代打下了根基。

玄烨当上少年天子后，孝庄常给他讲“得众则得国”的道理。一次，祖母当着王公大臣的面问康熙的志向，他不假思索，按照祖母平日的教诲回答说：“惟愿天下安宁，百姓安居乐业，共享太平之福而已。”这一回答着实令在场的官员称赞不已。

由于玄烨尚年幼，顺治帝为了避免摄政王专权的恶果重演，而有意撇开皇室亲王，安排了四位忠于皇室的满洲老臣索尼、遏必隆、苏克萨哈和鳌拜辅政。当时安徽有位叫周南的秀才千里迢迢赶到北京，请求孝庄皇太后垂帘听政，孝庄严词拒绝了，因为清建国之初曾总结历史上外戚干政导致亡国的教训，规定后妃不得临朝干政，孝庄当时虽有足够的声望与资历临朝，但此例一开，将来或许贻息后代。因此她坚持了大臣辅政的体制，把朝政托付给四大臣，自己则倾力调教小孙子。

然而身为辅政大臣，战功无数的忠臣鳌拜却令人遗憾地因为权势而腐化，独断专行，屡次矫旨诛戮大臣。其他三位辅政大臣，资格最老的索尼时已年迈，无力钳制鳌拜羽翼，便纵容其飞扬跋扈；遏必隆面对鳌拜的专横保持缄默，亦不参奏。后来鳌拜被治罪，遏必隆亦受牵连入狱，康熙九年方得平反；苏克萨哈与鳌拜不合，最终被鳌拜罗列其二十四大罪状，苏克萨哈与长子查克旦被磔死，余下子孙处斩，籍没家产。虽然鳌拜是历经太宗皇太极、世祖福临两朝的忠义大臣，但他晚年的所作所为威胁到了清初政局与康熙帝。

随着鳌拜专权问题的日益严重，康熙在孝庄的支持和策划下，开始实施擒鳌拜的计划。当鳌拜到内廷觐见康熙时，内侍将一个折腿椅子请他坐。康熙命赐茶，内侍用一只经沸水煮过的碗盛茶，鳌拜接茶时因炙手难耐，茶碗猝然坠地，鳌拜屈身拾碗，身后的内侍趁势将他扑倒。《清史稿》记载说：太后不干预朝政，朝廷每有大政，康熙“多告而后行”，委婉说出了孝庄在康熙朝前期的举足轻重的作用。

鳌拜集团铲除后，孝庄放手让玄烨理政，让他在实践中得到锻炼，又一再提醒他要谨慎用人、安勿忘危、勤修武备等。对于祖母的教诲玄烨非常尊重，重大事情无不先一征求意见，然后施行。在他们的携手努力下，清王朝从动乱走向稳定，经济从萧条走向繁荣，为平定三藩、统一台湾和边疆用兵等大规模战争奠定了物质基础。清王朝在康熙朝形成第一个黄金时代，其中包含了孝庄的一份功劳和心血。

孝庄生活俭朴，不事奢华，平定三藩时，把宫廷节省下的银两捐出犒赏出征士兵。每逢荒年歉岁，她总是把宫中积蓄拿出来赈灾，全力配合、支持孙子的事业。她的表率行为，更使康熙皇帝增加十二分敬意。孝庄太皇太后与康熙皇帝这种亲密和谐的关系，反映了她的为人，与二百年后同样经历三朝、对中国政治产生重大影响的慈禧太后，是截然不同的。正因为她辅佐康熙成为一代英君，居功至伟，故称她为清王朝强盛之母，实至名归。

第十三章 被权力欲望掏空灵魂的慈禧

她是晚清同治、光绪两朝的最高决策者，她以垂帘听政、训政的名义统治中国47年。长期以来，有关慈禧的史学论著和文艺作品，大都只讲慈禧祸国殃民的一面，甚至把一些与慈禧毫不相干的恶行也加在慈禧的身上。在人们的心目中，慈禧已成为一个昏庸、腐朽、专横、残暴的妖后。那么，历史上的慈禧究竟是怎样一个人呢？

身世之谜

慈禧太后，谥号孝钦显皇后，姓叶赫那拉，道光十五年十月十日（1835 年 11 月 29 日）生人。慈禧太后是近代史最具传奇色彩和富有争议的人物之一，也是历代皇宫后妃中名声最盛的一位。

慈禧究竟出生何地，一直扑朔迷离，众说纷纭。关于慈禧的出生地，目前存在六说，即内蒙古说、安徽说、浙江说、甘肃说、山西说、北京说。其中北京说一直是得到认可的正式说法，其他几说也有各自支持的依据。

内蒙古说——据传，慈禧生于山西绥远，即今内蒙古呼和浩特。内蒙古说源于呼和浩特市的一个民间传说。据说，慈禧的父亲惠征，当年曾经担任山西归绥道的道员。归绥道的驻地在归化城，即现在的呼和浩特市。传说呼和浩特市有一条落凤街，慈禧就出生在这条街道的道员府中。还传说，慈禧年幼时，有个乳母叫逯三娘，是个回民，她曾领着慈禧到归化城边玩耍。

不过这只是一个传说而已。根据文献的确凿无误的记载，惠征是在道光二十九年（1849 年）闰四月十七日，内阁奉上谕，宣布任命其为山西归绥道道员的。此时惠征 45 岁，慈禧已经 15 岁。惠征在归绥道任上三年。显然，慈禧没有可能诞生在归化城。

这个传说并不完全是捕风捉影。因为惠征上任，确实携带家眷，慈禧确曾在归化城生活过三年。此外，慈禧的外祖父惠显，从道光十一年（1831 年）至道光十七年（1837 年），任归化副都统。慈禧同归化城有些渊源。以上的传说，也许来源于此。

安徽说——安徽说是流传最广的说法，此说法认为慈禧出生在安徽芜湖。《满清外史》记道："那拉氏者，惠征之女也。惠征尝为徽宁池太广道，其女生长南中。少而慧黠。嫘艳无匹侪，雅善南方诸小曲。

凡江浙盛行诸调，皆朗朗上口，曲尽其妙。于咸丰初年，被选入圆明园，充宫女。是时英法同盟军未至，园尚全盛，各处皆以宫女内监司之……”

以上这段话，说慈禧“雅善南方诸小曲。凡江浙盛行诸调，皆朗朗上口，曲尽其妙”。而且，正因为擅唱南方小曲，意外地得到了咸丰帝的青睐，并受到宠幸。慈禧既“雅擅南方诸小曲”，且由此得到咸丰帝的宠幸，又“生长南中”，有的学者就认为慈禧生在南方。又根据其父惠征当时任安徽徽宁池太广道道员，道员的衙署在安徽芜湖，因此断定慈禧出生在安徽芜湖。

其实，慈禧的父亲惠征在道光二十九年（1849 年）闰四月十七日，内阁奉上谕，宣布任命其为山西归绥道的道员的。他在归绥道任上恪尽职守，受到好评，遂于咸丰二年二月初六日（1852 年 3 月 26 日）被咸丰帝调任更为重要的安徽徽宁池太广道。

咸丰二年（1852 年），慈禧已经是 18 岁的大姑娘了。并且已经入宫，被册封为兰贵人。档案记载，咸丰二年（1852 年）二月初八、初九两天，清宫挑选秀女，慈禧被选中。二月十一日，敬事房太监传达上谕，封慈禧为兰贵人，并于五月初九日进宫。

慈禧进宫后，惠征才携家眷赴任。到任的时间应该是同年的七月。但好景不长。当时洪秀全率领几十万太平军，顺长江直下，势如破竹。九江、安庆告急。太平军很快攻克安庆，安徽巡抚蒋文庆被杀。惠征押解一万两银子辗转逃到到镇江的丹徒镇，操办粮台，以待援兵。咸丰帝派出刑部左侍郎李嘉端担任安徽巡抚，并密令查拿逃跑官员。李嘉端按照上谕的命令，参奏了临阵脱逃的官员。同时，也对惠征附片上奏。

咸丰帝看到奏折后，大为愤怒，当天发出廷寄上谕，惩办逃跑官员，并罢了惠征的官。惠征被罢官后，便一蹶不振，得了重病。没过几个月，于咸丰三年六月初三病死在江苏镇江，终年 49 岁。

慈禧不仅不是生于安徽芜湖，而且终生没有到过南方。

浙江说——此说是由一篇文章引起的。1993 年 8 月 22 日，《人民日报》发表了一篇报道——《史界新发现，慈禧生于浙江乍浦》。文中称，慈禧的父亲惠征在道光十五年（1835 年）至道光十八年（1838 年）间，曾外放到浙江乍浦，任正六品的武官骁骑校。而慈禧恰恰生于道光十五年（1835 年）。因此，文中说慈禧的出生地在浙江乍浦，具体出生地点为"浙江平湖市乍浦城内的满洲旗下营"。这篇报道又说，现今的浙江乍浦老人中，仍然有一些关于慈禧幼年的传说。此篇报道的特别之处是，它抓住了慈禧出生的时间道光十五年（1835 年）这个关键点。因此，很有一点迷惑性。但是，这篇报道与史实有三点不合。

其一，时间不对。查惠征的履历，惠征道光八年（1828 年）24 岁为笔帖式。道光十四年（1834 年）京察，29 岁定为吏部二等笔帖式。道光十九年（1839 年）35 岁升为八品笔帖式。道光二十三年（1843 年）39 岁定为吏部一等笔帖式。笔帖式是满文书官的称谓，是部院等衙门的低级官员，做些抄写和拟稿的工作，相当于后来的文书。显然，这段时间，惠征一直在北京部里担任笔帖式，没有外放到地方为官。

其二，官职不合。此时惠征一直担任笔帖式等低级的文职官吏，不会一下子担任武职的中级官员骁骑校。

其三，品级不符。惠征当时担任的笔帖式是八品，而骁骑校是正六品。

很明显，慈禧出生于浙江乍浦说是子虚乌有的。

甘肃说——据说，慈禧的父亲惠征曾经担任过甘肃布政使衙门的笔帖式。在此期间，惠征就住在兰州八旗会馆以南的马坊门，即现在兰州永昌路 179 号。传说慈禧就出生在其父惠征在兰州担任笔帖式的时候，并且就出生在这个院落里。

此说有一点同惠征的履历相同，就是惠征确实担任过笔帖式。但是，查惠征担任笔帖式的部门，都是北京部里的衙门。同时，惠征一生都没有去过甘肃。因此，慈禧出生在甘肃兰州说根本站不住脚。

山西说——慈禧出生地山西长治说，是长治当地人士提出来的，是近年提出的新说法。他们对慈禧出生在山西长治县，提出了一整套说法。他们认为慈禧不是满族人，而是汉族人。他们出版了一本书《慈禧童年考》。细阅该书，发现他们对慈禧的出生地，提出了二说。虽然都是长治县，但却在不同的村庄。一说是长治县西坡村，另一说是长治县上秦村。

长治县西坡村说的版本是，慈禧是道光十五年（1835年）十月初十日出生的。出生地在山西省潞安府（今长治市）长治县西坡村。慈禧名王小慊，属羊。其祖父名王会听，祖母陈氏。父亲王增昌，母亲李氏，父母只有她一个女儿。王小慊还有一个舅舅，两个姨妈。她家很穷，地少，人多，靠打短工度日。道光十八年（1838年），母亲李氏因病去世。年景不好，王小慊无人照看，其父王增昌将王小慊卖给了潞安府某人，后来又辗转卖给了潞安府知府。大约过了七八年，传说潞安府知府有一个丫鬟，十一二岁，长得如花似玉，两个脚心上还各长了一个痞子。知府夫人觉得，此后其人必会大富大贵，就把她认为义女。消息传到西坡村，王小慊的祖母陈氏听说了。老人心想，我的孙女脚上也长了两个痞子，况且，也应该是十一二岁了。就让小儿子王增鸿到潞安府去打听。几经周折，也没有打听到实信。其祖母陈氏带着遗憾，在咸丰四年（1854年）去世了。

此一说还提出了三条所谓证据。证据之一是说有一个家谱。家谱上记载着“王小慊后来成为慈禧太后”一句话。但是，这个家谱不是原件，而是重抄件。这就失去了作为证据的价值；证据之二是说有慈禧出生的房屋遗址。然而，这个遗址现在变成了猪圈。这也只是口碑资料，得不到证实；证据之三是说西坡村有慈禧生母之墓。据说原来是木碑，现在是新制的石碑。由于是新碑，也自然失去了遗迹的真实性。

长治县上秦村说则表述为，慈禧是上秦村人，姓宋，名龄娥，生于道光十五年（1835年）十月初十日，长得俊俏，聪明伶俐。父亲排行老四，名宋四元。母亲李氏，在一个叫弹花弓的地方被狼咬死，哥哥在河滩上被狼吃掉。道光二十五年（1845年），家乡闹大饥荒，树皮都被吃光。龄娥饿得骨瘦如柴。宋四元只好将女儿龄娥卖给了潞安府知府惠征做奴婢。不久，宋四元也饿死了，宋家就没有人了。惠征买了龄峨，起名兰儿。惠征的夫人有一天发现龄娥两个脚心各有一个痦子，认为她是一个贵人，就认为义女，改姓叶赫那拉，并请人教她念书，填词，作赋。到了咸丰二年（1852 年），龄娥被选入清宫，后来当上了皇太后。

此一说法提出了五条所谓证据。其一是说上秦村有慈禧的后裔。但是，这些后裔是自称的。其二是说这里有慈禧的娘娘院。但是，这个娘娘院是传说的。其三是说宋家有两个皮夹子。但是，其来源不清，用途不明，也没有形成证据链条。其四是说家里有一封慈禧来的信。但是，这封所谓的信，只是些断简残篇，不可卒读。其五是说宋家有一张慈禧的照片。但是，这张照片是到处可以找到的。

总结以上二说，西坡村说和上秦村说之间，存在着许多相互矛盾之处。但是，长治市的地方人士仍然认定慈禧是长治人。为此，他们还组成了长治市慈禧童年研究会，并召开了研讨会。但据学者考证，在这段时间，历任潞安府知府的共有七人，其中没有惠征。

查证结果显示惠征没有在潞安府担任过知府，同时，惠征的履历中也没有在山西潞安府担任过知府的记载。那么，所谓的慈禧在潞安府被卖给惠征的说法，就成了无源之水，无本之木了。这就从根本上否定了慈禧出生在山西长治的说法。

北京说是最接近实际真相的版本。该说认为，慈禧出生在北京的一个三代为官的官宦世家。

慈禧的曾祖父名吉郎阿，字霭堂。乾隆时担任内阁中书。嘉庆六年（1801 年）升任六品中书。因表现突出，九年（1804 年）奉命进入军机处任军机章京。

慈禧的祖父名景瑞。嘉庆十八年（1813 年）升为刑部主事。道光元年（1821 年）升任从五品的刑部员外郎。道光十一年（1831 年）又升为正五品的刑部郎中。后曾一度入狱，但很快释放。卒于咸丰六年（1856 年）至十一年（1861 年）之间，死时年近 80 岁。

慈禧的父亲惠征生于嘉庆十年（1805 年）。原是镶蓝旗满洲人，后来改隶镶黄旗。监生出身。如前文所述，咸丰三年三月以逃避太平军的追击而被撤职罢官。三年六月初三日病死在江苏镇江，终年 49 岁。

综上，慈禧的前三代是清朝的中高级官员，家庭生活是很好的。并且，惠征虽然在北京、山西、安徽等地为官，但慈禧的家庭长期住在北京，即慈禧的籍贯是北京。

慈禧生于道光十五年（1835 年）。此时，慈禧的父亲惠征正在北京。档案记载，惠征道光八年（1828 年）为笔帖式。十四年（1834 年）升为二等笔帖式。十九年（1839 年）升为八品笔帖式。这个时期，惠征没有离开北京，其家肯定在北京。为此，慈禧也只能出生在北京。

那么，慈禧具体诞生在北京的何处呢？一说是劈柴胡同，一说是方家园。学者邹爱莲查找清朝档案，得出慈禧娘家在北京先后迁移了三个住处。咸丰五年（1855 年），慈禧之妹选秀女的“排单”记载，慈禧的娘家“住西四牌楼劈柴胡同”；咸丰六年（1856 年）“内务府官房租库”的呈稿，明载咸丰帝将“西直门内新街口二条胡同北房一所”，赏给惠征家居住；同治五年（1866 年）十二月，慈禧以同治帝名义将“方家园”赏给其二弟桂祥居住。

很明显，后两个住处不可能是慈禧的出生地。慈禧之妹选秀女排单所记，慈禧的娘家“住西四牌楼劈柴胡同”，应该是慈禧在北京的出生地。劈柴胡同于民国年间改名为辟才胡同。

一朝入宫专为权，儿女情长放两边

慈禧是通过选秀入宫的，然而那时 17 岁的慈禧应该说是一个普普通通的女孩儿，怎么进了后宫就当了贵人，日后就升格为皇太后了呢？这就要说说选秀制度。

清朝嫔妃的选择制度叫作选秀制度。这个选秀制度是从顺治朝开始的，每三年选一次。选秀的范围有一个要求：旗人，即满八旗，蒙八旗和汉八旗的女孩。年龄范围在13岁到17岁。当时做秀女第一个条件，必须经过政审的。慈禧是旗人，是镶蓝旗人，而且在咸丰二年选秀的时候正好17岁，所以她可以选秀。

选秀女有三个条件，第一个条件就是品德。品德的评判程序其实就是政审，先确定是旗人，符合选秀年龄。第二个条件是门第，慈禧的条件理应也没有问题。第三个条件则就是漂亮。在中国封建皇帝和封建大臣们的脑海里，这是一个最暧昧的词，大多不便公开说，因为舆论皆以为“红颜祸水，女人祸国”，所以封建皇帝非常回避漂亮这个词。但选秀中是否美貌是最关键的考核，这是走进宫廷，接近皇帝的第一个通行证。由此推断慈禧很漂亮，但漂亮到什么程度呢？慈禧晚年的时候有两个女人留下了有关于慈禧容貌的文字描写。一个就是德龄。德龄1903年入宫的时候在慈禧身边生活了一年多的时间，做她的女官，就和慈禧每天生活在一起，所以她对于慈禧了解得很多，而且慈禧特别地喜欢她，所以在她一段话记载了慈禧的容貌。她说：“太后当伊在妙龄的时候，真是一位风姿绰约，明媚鲜明的少女，这是宫中人所时常称道的；这是伊在渐渐给年华所排挤，入于老境之后，也还依旧保留着好几分动人的姿色。”就说慈禧当太后的时候，当慈禧年轻时一定是一个风姿绰约的美女。即便德龄入宫时慈禧已是六十七八岁左右的高龄了，但进入老境的她还依旧保留着几分动人的姿色。1904年又有一个女人入宫。这个女人是美国的一个女画师，叫卡尔，她在宫中给慈禧画画，她给慈禧在作画的过程当中，在她后来的回忆录当中她也记载了有关于慈禧的美貌。她说：“我看眼前这位皇太后，乃是一位极美丽极和善的妇人，猜度其年龄，至多不过40岁（卡尔入宫的时候慈禧刚刚过完69岁的寿诞），我怎么也不敢相信她已享69岁的大寿，平心揣测，只当一位40岁的美丽中年妇女而已。”单是就从画师的角度来分析她在69岁的时候，依然还是非常美丽。所以慈禧入宫应该说可以和美女是联系在一起的。今天能看到一些慈禧的画像和照片，虽然都是她晚年的照片，但是她晚年的画像和照片依然非常端庄。

这是其中的一个很重要的原因是她年轻时必定容貌过人。

咸丰年间修纂的《玉牒》中载："兰贵人那拉氏，道员惠征之女，咸丰四年甲寅二月封懿嫔。六年丙辰三月，封懿妃。七年丁巳正月封懿贵妃。"刚刚入宫的慈禧面临着极大的竞争压力。与她先后入宫者共计四人：贞嫔、云嫔、兰贵人（慈禧）、丽贵人。贞嫔，钮祜禄氏，咸丰帝即位之前就已入藩邸，登基后立刻由贞嫔晋封为贞贵妃，一个月后被立为皇后，是什么原因使她入宫后就获得如此的厚爱，历史缺乏记载，但由偏爱转而颇受重视是顺理成章的判断；云嫔是咸丰帝在藩时的侍妾，她比较了解咸丰帝的习性；丽贵人，容貌和体态都是佳中更优者；而兰贵人慈禧，则在咸丰四年，也就是她入宫后两年，获得了咸丰帝赏识，由兰贵人晋升为懿嫔。

获得皇帝宠幸容易，叫皇帝永远宠幸则难。慈禧曾在得宠时对旁人说过："入宫后，宫人以我为美，咸妒我，但皆为我所制。"这说明慈禧对于后宫暗战很有准备，事事皆有安排。而为皇帝生皇子，则更巩固了她的地位。

慈禧知道只凭借着美丽可人、侍应得体并不能确保皇帝的专宠。只有为皇帝生下儿子，才能猎取皇帝的心。子嗣兴旺是龙脉延续的保证，这是皇帝最为渴望的一件事情，更何况此时咸丰帝还没有一儿半女。

可咸丰帝是一个子嗣不旺的人，姑且不与他的五世祖康熙帝的三十五子、二十女相比，就是与他父亲道光帝九子、十女相比，咸丰帝也是大为逊色，直到咸丰四年他还没有自己的骨肉来到人世。咸丰帝一生只有两子一女，且次子悯郡王出生后未及命名即夭折。而长子载淳，即同治帝更无子女，龙脉面临中断之危，也暗示了清王朝国运走衰的未来。

慈禧深知，后宫佳丽如云，可就是没有给皇帝生子的，她想率先生子占得先机，"母以子贵"，她可以凭借生子提高自己在后宫的地位。咸丰五年六月，慈禧怀孕，咸丰六年三月二十三日生下皇子载淳。从慈禧怀孕到生产，皇帝及后宫所有的人，都对此保持高度关注。因为这是咸丰帝的长子，也是皇帝迄今为止的唯一继承人。咸丰帝兴奋不已，挥笔写下了“庶慰在天六年望，更钦率土万斯人”。咸丰帝高兴之余，更是重奖有功人员。首先，将西直门内新街口二条胡同路北的官房一所赏给慈禧的母亲；其次，慈禧的地位也由此发生了急剧变化。因为慈禧诞育了咸丰帝的唯一皇子，她的地位由后宫五级的嫔，而为四级的妃，再为三级的贵妃。因咸丰帝没有设皇贵妃，所以她已经跃居后宫第二位，仅次于皇后。这一年她 24 岁。

由于生下了皇子载淳，慈禧位置一跃而成为宫中第二，仅次于皇后。按照一般女人的思路与生活轨迹，此时就可以享受这显赫的荣誉，等待儿子继承皇位，做太后。可慈禧不这样想，她不认为她宫中的地位可以高枕无忧，毕竟来日方长。专制体制所赋予皇帝的权力是无所不在的，生杀予夺是他的权力，顺治帝不高兴即可废皇后，而贵妃的立与废应是一件十分平常的事情。慈禧要稳固宫中的位置，就必须驾驭皇帝。

慈禧有一长处，后宫嫔妃们无人能比——能读写汉文，这在当时的满族妇女中是极其可贵的。因为满族妇女与汉族妇女一样，不能入学，文化知识的获取的途径十分单一。因此，慈禧是宫中嫔妃中的既能掌握满语又能读写汉语的“双语”模范。

慈禧绘花鸟画很有天分，在圆明园居住时，“因日习书画以自娱，故后能草书，又能画兰竹。”恽毓鼎《崇陵传信录》载：“西后入宫时，夏日单衣，方校书卷，文宗（咸丰帝）见而幸之。”能书能画，显然慈禧可称才女，但慈禧汉语文字运用能力尚属有限，错别字频出。不过这不妨碍慈禧参与政事。咸丰帝是公认的无能皇帝，逃避现实，寄情声色，对于国事穷于应付。由于慈禧能读写汉文，有些奏章就让慈禧代阅。在披览奏章的时候，慈禧逐渐通晓了国家大事。

咸丰帝为了省力气，有些奏章，就改为口头谕示，命慈禧代笔。好在内阁呈送御览的奏疏，绝大部分属于报告性或对各省督抚重大事件的指示意见，一般皇帝的朱批是“知道了”“依议”等简单的字，对慈禧来说不是难事。《崇陵传信录》载："时洪杨（太平天国起义军领导人洪秀全与杨秀清）乱炽，军书旁午，帝宵旰劳瘁，以后书法端腴，常命其代笔批答奏章，然胥帝口授，后仅司朱而已。"

至于军机处奏折则关系军国大事，咸丰帝必须朱批具体指示方略，要皇帝亲自动手。但依慈禧的机敏与聪慧，很快就对朝政运作、君臣分际了然于胸。这为她以后的执政打下了坚实基础。当第二次鸦片战争向纵深发展的时候，英法联军突破了清军道道防线并攻陷天津后，北京门户洞开，天子之都暴露于侵略军的炮火之下，如何应对这百年未有的变局，是考验一个统治者是否具有雄才大略的关键时刻。我们不妨对比一下咸丰帝与慈禧的表现。

《崇陵传信录》记载，英法联军突破了清军道道防线并攻陷天津这日，正逢咸丰帝在圆明园的天地一家春与后妃共宴。酒至一半，军机处奏报英法联军已陷天津。咸丰帝痛哭不止，皇后钮祜禄氏与诸嫔妃哭成一团，只有慈禧一人走向前来对痛哭不已的皇帝建议："事危急，环泣何益。恭亲王素明决，乞上召筹应会之策。"巨变面前，咸丰帝的懦弱、无主见暴露无遗，在他痛哭与束手无策之间、在寻求逃避国家巨变的危难时刻，慈禧却有着与咸丰帝截然不同的表现，冷静、沉着、敢作敢为。

慈禧在不露声色、谈笑风生间将至高无上的皇帝牢牢掌握在自己手中，成为后宫中仅次于皇后钮祜禄氏（慈安太后）的第二位重量级人物。然而，与忠厚、质朴的皇后截然不同的是，慈禧对于前殿男人间权势之争夺、大局之掌控有着更为敏锐的感觉和判断，她不断地将在后宫与嫔妃争斗的经验渗透到太和殿那属于男人一统天下的世界中。

英法联军的入侵，对于清王朝和咸丰皇帝来说，都是一场空前的考验，事关生死存亡。内有与太平天国和捻军之间的对峙，战事耗时之长范围之广，几乎耗尽了清王朝的家底。而在此时，强势的英法联军乘虚而入，更让本属无能的咸丰帝抓狂。

咸丰七年（1857 年），英国军队攻占了广州；咸丰八年（1858 年），英法联军北上到天津大沽口，攻陷大沽，清朝签订了丧权辱国的《天津条约》；咸丰九年（1859年），在英国蓄意挑起的大沽口冲突中，英法侵略军被击败。清朝军队取得了小胜，咸丰很高兴，把《天津条约》撕毁。撕毁之后，英法联军重整旗鼓，又来到天津，在北塘登陆，攻占天津，这时候清朝派大臣去谈判。咸丰这时候是战和不决。咸丰十年（1860年）英法联军从天津沿着运河往北京打，打到通州，咸丰派大臣去谈判，谈判破裂，载垣、穆荫几个大臣又擒了英使巴夏礼，英法联军趁机策划攻入北京，事态扩大，英法联军打到八里桥，打到北京城外，这时咸丰无奈之下以“巡狩”的名义出走圆明园，逃到热河避暑山庄，留下恭亲王奕䜣在北京主持大事。而这一走，咸丰帝再没能重返宫中。逃到热河仍旧沉浸于声色的咸丰帝，战事已休仍不敢回朝，咸丰十一年病死热河。

这段时间慈禧参与政事已经积累了一定经验，与皇后慈安共同辅佐年幼的同治帝，是她真正登上政治舞台，开启属于自己的时代的开始。

垂帘幕后的啼鸣——这只“母鸡”不安分

垂帘听政，始于汉朝。时汉惠帝不理政事，吕后临朝；汉殇帝出生不过百日就继汉和帝为帝，皇后邓氏以皇太后临朝；唐朝武则天以太后临朝甚至废唐建周，自己做了皇帝；宋代有多位皇太后曾临朝称制。但垂帘听政的制度正式成形，是从唐朝武则天时期才开始，此前太后临朝不需垂帘。垂帘听政虽是皇帝不问国事，幼帝无法参政而做出的选择，但大多数太后参政的后果，基本都是为一己之私而扰乱朝纲。

慈禧在咸丰帝疏于朝政时，帮助皇帝批阅奏章，甚至有时以她的建议和主张影响皇帝的决策，这一违反祖制和家法的行为，必然引起朝中拥有实权的军机大臣和御前大臣的不满。在中国社会里，女人干政向来被视为“牝鸡司晨”——母鸡啼鸣，家有不宁。“牝鸡无晨。牝鸡之晨，唯家之索”。牝鸡即母鸡，大意是：母鸡不必为早晨打鸣。如果母鸡为早晨而打鸣，那么这个家就要败落。这里是以母鸡比作女性，是说女性不应代替男子主事，否则就会使事情弄糟。女人不能参与国事，否则就会祸乱国家。吕后为害汉初内宫，已是昭昭史鉴；即便是一代女皇武则天登上了个人的权力巅峰，但最终还是败了李唐皇室的气数。

虽然慈禧与慈安两宫太后联合辅佐幼主，但慈禧是不会满足这个局面的，但要做到一人独大，操纵皇权，眼前的障碍除了慈安，还有重臣肃顺。

肃顺，字雨亭，是郑亲王乌尔恭阿的第六子，出身庶民。肃顺自幼机敏多谋，敢于任事。入朝以后，他善于揣摩咸丰帝的想法。皇帝最希望大臣忠孝，因此他每每与皇帝谈论天下大事的时候，一定直抒胸臆，表现出“言无不尽”的忠诚，得到了咸丰帝的赏识。肃顺某种程度上已成为朝中第一人。拥权的同时，专横跋扈、一意孤行的特点也日益显露，他排挤任何一个有可能成为他拥有权力的竞争者，即使对贵为亲王的奕䜣也如此。英法联军攻占天津以后，咸丰帝束手无措，在慈禧的力荐下，皇帝起用奕䜣为钦差大臣，委以与英法谈判的重任。由于奕䜣主和，肃顺主战，两人观点针锋相对，竟然在皇帝面前争吵起来。“䜣主和，顺主战，哄于御前，不能决”。而对于慈禧在后宫逐渐参与朝政活动，并偶有决策方面的上佳表现，肃顺更不能见容，他不能允许有人同他一样影响着皇帝的决策，尤其是他不能允许一个“无知”的女人在皇帝面前指手画脚。

慈禧深知与肃顺这般重臣博弈，要想立于不败之地，就必须比对手更胜一筹，而当时慈禧年仅 27 岁。17 岁即被选秀入宫的她，十年间深居皇宫，难有与外界接触的机会，没有任何根基或同党能帮助她与肃顺在权力场上角逐。慈禧曾将希望寄托在咸丰帝的偏爱上，为此她施展了所有的心机和魅力来吸引咸丰帝的注意。可这种命悬一线的依赖是最不可靠的，还险些由于肃顺的倾轧而成为第二个钩弋夫人（汉昭帝刘弗陵生母）。

与肃顺这样经验老到的权臣打持久战，慈禧必然要吃亏，唯有先下手为强是为上策。在热河行宫，与被授以全权行在（皇帝在紫禁城以外的驻跸之地）事的肃顺明火执仗地争斗，其结果只能落得个以卵击石的下场。于是，慈禧以退为进，回避肃顺的锋芒，不与他争一日之短长。对肃顺鼓动咸丰帝效仿钩弋夫人典故杀掉自己的事情，慈禧佯作不知。对于肃顺处处为难自己，甚至克扣宫份，慈禧也一忍再忍。宫份就是皇宫中按照嫔妃等级按月分发的银钱及物品。在清宫膳档中记载，避难热河的咸丰帝陆续收到了各地进贡的物品，如鹿肉、黄羊、熏肉及卤虾等物品，分赏时，总管此事的肃顺每次都有皇后的份，可经常不给身为贵妃的慈禧，而当时慈禧是仅次于皇后的宫中二号人物。对于肃顺的公然挑衅，慈禧忍下了。

慈禧在回避肃顺锋芒的同时，常常以无助的形象出现在大家的面前，只是为了向人们传递自己没有野心的信号，以此博得人们对弱者的同情。据说，咸丰帝病重期间，“慈安谦退不肯负责，而慈禧日夜抱其子聒于上前，上病中不忍其母子失所，业已允之。”（《清史拾遗》）咸丰帝是否在临死之前不忍皇儿载淳母子分离，遂放弃了杀慈禧的念头，而使慈禧免于劫难，我们不得而知，但或许病中的咸丰帝也意识到汉武帝即使杀母留子，避免了母后专权，却无法避免丞相霍光专政，这一定是汉武帝下决心除掉钩弋夫人时不曾预料到的。咸丰帝了解肃顺一意孤行的特点，他无法保证杀慈禧后就不会出现肃顺专权。咸丰帝病危之时，口谕立唯一皇子长子载淳为皇太子，并派载垣、端华、景寿、肃顺、穆荫、匡源、杜翰、焦佑瀛等八大臣尽心辅弼，赞襄一切政务。咸丰帝鉴于康熙初年四辅臣觊觎皇权，致使大权旁落，将两枚随身印章“御赏”与“同道堂”分别授予皇后慈安和儿子载淳，作为皇权的象征。在皇帝年幼尚不能亲政时，由皇帝下达的谕旨，经皇后和小皇帝的同意后，全文开始时加盖皇后持有的“御赏”印，文末则钤印皇帝拥有的“同道堂”印，以解决皇后不能书写汉文，而皇帝又太小不能正常处理朝政的问题。小皇帝只有6岁，无法正常处理政务，他的母亲慈禧理所当然地挺身而出，代表小皇帝执行保管钤印的职责。这就意味着在咸丰帝弥留之际，出于对皇权的长久考虑，还是把慈禧纳入皇权的核心中来。慈禧通晓汉文，熟知一切朝政运作，皇后有她协助就会如虎添翼；八大辅臣虽然对慈禧颇有芥蒂，但在情在理他们都无法公然反对。于是，在朝政的运作上就形成了两宫太后代政和八大臣辅政兼而有之的体制。

咸丰帝逝世后的第三天，为了尽快恢复朝廷政务的正常运作，慈禧、慈安两位皇太后共同召见八位辅政大臣，商议有关谕旨的拟订、颁发及疏章上奏和官吏任免等最为紧要的事项安排的处理方法。以肃顺为首的八大臣，提出了早已准备好的条陈："谕旨由大臣拟订，太后但钤印，弗得改易，章疏不呈内览。"即是说皇帝的谕旨由王大臣拟订，皇后只管钤印，不得改动，并且臣下的奏折一律不进呈皇太后阅看。肃顺等人之意，明显是要钳制两宫太后，以便自己一方能更大限度地掌管朝政。而此时，由于没有准确估计慈禧的能力，肃顺等人也把自己带入了陷阱。对于慈禧这种迷恋权势、心计极深的角色，轻敌无疑就等于自掘坟墓。

在肃顺等人提出条陈以后，慈禧表示皇帝的遗诏是派八大臣"赞襄一切政务"，赞襄就是从旁参赞襄助皇帝处理政务，而不是像顺治朝多尔衮为摄政王一样，直接代皇帝处理政务。其次，如今皇帝虽然年幼，不能担纲政务，但咸丰帝生前已做出安排，用"御赏"和"同道堂"二印代皇帝行使权力，并非将皇权全部委托给八大臣。今天八大臣的意见，不仅违反祖制，而且置先帝遗命于不顾，更置他所赐予两宫太后御印于不顾。慈禧的一番阐释，处处站在一个"理"上，让人不能不服，不敢不服。谁也没有想到年轻的慈禧竟有如此的表现，连平素跋扈骄横的肃顺也一时无以应对，而其他七人更是愣在当场，面面相觑。慈禧见状，心中暗喜，适时地提出了自己的主张：今后章疏奏折依旧先行呈览，谕旨则由赞襄政务的八大臣拟进，经两宫皇太后和皇帝阅后，加盖两印以为凭信。所有一切应用朱笔处，均以此代之。经过此番试探，慈禧确信肃顺等八大臣意在图谋驾驭皇权，架空两宫太后甚至皇帝。肃顺等人若不除，必为后患。为求援兵，慈禧便考虑与恭亲王奕䜣联手。

奕䜣与咸丰帝本同为道光帝选择储君的候选。然而就因为道光帝老眼昏花，一时错选，竟把清王朝的江山交予后者，而更能肩负重任，行事能力更具优势的奕䜣只得做一个无法参与政事的亲王，而他与咸丰帝兄弟间的亲密关系也因此终结。

慈禧虽与奕䜣接触不多，但深知奕䜣之才干，完全在咸丰帝之上。因此，在英法联军攻陷天津后，她向咸丰帝力荐奕䜣。而在咸丰帝逃至避暑山庄后，奕䜣更是不负众望，在奉命收拾北京残局的过程中，将一切事情处理得井井有条。在以慈禧为主的两宫皇太后与肃顺一党对峙的时候，奕䜣的力量就成为重要的政治砝码，谁能争取恭亲王，谁就能掌控大局。慈禧知道与恭亲王合作的条件，无非就是委以重任，而慈禧眼下的迫切需要就是打败肃顺一党，孤儿寡妇，能够垂帘就是大胜利，暂时分权给恭亲王，实在不是过分的条件。不能予则不能取，吝于名则失于实，这种“大智慧”慈禧是具备的。主意已定，慈禧便策划联络奕䜣。然而肃顺等人对热河一带封锁严密，求救信如何传出就有了许多传奇的野史解读，其中慈禧导演心腹安德海与慈安宫女争执，并严惩安德海将其遣送回京，使密信得以传到奕䜣手中。虽然颇有离奇，但总的来说，运气的天平倾向了慈禧这边，奕䜣赶到热河，利用难得的机会与慈禧商议拟旨政变。此时，政变风雨即刻开始酝酿。

如何能名正言顺地搬倒肃顺等八大臣，而不被加上抗旨犯上的罪名，就要把宣传工作做到位，使得众人归心。朝中不满肃顺专断者众，也算是肃顺经年所为自造的祸根。此时慈禧安排山东道监察御使董元醇拟奏折，制造舆论。其中进言“两宫太后垂帘听政”一条，更是大反清王朝祖制，奏折传到热河肃顺等人手中，肃顺必然恼羞成怒——如此建议，简直是反了天了！肃顺也还以颜色，八大臣与两宫太后见面交涉，不顾礼数争吵不休，甚至以不理政事——闹罢工要挟两宫太后，慈禧此刻再次退让，麻痹肃顺等人，垂帘听政采取低调处理，并争取到了回京的时机。回到京师，不满肃顺的文官武将，这些原地待命的群众演员此时派上了用场，治罪诏书一出，八大臣也很快被一网打尽，史称“辛酉政变”。政变一事，短短三日内便以迅雷不及掩耳之势大功告成，彰显慈禧办事精明老到的过人之处。

既然有了群臣的支持，那么即便违反清律，垂帘听政亦可在这非常时期被人们接受了。什么事需视情况而定，规矩是死的人是活的，这一观念也贯彻于慈禧的处事态度中。此时肃顺等人已亡，离专权的目标更近一步，只剩下慈安这唯一的障碍了。

慈安太后，满洲镶黄旗人，广西右江道、三等承恩公穆扬阿之女。生于道光十七年丁酉七月十二日（1837 年 8 月 12 日），比慈禧小两岁。两人同于咸丰二年入宫，但慈安并非如慈禧出身庶族，且为人宽厚和善，不露锋芒，更得人心。同治元年，她得徽号慈安皇太后，而叶赫那拉氏则得徽号慈禧。垂帘听政时，慈安太后被称作东太后，慈禧则为西太后。慈安与慈禧的比较如同咸丰帝与奕䜣，前者能得到认可皆因“德行出众”，才干逊于后者亦无妨。然而和咸丰帝“貌似不错”的德行相比，慈安才是真正的“你办事，我放心”，咸丰帝病危时托孤于慈安和慈禧，其实更信任慈安，而对慈禧有所提防。为此，咸丰帝临终之前特别密授朱谕，嘱咐慈安，如果慈禧恃子胡作非为，就让慈安拿出密谕，按祖宗之法治罪于慈禧。然而慈安仁善这一优点反而被慈禧利用，后者除去了这最后一道挡在面前的催命符。

咸丰死后，慈安曾把密谕拿给慈禧看，以示警醒。密谕的存在，使慈禧心存芥蒂，办事谨小慎微，不敢胡作非为。她对慈安言听计从，关怀备至。时日一长，慈安看到慈禧安分守己，就对她放松了警惕。直到光绪年的一天，慈安患病，求得多处良方均未奏效，某日，慈安停止服药，调养了一段时间竟然痊愈了。大病初愈，慈安到颐和园散步，却见慈禧左臂缠着白纱。她十分惊异，就上前问慈禧原因。慈禧解释称为慈安的病状感到担忧，便割了片肉煮汤，以表诚意。慈安听了这一席话，大为感动，便取出咸丰皇帝的临终密谕，当着慈禧的面烧为灰烬。而此后慈禧也毫不客气，对慈安也不复往日恭敬，朝中政事，无论大小，她都一人独揽，再不把慈安放在眼里。此时慈安意识到自己中计，为时已晚。此后不久，慈安太后暴崩（传言为慈禧下毒所害，没有实证表明其可能性），更没人能阻止慈禧专政了。

有病乱投医，救国也似赶时髦

内部政敌一一剿灭的同时，慈禧也在同北方流窜作战的捻军和在南方建立政权的太平天国对垒。为此，慈禧重用曾国藩、左宗棠、李鸿章、胡林翼等汉族官员以及僧格林沁这位蒙古忠勇大将与之交战。此时满洲旗人因长年养尊处优，战斗力已不复往昔，汉人军队军纪严明，可委以重用。而慈安太后也清楚这一点，毕竟在共同的敌人面前，两位太后还是头脑清醒的，不会为了正确的选择而互相拆台。

太平天国自金田起事，十余年间已占领长江以南多省，几乎夺取了清王朝的半壁江山；捻军历史更久，自康熙朝时便有活动，多为反清复明势力的延续，虽然一贯打游击战，但其难以消灭殆尽，一直是朝廷的心腹之患。太平天国运动更是联合了北方捻军，南北大乱，再加上英法联军的打击，清王朝的江山已千疮百孔，岌岌可危。

若将负责做重大决策的慈安比作主将，那慈禧便是出谋划策的大副。对外求和，对内联合一切可用势力剿灭乱党流寇，是慈禧能想到的最可行的策略。在与太平天国交战的前期，双方互有损伤，但太平军一直处于上升势头，而曾国藩及其湘军屡战屡败，一度对太平军无计可施。联合列强的力量是不得已而为之的办法。但有一个不稳定因素没有被她考虑在内，那就是建立政权后的太平军领导集团内部的权力斗争。

太平军自建立政权，定都天京后，领导层就有各怀鬼胎，除灭异己的苗头。而这其中，仗着天父附体而不可一世的东王杨秀清和诡计多端的北王韦昌辉之间的矛盾最为激烈。作为拜上帝教的教主、太平军的精神领袖，天王洪秀全也对这两个老战友心存忌惮，恨不得除之而后快。矛盾就如疖子越来越鼓，最终有胀破的一天。咸丰六年（1856年），天京事变在一番酝酿下终于爆发，触媒即杨秀清假装"天父下凡"迫天王洪秀全封他为"万岁"。韦昌辉率秦日纲、陈承瑢带兵将东王府上下两万余人杀戮殆尽，其中包括杨秀清本人以及千古第一女状元傅善祥。这番内讧，惨烈远胜于辛酉事变，慈禧虽诛八大臣，但未过分株连其他人。而此番荡平东王府，上下两万无一幸免，不仅动摇军心，更要命的是使太平军错失了军事上最好的迎敌时机。此着一错，败业已定。

天京事变的另一受害者，翼王石达开亦成为韦昌辉屠杀的目标，但石达开率部下杀出天京，免于枉死，而翼王府上下老小尽遭诛灭。石达开从安庆起兵，声讨韦昌辉，此时在天京以外的太平军大多支持石达开。洪秀全为平众怒，将韦昌辉处死，不久又处死秦日纲和陈承瑢。然而石达开渐得军民拥戴，令天王深感不安，对石达开起了杀心，石达开不得不再度出走，退回安庆。这一切都被湘军看在眼里，在曾国藩看来，眼前即便占不到大便宜，日后便会显出彼消此长之势——太平军终会迎来无力回天之日，而湘军届时一鼓作气，必能夺下天京，尽诛敌人。在联合洋枪队和常捷军的进攻下，太平军分散各地的武装势力被逐个击破，天京最终于同治三年（1864年）被湘军攻陷，太平天国起义宣告失败。此后经年，捻军和太平军残部亦在清军的追剿下被彻底消灭。

在清剿起义军的同时，朝内奕䜣、前线曾国藩等人意识到在军事对垒中改进火器，效仿西洋的重要性。若不与西方资本主义国家改善关系，同时继续与起义军胶着苦战，两线受敌不如联合一方，于是选择和帝国主义侵略者做买卖，学习西方先进的工业生产技术，以此不仅可平乱，亦可长远维持清王朝的统治。于是，以恭王奕䜣、曾国藩、左宗棠、李鸿章、张之洞为核心的洋务派在全国各地掀起的"师夷之长技以自强”的改良运动，主张利用官办、官督商办、官商合办等方式发展新型工业，增强国力，维护清政府的统治，史称“洋务运动”。洋务运动虽然受到清廷内部守旧派的抵触，但慈禧再次用“规矩是死的人是活的”的道理说服自己，采纳了洋务派的意见。当然，这种变通的宽容只属于她自己。由此洋务运动如火如荼地展开，一度死气沉沉的清王朝仿佛有了再度振作，甚至与世界接轨的样子，洋务运动不仅为清王朝带来了“同治中兴”，为腐朽王朝短暂续命，甚至对中国迈入现代化也奠定了一定基础。

然而慈禧毕竟还是以自己的政治利益为目的接受了这次改革，而洋务派也仅仅是出于维护清廷统治的初衷，无论哪一方都没有对强国有更深一步的追求。必要时，慈禧感到洋务派形成的集团威胁到了自己的权威，便置国家利益而不顾，打压洋务派；而洋务派本身封建衙门和官僚体制，必定导致洋务企业的失败。洋务运动因此就如泡影，美梦很快就被击破。“徒袭人之皮毛，而未顾己之命脉”，孙中山此言点明了洋务运动失败的症结。

1894 年，清王朝与明治维新后的日本之间爆发了甲午海战。随着北洋舰队惨败，威海卫海军基地陷落，经此一役，洋务运动彻底失败，而日本进而取中国而代之，一跃成为亚洲强国。然而日本强大，着急的是顾命大臣，而慈禧呢？

女王阴影下的三个窝囊皇帝

晚清统治集团原本都是顽固派，洋务派是从顽固派阵营中分化出来的，两派维护和巩固封建统治的目的是基本一致的，但采用的手段和方法则迥然不同。洋务派主张向西方学习，引进西方科学技术，顽固派则坚持中国的封建传统，反对西学。洋务派官僚在经济活动中所暴露出来的一些贪污腐败弱点，更成为顽固派进行攻击的炮弹和把柄。

而洋务派则满足于农民革命已被镇压下去和对外维持和局的现状，自诩为“同光中兴”的功臣，确信所从事的“求强”“求富”活动获得了成功。他们囿于“中学为体，西学为用”的框架，不愿也不敢全面学习西方。

从洋务派转化的早期改良派代表人物王韬、郑观应、薛福成、马建忠等人，从光绪初年开始，便批评洋务运动只引进西方近代生产技术而不引进西方政治体制的弊病，提出向西方和日本学习君主立宪制的主张；并对洋务企业官督商办方式不满，提倡商办。但他们批评的方式比较委婉。在这清王朝尽显颓势，洋务派一筹莫展的时期，维新派登上了历史舞台。

外面风雨动荡，宫内愁云密布。咸丰帝驾崩，儿子 6 岁继位。平定太平军起义之乱后，同治帝逐渐懂事，本该亲政的时候到了，但慈禧却坚持垂帘听政，于是一切国事，除了以皇帝的名义发号施令，基本都与同治帝没任何关系。

同治帝直到同治十二年才获得亲政机会，但也没有任何建树。

亲政不力的同治帝在荒淫无度的领域倒是成就超过了父亲咸丰帝。宫中后妃无数，他还要微服出巡，寻花问柳。同治帝因染上梅毒全身溃烂而死一说便是肇始于此。

这时慈禧想到了自己的妹夫，醇亲王奕譞。奕譞的长子夭折，次子载湉被连夜抱出醇亲王府，送往深宫。载湉时年 4 岁（1875 年），继承大统，年号光绪。这样一来，慈禧又可以皇帝年幼为由，继续过垂帘听政的瘾。

光绪二十六年（1900 年），因慈禧扑灭维新运动，并欲废光绪帝另立新君，列强各国对流亡的维新派表示同情，并对光绪帝的遭遇表示不满，于是，英国、法国、普鲁士（德国）、沙俄、美国、日本、意大利、奥匈帝国（今奥地利和匈牙利）八国联军攻占大沽炮台，登陆后攻下天津，直取北京。此时慈禧遭遇了自己一生中最大的失败与耻辱——因列强之威慑而放下尊严，携皇帝重演当年咸丰帝巡狩之举，一路向西逃亡，出宫前还将光绪帝的宠妃珍妃投井致死，最后给予了光绪帝沉重的精神打击。

另一方面，在殖民者活动的渤海、黄海一带，天津、河北、山东等地因基督教会与平民发生冲突的“教案”频发，导致了义和团运动的兴起。光绪二十五年（1899 年），捐官出身的汉裔旗人毓贤出任山东巡抚，提出“民可用，团应抚，匪必剿”，对义和拳采用抚的办法，将其招安纳入民团。于是义和拳成了“义和团”，而口号亦由“反清复明”改成“扶清灭洋”。

然而义和团毕竟是靠迷信妖术和拳脚武功武装的，在列强的火器面前全无用处。

逃到陕西的慈禧一行最终屈服于列强之威，赔款、签订不平等条约样样来者不拒，慈禧也得以重返京城。

直至此刻，慈禧方知若欲与列强共存，改革势在难免。签订议和大纲后，李鸿章从美国使馆抄得一份材料，立即电告军机处，转呈慈禧。慈禧看到没有将她列为祸首，也没有要她归政光绪帝，这才长出口气。此时迫于对手中重权的维护，慈禧对西方放下仇恨，修好关系，虽说有休养生息之意，然而更多的还是从她个人的利益出发考虑的，作为一个掌权历经半世纪的最高统治者居然如此短视，没有远见，是清王朝的悲哀，也是华夏之痛。